新媒体与社会

（第一辑）

谢耘耕　主编

上海交通大學出版社

内 容 提 要

随着经济全球化和信息化进程的加快，新媒体对社会的影响日益增强。处于转型期的中国社会，在经济加速发展、各项制度逐步完善的同时，也面临着信息社会引发的新问题，迫切需要相关理论和研究的及时跟进。本书收录了上海交通大学新媒体与社会研究中心、舆情研究实验室、上海发展战略研究所谢耘耕工作室新媒体与社会方面的相关研究成果，对新闻体环境下的网络监督、政府管理、舆论格局中的意见领袖、重大案例等进行了较为深入的分析和解读。

本书是新媒体与社会相关论文的合辑，既可作为学界、业界深入研究新媒体的参考资料，又可作为普通读者了解新媒体、认知新媒体的案头读物。

图书在版编目(CIP)数据

新媒体与社会. 第一辑／谢耘耕主编. —上海：上海交通大学出版社，2011

ISBN 978-7-313-07812-4

Ⅰ. ①新… Ⅱ. ①谢… Ⅲ. ①传播学：社会学—研究 Ⅳ. ①G206-05

中国版本图书馆 CIP 数据核字(2011)第 212799 号

新媒体与社会

（第一辑）

谢耘耕 主编

上海交通大学出版社出版发行

（上海市番禺路 951 号 邮政编码 200030）

电话：64071208 出版人：韩建民

常熟市梅李印刷有限公司印刷 全国新华书店经销

开本：787mm×960mm 1/16 印张：18 字数：271 千字

2011 年 10 月第 1 版 2011 年 10 月第 1 次印刷

印数：1～2030

ISBN 978-7-313-07812-4/G 定价：35.00 元

新媒体与社会
编　委　会

序

“媒介即讯息”，当今世界，随着传播技术的不断进步和新媒体日新月异的发展，媒介生态环境和整个经济社会环境正在发生着巨大的变迁。

截至 2011 年 6 月底，中国网民规模达到 4.85 亿，业已成为中国社会舞台上一支重要的力量。新媒体的快速发展，带来信道扩张，信源激增，人人都能够通过新媒体进行信息的传递和交流，中国社会进入自媒体时代，网络成为社会舆论独立源头，传统媒体作为舆论中心的地位受到严峻挑战。据上海交通大学舆情研究实验对 2011 年前三季度影响较大的 150 起社会舆情事件的统计，64%由网络媒体首次曝光。

在更为广阔的政治、经济、文化、社会领域，新媒体的影响也正与日俱增。放眼而今的中国，网络参政议政、网络问政方兴未艾，电子商务如火如荼，网络文化欣欣向荣……中国经济社会发展的每一步都深深打上了新兴媒体的烙印。

——“上访不如上网”。网络成为中国公民行使监督权、知情权和参政议政权利的重要途径，网民日益成为中国社会舞台上影响政府决策和公共治理的新的社会意见阶层。与此同时，网络也逐渐成为党和政府听取社情民意、推进中国政治民主化进程的绿色通道和重要手段，网络问政蔚然成风。截至 2010 年，全国.gov.cn 域名下的政府网站已经超过 3 万个，100%的国务院组成部门和省级政府、95%以上的地市级地方政府、85%以上的区县级地方政府建成了政府网站。截至 2011 年 7 月 6 日，新浪微博上的政府机构微博达到了 4920 个，政府官员微博数为 3949 个。

——新媒体经济蒸蒸日上，新媒体领域成为竞相掘金的焦点。2010 年中国电子商务市场整体交易规模达到 4.8 万亿元，同比增长 33.5%。未来 3～5 年内，仍将维持持续稳定的增长态势。网络购物发展尤为迅猛，2010 年销售额达 4500 亿元，比 5 年前增长了 22 倍。2011 年第 2 季度中国网络购物市场交易规模达 1792 亿元，同比增长 76.7%。

——网络草根文化兴盛，多元文化共生。新媒体因其去中心化、交互性、多样化等特征，自诞生之日起，就成为草根文化狂欢的阵地和各种文化相互交融、并行发展的平台。网络语言活泼犀利，网络红人如灯马走，山寨现象层出不穷……新媒体一再展现其独特的文化魅力。

——新媒体融入大众生活，改变着人们的生活方式。当短信拜年颠覆了传统的拜年方式，当"今天你微博了吗"成为今天大家见面的问候语之一，当人们的交往越来越依赖于各种媒介之时，我们每一个人也许都能深切感受到新媒体对我们日常生活的渗透和影响。

然而，与此同时，新媒体也对我国现行的管理体制形成强烈冲击。由于我国目前对新媒体的监管机制尚不健全，很容易造成虚假新闻流窜，不良信息泛滥，引发大范围的社会动荡和不安。因此，新媒体环境下，如何进行社会管理尤其是危机事件的预警、处理、调控、恢复，也成为一个迫切需要解决的问题。

上海交通大学新媒体与社会研究中心、舆情研究实验室，上海发展战略研究所谢耘耕工作室以"新媒体与社会"、"危机管理"为研究方向，以实证和量化为研究特色，注重理论联系实际，讲求研究的现实意义和应用价值，将通过对新媒体与社会的深入研究，为社会各界提供科学参考和服务。

此次出版的《新媒体与社会》专辑即是其面向全国推出的一个学术展示、交流平台，它将通过举办专题研讨会、设置专栏等各种形式，团结全国学界、业界等各相关领域精英人士，吸纳社会各界优质资源，联合开展新媒体与社会方面的研究，并及时向社会发布有关前沿学术成果。专辑将以新媒体环境下的中国社会为立足点，以实现中国社会的科学和谐发展为最终价值指向，整合新闻传播学、管理学、社会学、心理学、信息安全等多学科研究视角，探讨新媒体对我国政治、经济、文化、社会等的影响和冲击，并在借鉴相关研究成果、创新社会管理研究路径的基础上，提出改进和加强新媒体背景下社会管理尤其是危机管理的思路和对策，为促进社会良性健康运行、构建和谐社会提供参照。

《新媒体与社会》是中国第一本以新媒体与社会为主要研究内容的专业图书，它的出版一定意义上填补了中国相关学术研究领域空白。这份刚刚诞生的《新媒体与社会》专辑由“观点荟萃”、“研究报告”、“专题研究”、“理论探索”、“意见领袖”、“地方舆情”、“企业舆情”等栏目组成——

“观点荟萃”汇聚国内外关于新媒体与社会的前沿论述；“研究报告”集纳上海交通大学新媒体与社会研究中心、舆情研究实验室，上海发展战略研究所谢耘耕工作室独家发布的各类研究报告；“专题研究”聚集于异军突起的微博，重在剖析微博在几起突发公共事件中的典型表现；“理论探索”详加解析当今新媒体与社会前沿理论问题；“意见领袖”以重点意见领袖为样本，深入探讨意见领袖在突发公共事件中的作用及其作用机制问题；“地方舆情”着重分析近年来各地方政府面临的重大突发公共事件；“企业舆情”主要关注企业重大舆情危机，评判企业舆情应对得失。

雏凤清音初试啼。这是《新媒体与社会》的第一声啁啾。我们精心准备，是为了给您奉上一曲曲悦耳悠扬的歌唱。尽管我们的歌喉尚显稚嫩，尽管我们的步履可能蹒跚，但我们依然会竭尽所能！新媒体与社会这片蓝色的天空之上，我们将展开翅膀，放声高歌，为您演绎更多的精彩，创造更多的辉煌！

上海交通大学新媒体与社会研究中心
上海交通大学舆情研究实验室
上海发展战略研究所谢耘耕工作室
2011年10月

目录

观点荟萃

研究报告

专题研究

理论探索

意见领袖

地方舆情

企业舆情

观点荟萃

加拿大的著名传播者麦克·卢汉说“媒体是人体的延伸”。如果说传统媒体的发展，解放的是人的眼睛和耳朵，使人们的知情权有了每时每刻“千里眼”、“顺风耳”式的保障的话，建立在现代数字技术基础上的互联网解放的则是人们的嘴巴，它消饵了传统意义上传播者与受众之间不可逾越的鸿沟，让人人都拥有了自由表达的传播平台。它粉碎了传统媒介时代“一对多”的传播霸权，使传播的生产和传播不再划分为界限分明的生产者和消费者两大阵营。这种“多对多”的传播形式正是以互联网为代表的新媒体最核心、最精髓的价值所在。

——喻国明（中国人民大学舆论研究所所长）

新媒体环境给予了人们更平等的言论渠道，但并不等于所有人的言论都具有同样的权利。初唐虞世南有一句诗，“居高声自远，非是藉秋风”，可以用来比喻所谓名人或者公众人物话语权与普通百姓的不同。公众人物之“名”，自然会使其言论被更多的人所关注、被更多的人二次三次多次传播、使更多的人受到影响。因此，公众之名，对于公众人物来说，是一种权利同时也理应是一种责任。通常说，权利与义务往往对等。在话语权上同样如此。

——尹鸿（清华大学新闻与传播学院常务副院长）

随着科学技术的发展和社会需求的推动，目前，图书、报刊、广播、电影、电视、因特网、手机以及其他不断涌现的传媒形式，正在以各种方式相互渗透、结合和交融。整合、融合和汇聚已成为当代传媒形态发展的主流。并存是现象，互补是功能，融合是趋势，创新是结果。作为媒体形态创新的努力，我们认为，整合传媒在一定程度上代表着今天新媒体的进行时态。

——熊澄宇（清华大学新媒体传播研究中心主任）

一方面，网络广场通过舆论压力对社会权力的执行过程和方式进行了影响，从而缓解公民与政府的紧张关系，最终避免街头群体性暴力事件的发生。另一方面，网络广场可能会掀起更大的民愤。所以网络广场是介于有序和无序之间的。中国的很多问题就是在这种有序与无序之间博弈。

——于建嵘（中国社会科学院农村发展研究所社会问题研究中心主任）

作为一支新生力量，中国网民发出的声音即使出现高分贝的噪音，也仍然是社会多元意见构成和多元利益构成的客观反映。网民作为“压力集团”，现阶段在若干具体利益问题上具有温和表达不满和不服从的特征，但不是政治组织，不会对社会稳定产生颠覆性影响。

——祝华新（人民网舆情监测室秘书长）

在三网融合时代，上游的内容生产，中游的套餐捆绑，下游的销售服务，构成了一条紧密的纵向产值链。这条产值链与以往相比发生了显著更替，内容生产对独创性的要求更高，套餐捆绑的需求愈加多样化，而销售服务也更趋于精准化。纵向和横向的产值链构成了三网融合时代全新的媒介图景，其背后的共性即是：大众化的时代已经过去，分众、小众乃至微众的新时代即将来临。

——李良荣、傅盛裕（复旦大学信息与传播研究中心特聘研究员；复旦大学新闻学院研究生）

偶尔出现一些谣言并不十分可怕，重要的是准确而权威的信息能够及时发布出来，毕竟，信息越是不透明不对称，越会给人留下“合理想象”的空间，进而为谣言的出现提供温床。从这个意义上讲，在网络时代，让每一个人都有能自由表达和及时表达的渠道，对于追求真相来说明显利大于弊。

——易艳刚（《新华每日电讯》评论员）

微博在中国有什么意义？它是公民新闻的聚集地，有了微博，任何地方的新闻都变成全国的新闻；它是公共话语的策源地，有了微博，中国破天荒地形成跨越地域和阶层的全国性的公共领域；它也是公民行动的产生地，有了微博，公民得以团结起来，不论在何处，你都能看见中国人走到一起彼此分享，共同工作，或是发起某种公共行动。在中国历史上第一次，我们的交流工具支持群体对话与群体行动。纵观一年多来的发展，我们可以说，一种可观的微博政治在中国业已形成。

——胡泳（北京大学新闻与传播学院副教授）

微博的出现会促使政府去思考这个问题，与其让自媒体人自由地去说，倒不如将传统媒体放开一些，让他们能够去调查报道。微博上的信息是碎片化的，其深度有限，很难在历史上沉淀下来，这是它的弱点。用微博迅速了解社会动态、启发思维、拓宽思路是有好处的，但是如果我们想要提升自己，不能完全依赖微博。

——范以锦（暨南大学新闻与传播学院院长）

网络民意的真实性的前提是政府先开放包容，网民要理性。其实网络民意是否代表了广大民众的声音并不重要，重要的是它是否真实地表达了发言者自己的意见，我们不能阻止和扭曲这种表达，否则最终导致网络民意失真。网络民意的关键核心在于网民的理性，同时也在于政府、社会对网民理性的信任；如果我们出于种种担忧或恐惧不让网民们接触各种不同的信息，那么网民永远不可能变得成熟理性。

——吕博雄（《南方日报》记者）

网络是一个泄"私粪"的地方，当"私粪"达到一定量的时候，就会变成"公粪"，那么，网络也就是实际意义上的公共厕所！

——周立波（海派清口演员）

"网络水军"的存在固然有互联网监管体系不健全，行业自律缺乏的原因，但其本身是互联网自由开放的一种代价，也是中国网络舆论走向文明的一堂必修课。

——葛傲天（中国人民大学副教授）

研究报告

2011 年第三季度社会舆情研究报告

上海交通大学舆情研究实验室

摘要：本报告综合国内、国际的社会环境，对 2011 年前三季度影响较大的 150 起舆情热点事件进行梳理，重点分析了第三季度的 60 起影响较大的舆情案例，以了解第三季度舆情特征。具体从舆情事件特点、传播特点方面入手，通过“舆情”这一社会体温计来反映附着于其上的社会现实问题，针对危机主体在舆情应对中存在的不足提出对策建议，如加强对网络舆论的监测与研判，从源头遏制负面舆情恶性蔓延；重视新媒体，及时通过新媒体渠道发布信息等，以期对形成良好的互联网舆论氛围作出理性探讨。

关键词：社会舆情；新媒体；微博

Report on Social Public Opinion in the Third Quarter of 2011

Social Opinion Research laborary of
Shanghai JiaoTong University

Abstract: This report summarizes the national and international social environment, analyzes 150 hot events which had a great impact on public opinion in the first three quarters of 2011, especially the 60 significant cases of the third quarter of this year, to understand the characteristics of public opinion of the third quarter. To be specific, the report starts from the public opinion incidents characteristics, the dissemination characteristics, reflects the social reality which attaches to public opinion problems. At last, several proposals such as strengthening on monitoring and analyzing network media to control the spread of malignancy, emphasis on new media to release information , etc. , are put forward. The purpose is to make a rational discussion on how to create a good atmosphere of internet opinion.

Key Words: Social Public Opinion, New Media, Microblog

2011年是“十二五”的开局之年，在继续推进经济发展的同时，更加强调民生问题。温家宝在“两会”期间所作的“十二五”政府工作报告中指出，“十二五”期间，国家更加重视经济发展方式的转变，把发展和所得到的成果用在民生上来，要大力发展社会事业，节约资源、环境保护列为改革重点，同时最重要的是要全面改善人民生活，继续深化改革，不断加强政府自身建设。与此同时，随着中国在国际舞台上扮演着越来越重要的角色，中国与世界的联系也日益紧密，国际热点事件频繁涌现。在此国内、国际的社会环境共同作用之下，2011年社会舆情备受关注。

上海交通大学舆情研究实验室《2011年第三季度社会舆情报告》，在分析2011年前三季度影响较大的150起舆情热点事件的基础上，重点分析第三季度60起影响较大的舆情案例，以期通过“舆情”这一社会的体温计来反映中国社会，从而描述社情民意现状，对目前的社会状况、公众心态进行研究，为国家决策提供借鉴与参考。需要说明的是，本文所选社会舆情热点事件均为舆情热度指数较高的社会舆情事件，如无特殊说明，文中的“社会舆情事件”、“热点舆情事件”、“舆情事件”等均指影响较大的社会舆情事件。

一、2011年第三季度社会舆情事件特点分析

（一）第三季度舆情走势：舆情事件数量呈不断上升之势

纵观2011年前三季度的舆情走势，第二、三季度的热点舆情事件较第一季度高出不少，并集中爆发于4月、5月、8月和9月，各月的舆情事件均超过20起，四个月的舆情事件共占总体舆情的59%。

第一季度的热点舆情事件相对较少，可能由于正值春节前后及3月份“两会”召开，公众对舆情事件的注意力有所转移。6月、7月舆情事件数量较少，但却发生了几起聚焦全国人民注意力的重大舆情事件：郭美美事件、7·23甬温线特别重大铁路交通事故、故宫“文物被损”事件等，引起了全国性的持续关注，舆情热度居高不下。但是，舆情的绝对数量较少并不意味着舆情态势也相应良好，6、7两月的舆情数量降至低峰值，而舆情热度却达到前三季度最高。继7月份之后，8月、9月舆情数量又迅猛

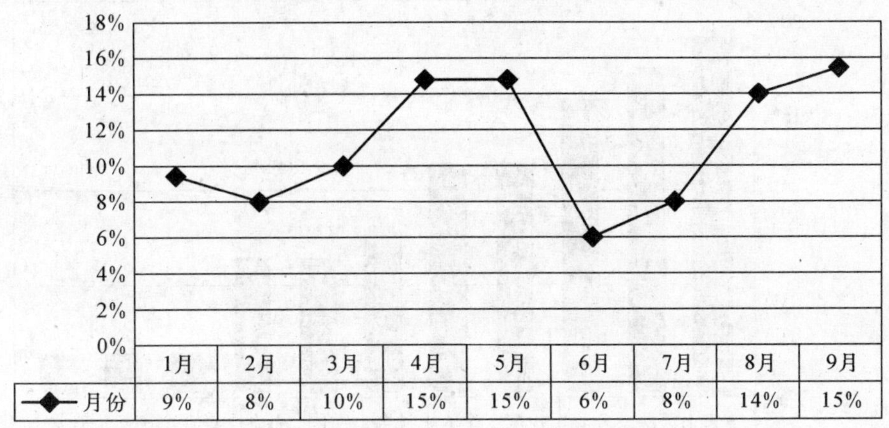

图 1　2011 年前三季度社会舆情热点事件数量月度走势图

增加，9 月份舆情事件数量创全年最高，共计 23 起。由此，第三季度也成为前三个季度中唯一一个社会舆情事件数量不断上升的季度，前两个季度均有一定的起伏。

综观第三季度的舆情事件，相当部分与前两个季度重大社会热点事件是同一类型。如继“郭美美事件“之后，出现“卢美美事件”、“河南宋基会被曝借公益牟利”、“副县长女儿炫富门”等事件；继“我爸是李刚”之后，出现了“我爸是市长”、“我爸是李双江”等事件。由此可见，某一热点事件通常会连带相关领域和类似事件的舆情增加，成为社会舆情热点事件的重要助推器。

（二）事件类型分布：灾害事故持续升温，个人舆情居高不下

2011 年第三季度社会舆情热点事件涉及社会生活的各个主要领域。其中，占比最高的舆情类型为：灾害事故（18%）、涉法涉警（17%）、公共卫生（15%）、反腐倡廉（12%），四类舆情事件数量共占第三季度总体舆情数量的 73%。这四类舆情事件都是与公共管理密切相关的负面舆情，影响较大的典型事件有 7·23 甬温线特别重大铁路交通事故、特大“地沟油”案、瘦肉精、绿色猪肉等食品安全事件、大连 PX 项目防波堤溃坝、康菲漏油事件等环境污染事件等。并且，相比于第一、二季度，这四类舆情事件增势都十分明显，成为第三季度的关注焦点。

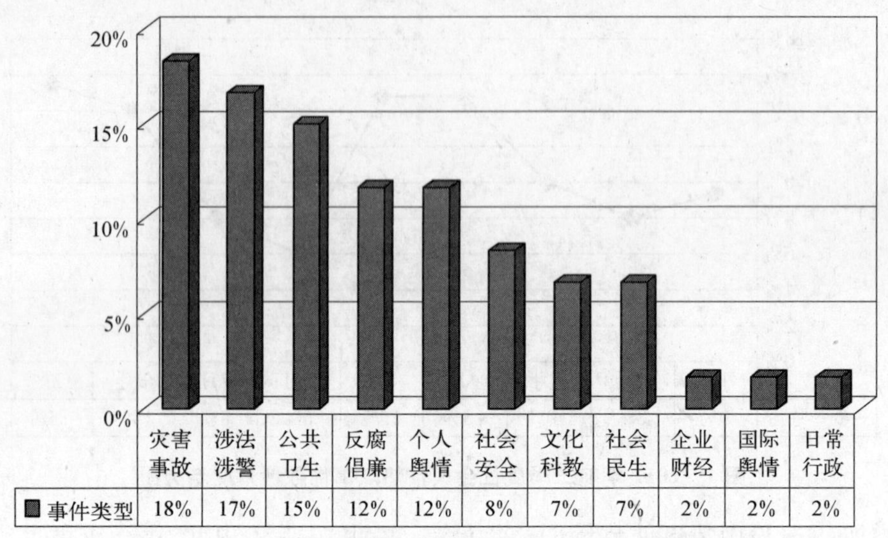

	灾害事故	涉法涉警	公共卫生	反腐倡廉	个人舆情	社会安全	文化科教	社会民生	企业财经	国际舆情	日常行政
事件类型	18%	17%	15%	12%	12%	8%	7%	7%	2%	2%	2%

图 2　2011 年第三季度社会舆情热点事件类型分布

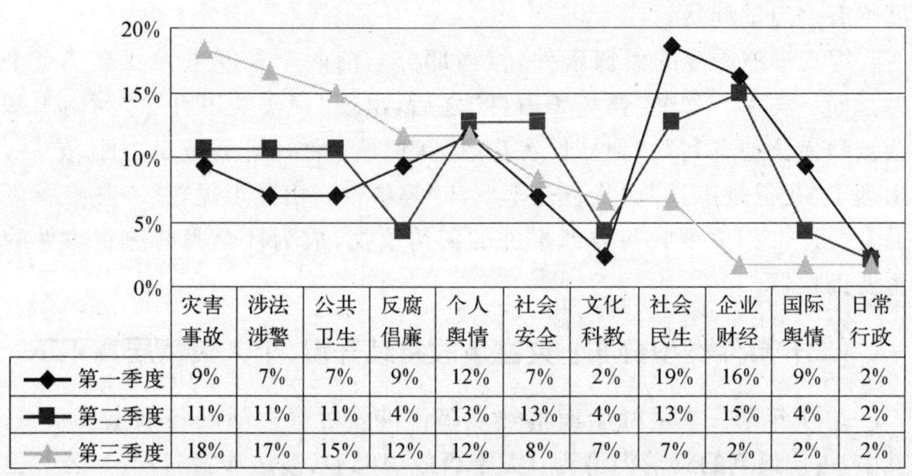

	灾害事故	涉法涉警	公共卫生	反腐倡廉	个人舆情	社会安全	文化科教	社会民生	企业财经	国际舆情	日常行政
第一季度	9%	7%	7%	9%	12%	7%	2%	19%	16%	9%	2%
第二季度	11%	11%	11%	4%	13%	13%	4%	13%	15%	4%	2%
第三季度	18%	17%	15%	12%	12%	8%	7%	7%	2%	2%	2%

图 3　2011 年前三季度社会舆情热点事件类型对比图

1. 灾害事故类舆情事件呈持续、快速上升的态势

2011 年第三季度，灾害事故类舆情事件数量高居榜首，总数达 11 起，占第三季度舆情事件总数的 18%。而 2011 前两季度灾害事故类舆情事件的比例则依次为 9%、11%，可见灾害事故类舆情事件在 2011 年呈现持续、快速上升的态势，并在第三季度达到高点，曝出了大连 PX 项目防波堤溃

坝、康菲漏油事件、重庆丰都三合爆炸事件、中石油大连石化分公司火灾、盘县一煤矿瓦斯爆炸10人遇难、江西湖北交界发生4.6级地震、钱塘江三桥塌陷等一系列灾害事件舆情。

纵观2011年11起灾害事故类舆情事件，其中，自然灾害事故仅2起，其他灾害事故则都由人为因素引起，暴露了政府、企业安全监管体制的不力、社会责任感的缺失等问题。其中，交通事故高达4起，分别为7·23甬温线特别重大铁路交通事故，9·27上海地铁10号线追尾事故、京珠高速客车起火、湖南邵阳沉船事故等，使得涉及中国交通尤其是铁路交通事业的社会舆论极为凸显，公众对铁路交通管理与安全问题质疑不断，对中国铁路运输安全的信任感冲击巨大，引发的社会矛盾尤为突出。

2. 个人舆情居高不下，慈善事业受到影响

个人舆情事件自2011年以来一直居高不下，2011年前三季度个人舆情事件所占比例分别为12%、13%、13%。从绝对数量上来比较，第三季度的个人舆情事件有8起，数量较第一季度(5个)和第二季度(6个)都有所增长；从热度上来比较，第三季度的个人舆情热度也比第一、二季度高。

随着自媒体时代的兴盛，个人在整个中国舆论场的力量日益被放大，第三季度舆情事件中个人舆情的重要性和热度都日益突显。最为典型的为郭美美事件，掀起了全国性舆论的热潮，悍动了整个中国红十字会的慈善事业，带动整个中国慈善事业的波动。随后，“卢美美事件”、“河南宋基会被曝借公益牟利”、“盐城胡友林慈善基金会”等舆情事件相继而起，中国慈善事业成为公众舆论的敏感域。此外，郭美美炫富之后，各种“炫富门”更是层出迭起，公众仇官仇富的社会心态显露无遗。

3. 官员“非正常死亡”现象多发

社会心理压力已经成为一个广泛的社会问题，政府官员也日益深受其困，由此引发的社会不良情绪和官员“非正常死亡”事件频繁发生。据不完全统计(据已有的相关媒体报道)，2010年官员非正常死亡事件高达二十多起，或坠楼身亡，或自缢，或割腕，且多属于自杀。

2011年，官员“非正常死亡”事件仍层出不穷。从1月1日开始，媒体陆续都有相关报道(详见表1)。其中，第一季度有2起，第二季度5起，第三季度5起。官员部门涉及党委、政府及教育、税务、金融等多个系统，级别纵跨科级到省部级，其中以科级与县处级占多数。

与2010年的官员“非正常死亡”事件相似，从官方说法来看，官员多为“自杀”，生前有抑郁症状；但“被自杀”、“畏罪自杀”等关键词却充斥着民间舆论场，各种揣测和流言蜚语不胫而走。从2011年来看，影响较大的事件有第三季度的湖北公安县纪检干部遇害事件，被害人谢业新身中11刀，气管和喉管都被割断，警方的“自杀”论令公众咋舌，引发各界质疑。另外，面对官员的离奇死亡事件，还不乏有人拍手叫好，称“为民除害”，干群关系紧张可见一斑，官员的心理健康问题和民众在对待干群关系问题的心态都值得重视。

表1　2011年1-9月的官员“非正常死亡”事件一览表

日期	事　　件
1月1日	南京市六合区卫生局会计核算中心的女副主任从六合区浮桥附近一空闲的居民楼三楼跳楼身亡。
2月12日	运城市纪检委副书记、监察局长蔡铁钢从办公地点14楼坠楼身亡。据相关干部反映，他患有抑郁症。
4月12日	江西省遂川县委保密机要局副局长关可平跳楼身亡。
4月20日	50岁的山东聊城市阳谷县原信访局副局长、维稳办副土任陈国庆不满上作调动在办公室自缢，这位正科级官员“曾有明显抑郁症状”。
4月22日	英国伦敦金融城前首席代表、中国区负责人刘莹上吊身亡。
4月28日	洛阳公安局纪委书记张广生从洛阳市公园小区一栋33层住宅楼的楼顶坠楼身亡。
4月29日	常州市编办主任许明新在该市一小区内坠楼身亡。
7月11日	48岁的河北邯郸市邯山区区委副书记、区长张海忠被发现在其办公室内颈部割裂死亡。当地政府宣布，张海忠生前有失眠病史，系因精神疾患自杀身亡。
7月14日	河南邓州市公安局缉毒大队队长赵戈在接受调查期间坠楼死亡。
8月24日	山东滨州市沾化县公安局副局长张泽国在住宅区内被杀死。目前，行凶者作案原因尚不明，山东省公安厅已介入调查。
8月27日	湖北公安县纪检干部遇害，身中11刀，最后警方认定为自杀身亡。
9月14日	湖北洪湖宣传部科长跳楼身亡。

（三）主体类型分布：以个人为主体的舆情事件显著上升，政府主体依然占据主要地位

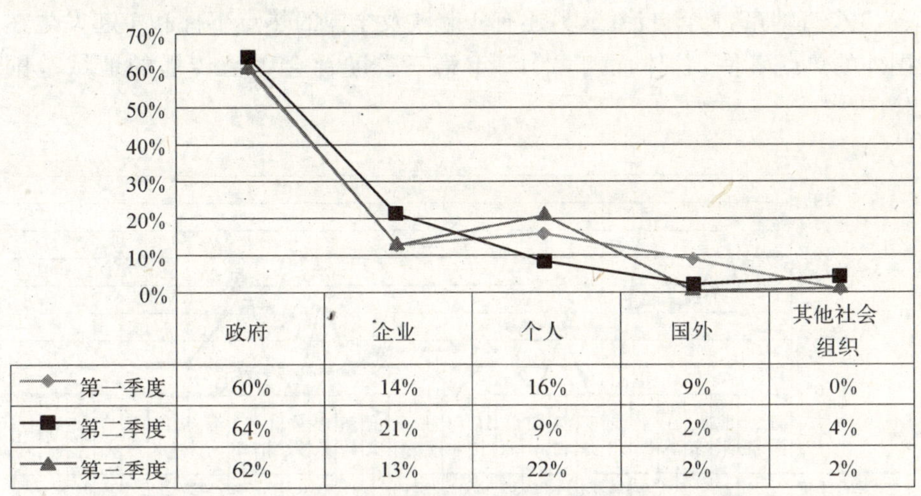

	政府	企业	个人	国外	其他社会组织
第一季度	60%	14%	16%	9%	0%
第二季度	64%	21%	9%	2%	4%
第三季度	62%	13%	22%	2%	2%

图4　2011年前三季度社会舆情热点事件的主体分布

2011年第三季度60起影响较大的舆情热点事件中，关涉的主体主要集中于政府、企业和个人，其中，各级政府部门作为社会的主要管理部门，历来是媒体和民众舆论监督的焦点所在，政府舆情的比例高达62%，和第一季度(60%)、第二季度(64%)一样，都高居关涉主体类型榜首的位置。

2011年第三季度以个人为主体的舆情事件明显增加，以个人为主体舆情事件有13起，占所有舆情事件的比例高达20%。并且，相比第一季度(7起)和第二季度(4起)，增幅明显。可见，越来越多的个体被放置于公众视野中，成为社会舆情领域关注的新焦点。反映出随着经济社会的发展，民主政治的逐步推进，信息化进程的加速，个人的地位和作用得到前所未有的凸显，个人的独立性日益得到尊重，个人的价值获得广泛的承认，个人也因此成为社会舆情主体的重要组成部分。而且第三季度的个人舆情事件中舆论焦点多为官二代、富二代。诸如李双江儿子打人事件、温州奔驰男碾压路人称“我爸是市长”等，“富二代”、“官二代”相关舆情事件层出不穷，“二代”这个字眼牵动社会神经。

(四) 所属地域分布：河南、浙江并列第一，中部地区舆情上升

2011 年第三季度影响较大的社会舆情热点事件发生地涉及全国 16 个省，3 个直辖市，1 个自治区，另还有 4 起波及全国的热点事件和 1 起发生在国外的热点事件，总体而言，2011 年第三季度社会舆情传播的地域范围较广。

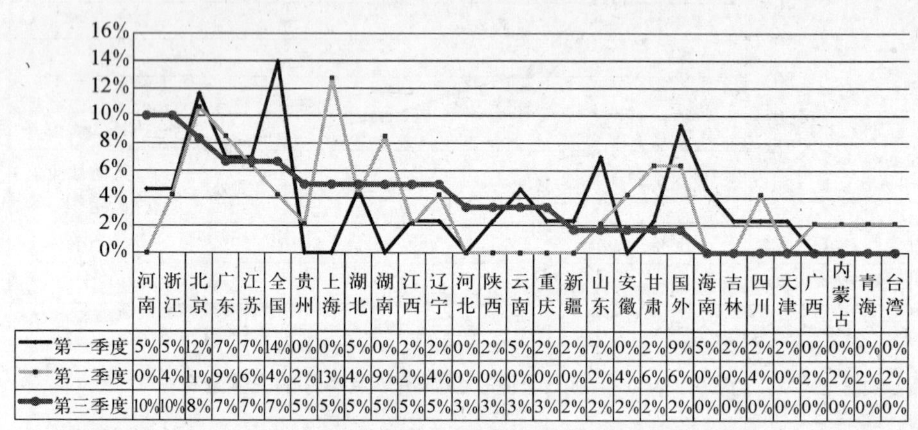

	河南	浙江	北京	广东	江苏	全国	贵州	上海	湖北	湖南	江西	辽宁	河北	陕西	云南	重庆	新疆	山东	安徽	甘肃	国外	海南	吉林	四川	天津	广西	内蒙古	青海	台湾
第一季度	5%	5%	12%	7%	7%	14%	0%	0%	5%	0%	2%	2%	0%	2%	5%	2%	2%	7%	0%	2%	9%	5%	2%	2%	2%	0%	0%	0%	0%
第二季度	0%	4%	11%	9%	6%	4%	2%	13%	4%	9%	2%	4%	0%	0%	0%	0%	0%	2%	4%	6%	6%	0%	0%	4%	0%	2%	2%	2%	2%
第三季度	10%	10%	8%	7%	7%	7%	5%	5%	5%	5%	5%	5%	3%	3%	3%	3%	2%	2%	2%	2%	2%	0%	0%	0%	0%	0%	0%	0%	0%

图 5　2011 年前三季度社会舆情热点事件地域分布图

从 2011 年第三季度影响较大的社会舆情热点事件发生地的具体分布来看，河南和浙江高居社会舆情发生地区的榜首位置，均发生了 6 起影响较大的社会舆情热点事件，各占比 10%。

(1) 河南省舆情热点事件激增，主要涉及涉法涉警、灾害事故、反腐倡廉等舆情类型。尤其在 9 月份，河南省接连发生数起重大刑事案件，河南洛阳性奴案、河南发现多处智障奴工黑砖窑、洛阳电视台记者遇袭身亡事件等，这些案件都迅速上升为公众关注焦点，成为社会热点舆情。除了三起重大刑事案件，河南宋基会被曝借公益牟利也继红十字会之后遭到民众质疑，整个 9 月，河南省处于社会安定的低峰期，网民纷纷表示“社会治安太差”、“缺乏社会安全感”。

(2) 浙江省第三季度舆情事件不仅数量大增，且热度高、影响大、波及范围广。最典型的为重大灾害事故 7 · 23 甬温线特别重大铁路交通事故，引起全国舆论持续关注，中国铁路交通事业及相关部门信誉猛落、受创严

重；其次还有数起社会民生、公共卫生、涉法涉警事件，具体为杭州出租车发生大规模停运、钱塘江三桥凌晨塌陷、无锡女老师遭领导性侵跳楼身亡、浙江问题血燕事件、温州奔驰男碾压路人称我爸是市长等，几起舆情接连发生致使浙江省成为第三季度舆情高发地。

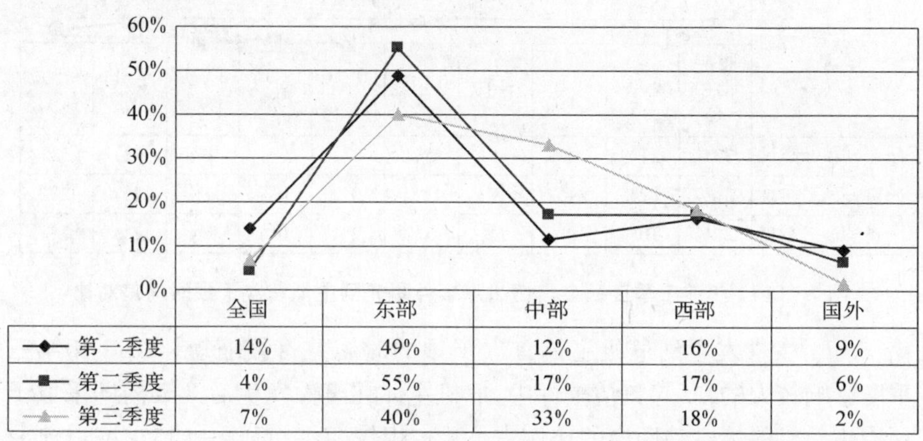

	全国	东部	中部	西部	国外
第一季度	14%	49%	12%	16%	9%
第二季度	4%	55%	17%	17%	6%
第三季度	7%	40%	33%	18%	2%

图 6 2011 年前三季度社会舆情热点事件区域分布图

此外，相较于第一二季度，第三季度中部地区的舆情数量激增，从第一季度的 5 起，第二季度的 8 起，迅速增至第三季度的 20 起，共占第三季度全部舆情数量的 33%，其中尤以河南、湖北、湖南、江西等省为主。而东部地区舆情数量仍然在全部舆情事件中占比最高，第三季度东部地区舆情占全部舆情总量的比例（40%）比第一季度（49%）、第二季度（55%）有所减少，但由于第三季度舆情本身基数较大，因此在绝对数量上，第三季度东部地区舆情仍然处于居高不下的状态。

（五）危机主体应对：时效性提高，无明显干预行为的比例减少，第三方介入范围扩大

舆情干预时机直接关系到舆情应对的效果。一般而言，舆情干预越早，化解危机的可能性越大。2011 年第三季度，我国影响较大的社会舆情热点事件中，危机主体进行舆情应对的时效性有所提高，主要体现在以下两个方面：

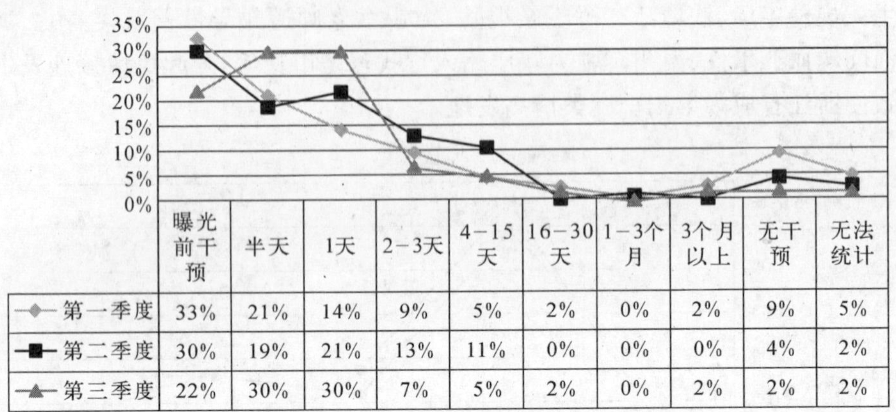

	曝光前干预	半天	1天	2－3天	4－15天	16－30天	1－3个月	3个月以上	无干预	无法统计
第一季度	33%	21%	14%	9%	5%	2%	0%	2%	9%	5%
第二季度	30%	19%	21%	13%	11%	0%	0%	0%	4%	2%
第三季度	22%	30%	30%	7%	5%	2%	0%	2%	2%	2%

图7　2011年前三季度社会舆情热点事件曝光到主体首次干预时间差对比

(1) 事件发生到危机主体首次干预的时间差持续缩短。2011年第三季度影响较大的60起舆情事件中，危机主体在事件发生后3天内即采取干预措施并对舆情主动回应的比例占59%，相较2011年第一、二季度占比分别为49%、58%，呈上升趋势。与此同时，无明显干预行为的主体比例与第一、二季度的9%、4%相比，减少至2%，越来越多的危机主体摒弃了以往疏于处理、回避舆情的“鸵鸟”对策，面对公众发出声音。如南京人质事件发生数小时后，南京市公安局就在微博上向市民通报了事情进展；而在“郭美美事件”中，红十字会也在事后迅速发表声明介入舆论。

(2) 事件曝光到主体首次干预的时间差有所缩短。2011年第三季度，被曝光3天内危机主体便采取干预措施以应对的舆情热点事件占比67%，较一季度的44%、二季度的53%有大幅提升。其中，舆情爆发一天内便干预的高达60%，充分显示了危机主体应变能力的增强。例如，杭州出租车发生大规模停运、中石油大连石化分公司火灾、武汉副市长袁善腊被举报等事件，在舆情爆发当天，危机主体便迅速介入干预。此外，无明显干预的主体比例也由第一季度的9%下降至2%。

此外，在2011年第三季度的舆情热点事件应对中，第三方机构/个人参与的事件仍占有很大比重，为41.7%，较第二季度的34%有较大提升。对第三方机构/个人的运用，是化解舆情危机的重要手段之一，这在第三季度的舆情事件中有较为显著的表现。如上海“医跑跑”事件的舆情应对中，

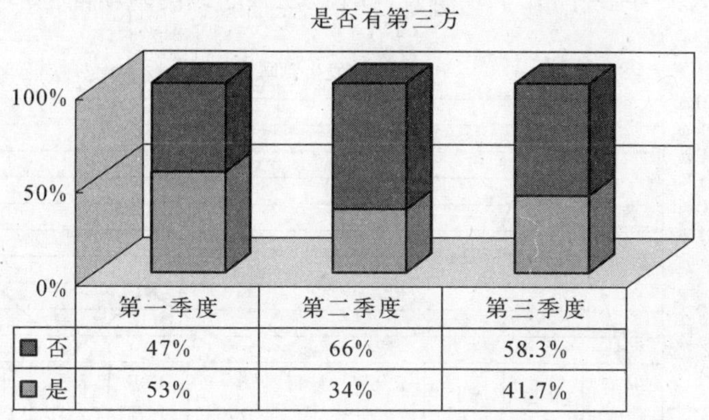

	第一季度	第二季度	第三季度
否	47%	66%	58.3%
是	53%	34%	41.7%

图 8　2011 年前三季度社会舆情热点事件第三方应用对比

上海市公安、消防、卫生等部门对事件经过的说明、鉴定，使危机主体避免了自说自话的嫌疑，对扭转舆论风向起到了一定作用。又如“卢美美事件”中，面对公众对中非希望工程合法性的强烈质疑，中国政法大学疑难案件研究中心发表了中非希望工程事件的法律意见书，表明了中非希望工程的合法性。在 9·27 上海地铁 10 号线追尾事故中，事发当天，上海市便成立了由市安监局牵头的调查小组，由上海市建交委、交通港口局等部门以及独立第三方参加，下设专家组、综合组、技术组、管理组，对事故调查、后续善后等事项展开工作。第三方的介入，既提高了事故处理效率，也使得公众对事故调查结果更为信任。

二、2011 年第三季度舆情热点事件传播分析

（一）传播时效：近半数事件在事发数小时内即被曝光，事件发生到曝光时间进一步缩短

2011 年第三季度，舆情热点事件曝光的时效性持续增强。60 起影响较大的社会舆情热点事件中，35 起在事发后 3 天内被曝光，比例高达 58%。其中 27 起事件在事发当天仅数小时后即被曝光，占事件总数的 45%，与 2009 年同期的 22.9%、2010 年同期的 33.3%相比，曝光时效性大大增强。其中，9·27 上海地铁 10 号线追尾事故、上海“医跑跑”事件、中石油大连石

化分公司火灾等事件，几乎于事发同时就在微博或网络新闻上广泛传播。

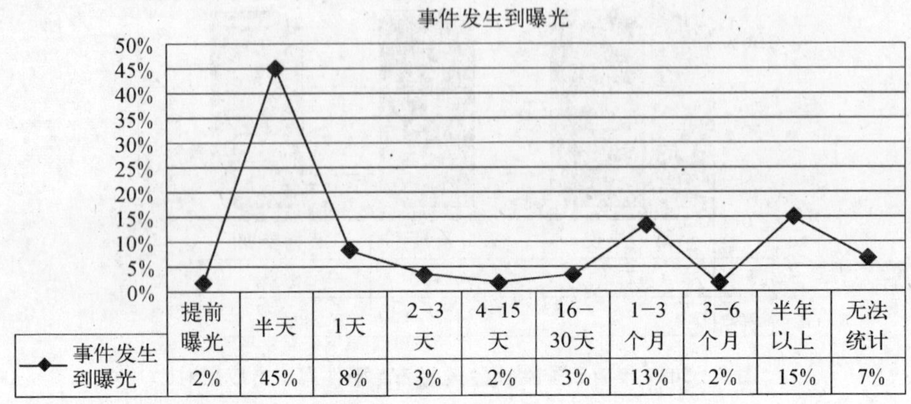

	提前曝光	半天	1天	2−3天	4−15天	16−30天	1−3个月	3−6个月	半年以上	无法统计
事件发生到曝光	2%	45%	8%	3%	2%	3%	13%	2%	15%	7%

图 9　2011 年第三季度社会舆情热点事件发生距媒体首次曝光时间差

此外，第三季度还有约 15％的热点舆情事件是陈年旧案被曝光，如达芬奇造假风波、张家界市长夫妇染指多项工程、大连高尔夫球场用饮用水浇草、河南宋基会被曝借公益牟利等。这些事件之所以在 2011 年频频被曝光，一定程度上反映了公民维权意识的增强，以及社会舆论监督水平的提升。

（二）传播媒介：新媒体曝光持续上升，网络新闻稳居第一，微博赶超报纸位列第二

2011 年第三季度影响较大的 60 起舆情热点事件中，72％由新媒体首次曝光，传统媒体首次曝光率仅占 28％。可见，近年来，由新媒体首次曝光的社会舆情热点事件稳步上升，新媒体在社会舆情传播中扮演着重要角色。

（1）“网络新闻”稳居第一。作为新媒体与传统媒体融合的产物，网络新闻兼具了新媒体信息传播时效与传统媒体内容质量两方优势，从而更具竞争力。2011 年第三季度舆情热点事件首次曝光媒介中，网络新闻依然居于首次曝光媒介的第一位，占比 32％，较前两季度分别上升了 4 个百分点和 9 个百分点。如公安部破获特大“地沟油”案、7·22 京珠高速客车起火事件、“卢美美”事件等，都是由网络新闻首先披露的。

（2）微博增速较快，超过报纸，位居第二。2011 年以来，由微博首次曝

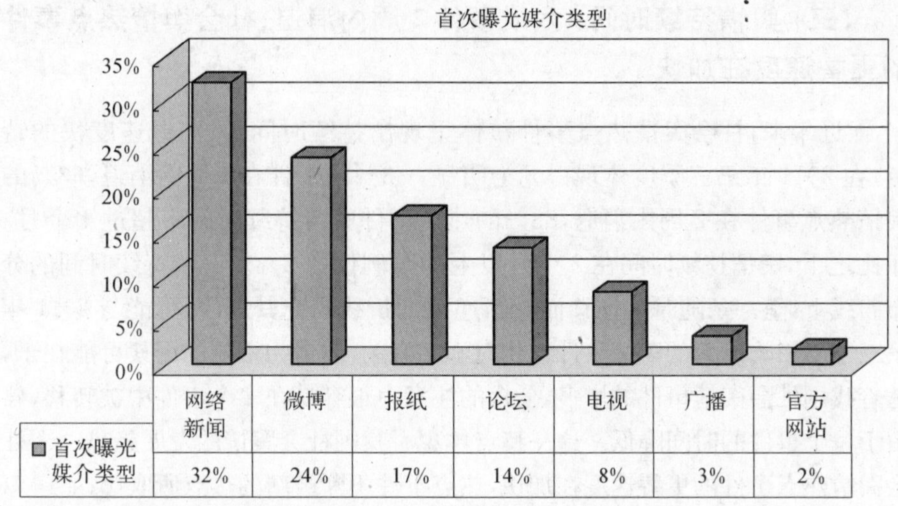

图 10　2011 年第三季度社会舆情热点事件首次曝光媒介类型

光的影响较大的社会舆情热点事件持续上升，继第一季度超过论坛/社区、第二季度与报纸持平之后，在第三季度比例高达 24%，首次超过传统媒体报纸，成为网络新闻之后的第二大消息曝光源。李双江儿子打人事件、故宫文物损毁事件、7·23 甬温线动车相撞事故、9·27 上海地铁 10 号线追尾事故、南京人质事件等舆论热度极高的事件，均由微博发出第一条消息，而在倪萍获中华脊梁奖惹争议、甘肃陇西特大食品中毒事件、上海"医跑跑"事件、副县长女儿"炫富门"等事件中，微博除引爆舆论外，更成为网民抒发己见的重要平台。

(3) 地方社区/论坛力量不容小觑。网络论坛/社区作为公众网络表达的重要场域，一直以来都是网络舆情诞生的重要源头，尤其是天涯、猫扑、凯迪等人气较旺的网络论坛社区，往往成为爆料人的首选。除此之外，规模略小的地方性社区论坛也在舆情事件曝光过程中不容小觑，在 2011 年第三季度的社会舆情热点事件中，超过 1/3 的事件首发媒体为当地论坛，如安徽宁国发改委工作人员疑似裸聊事件、张家界市长夫妇染指多项工程、江苏无锡人保局爆炸事件等。从议题流向来看，曝光于地方论坛的舆情事件在经由网民转帖至大型综合论坛后，引起更多网民的热议，进而流向其他舆论场，引发更大热度的舆情。

（三）舆情持续时间：六成事件 2 周内消退，社会舆情热点事件的更替速度在加快

近年来，社会舆情热点事件整体呈现出持续时间短、消退速度快的特点，在 2011 年第三季度体现得尤为明显：33％的事件在 1 周内消退，63％的舆情热点事件在 2 周内消退，88％的热点事件舆情持续时间不超过 1 个月。相比之下，舆情持续时间在 2 个月以上的案例仅占 2％。舆情持续时间的分布曲线上，呈一条随时间推移而不断递减的折线。究其原因，可能与 2011 年第三季度影响巨大的舆情事件数相对不多有关，但更为重要的因素可能在于，随着我国社会舆情事件的增多，公众的注意力很容易在多个事件中被转移，停留于一个事件的时间降低。这一特点体现了我国社会舆情的发展趋势——社会舆情热点事件的更替速度在加快，热点事件不断被新的热点所取代。

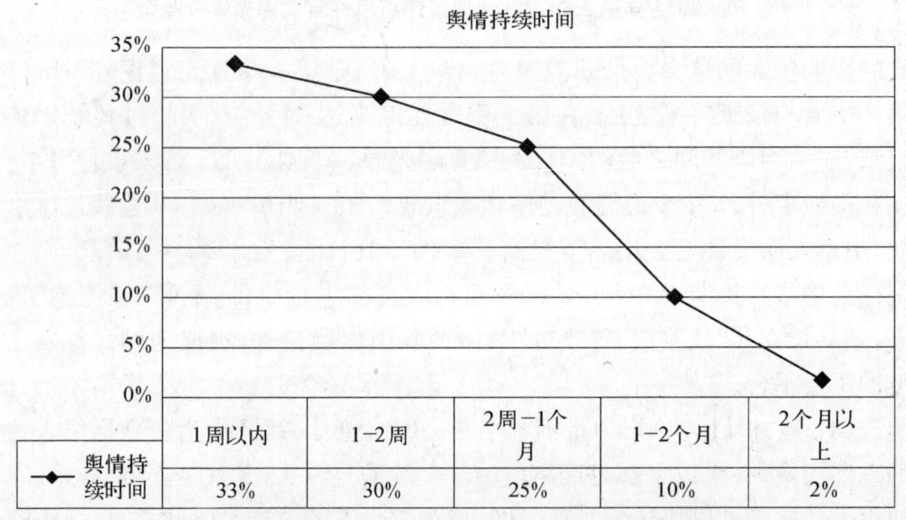

	1周以内	1–2周	2周–1个月	1–2个月	2个月以上
舆情持续时间	33%	30%	25%	10%	2%

图 11　2011 年第三季度社会舆情热点事件舆情持续时间

（四）谣言分析：1/4 的舆情热点事件中存在明显谣言

2011 年第三季度影响较大的 60 起舆情热点事件中，14 起出现了明显的谣言，占比 25％。尤以 7 · 23 甬温线特别重大铁路交通事故、云南铬毒污染事件、李双江儿子打人事件等最为明显。

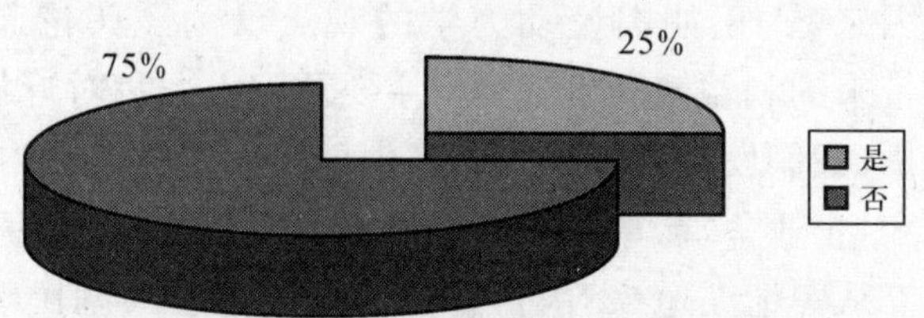

图 12　2011 年第三季度社会舆情热点事件谣言分布

7・23 甬温线特别重大铁路交通事故中，甚至出现“八大谣言”：重大事故死亡人数上限为 35 人、“神秘手”图片引发“掩埋活人”传言、遗体未经家属同意被集体火化、高铁司机培训只有 10 天时间、抗命坚持救援特警支队长被报道后受处分、铁道调度系统现 BUG 并拘留两无证程序员、港人举旗上街哀悼动车追尾事故遇难者、吊下动车车厢时有遇难者遗体掉出[1]。

云南铬毒污染事件中，8 月 13 日上午，微博出现如是传言：“紧急呼吁广东省委省政府启动重大公共危机的应急预案！云南 5000 吨剧毒铬渣倒入水库，已使 30 万立方米水库水成致命毒药，水正流入珠江上游南盘江，将可能危及沿岸数千万人饮水安全。十万火急，快速应对，请一切以民众生命安全为重，请绝不要作任何欺瞒”，“铬污染已致云南曲靖 37 位农民中毒身亡”。还有人呼吁：“大家快去抢瓶装水。”

此外，李双江儿子打人事件中，关于是否虚报年龄、冲锋枪真假、奥迪车主父亲身份等存在网络谣言；河北深州监狱越狱事件中，网络谣言为河北越狱逃犯王振轻落网照有假，网友称是 PS 图片。

三、危机主体应对网络舆情相关建议

（一）加强对网络舆论的监测与研判，从源头遏制负面舆情恶性蔓延

新媒体环境下，公共事件在发生发展的过程中，往往在短时间内产生巨大而庞杂的信息量，而一旦舆论引导速度稍慢，则效果大打折扣。因此，预知舆论危机、研判走势、控制事态至关重要，危机主体需要加强对舆论的监

测，对舆论形势进行及时、正确、有效的判断，在最短的时间内做出反应。

从舆情成因来看，正如舆论动力学的观点认为，“舆论起始于社会变动”，社会变动带来的利益博弈仍是舆情主要诱因。通过对近年来社会舆情热点事件的分析，我们发现舆情事件的产生可大致归结于媒体记者炒作，地域政府间的博弈，企业争端，单位内部组织失谐，受维权、揭短、获利等驱动的网民爆料等。从舆情渠道来看，目前微博已成为普通网民曝光舆情事件的首选，因此，要做到有效应对危机舆情，建议加强对微博舆情的监控、汇集、研判、预警，从用户行为上发现危机源头。同时，对不同事件的舆情成因加以分析，找准主要矛盾及其关键点。

（二）重视新媒体，及时通过新媒体渠道发布信息

新媒体已经成为社会舆情事件的重要舆论场，对“公众议题”的影响日益增强，并在舆情事件进展中扮演重要的角色。在第三季度的诸多重大舆情事件中，以新媒体首次曝光的舆情事件占全部舆情事件的72%，大部分事件都由新媒体率先报道，传统媒体跟进，借用新媒体的时效性和传统媒体的深度报道的优势，通过议题互动相互配合共同掀起舆论高潮。

第三季度各类舆情事件中也体现了微博的力量，微博不仅成为影响舆情事件进展的重要媒介，更在舆情应对中发挥了重要作用。因此，舆情应对应充分发挥微博的节点式传播、发布方式方便快捷等优势，将微博作为传播信息、交流互动的平台，第一时间发布舆情相关信息，促进事态好转。最典型的例子如7·23甬温线特别重大铁路交通事故之后，“中国SOS求助”发出“温州血液库存告急”的微博，很快，23:53，@青年时报也发布“温州血液库存告急”的紧急通告，经明星舒淇、大S、苏有朋、林俊杰等人的转发后，消息迅速传播。一场官民共同“输血”的集体行动拉开帷幕。而这样的求助也得到了快速响应，浙江省卫生厅和浙江血液中心在新浪微博上先后开通官方微博，滚动发布用血及救援信息。两百多名志愿者第一时间前往血站献血，不久后，血液问题迅速得到解决。

（三）增强谣言的证实能力，通过微博化解舆情危机中的谣言

我国社会舆情信息的传播中，不乏各种谣言和不实信息招致公众质

疑的案例发生，而微博更容易滋生谣言。一方面，微博的字数限制使其信息量有限，信息不全面，或对于复杂事件难以表述准确，内容转发过程中容易被“断章取义”。另一方面，微博内容缺乏把关，传播迅速，谣言一旦滋生就难以制止。能否有效地应对信息证实危机，及时辟谣，成为危机主体舆论引导的难点。在此，建议通过微博这一新渠道，提升谣言与信息证实能力。

从谣言类型看，针对本身在微博上产生的谣言，应通过微博进行有针对性的回应。如“卢美美事件”中，危机主体卢星宇利用自身微博及时回应广受质疑的传闻，并与网民积极互动，同时援引媒体报道试图还原事实真相，辟谣效果较好。另外，对于并非产生于微博但在微博上受到关注的谣言，同样可以通过微博有效辟谣。例如 2011 年 3 月国内产生的“谣盐风波”，中国盐业总公司、各大媒体、各级政府均在微博上实时发布信息引导网民理性对待，起到了良好的舆论引导效果，该事件在较短时间内得以平息。

从发布方来看，微博辟谣除当事方通过自身微博发布信息外，还可根据事件性质，积极与各相关方沟通，分别通过运营商、第三方、意见领袖对谣言予以证实。由于当事方发布信息存在“自说自话”的嫌疑，在部分事件中辟谣效果不佳，因此借用微博运营商，如腾讯微博“谣言终结者”、新浪微博“微博辟谣”等账号，以第三方立场向用户发布信息，往往效果较好。此外，危机主体还应与公信力较强的第三方机构、意见领袖保持良好沟通，借用他人之口化解舆情危机中的谣言。

（四）优化网络舆论环境，营造和谐健康的网络舆论氛围

由于互联网具有开放性、匿名性、交互性的特征，国家的政策法规等管理方式往往具有一定的局限性与滞后性，对网络动员的监管难以做到行之有力。因此，应该在完善互联网立法与监管的同时，有针对性地加强对互联网的管理，设立一套网络自律与政府监管相结合、内部管理与外部管理相结合的管理体系；加强我国互联网的内容管理，尤其是对不良信息的内容治理，通过依法治理、倡导网络自律的方式，优化网络舆论环境，营造和谐健康有序的网络舆论氛围。

当然，在加强网络监管的同时，更重要的是在现实执政过程中切实重视

人民的利益，在现实生活中以人民利益为重要出发点，解决现实矛盾，如此方为根除负面舆情之治本之策。

（上海交通大学舆情研究实验室课题负责人：谢耘耕，作者：万旋傲、王理、徐颖、刘锐、王平、吕晴、宫玉斐、王蕾、何筱媛、李慧君、董吟雪）

参考文献

[1] 佚名. 温州动车追尾事故八大谣言. 人民网. 2011-07-27. http://news.cntv.cn/china/20110727/119170.shtml

中国公民的网络表达与公共管理分析研究报告

上海交通大学舆情研究实验室

摘要: 随着新媒体的发展,互联网成为中国公民表达诉求、抒发己见、监督权力、建言献策的重要途径。目前国内一些公共事件解决过程中,已经形成了一种新的“议程设置”模式,即网络提出议题—传统媒体关注—全社会参与—政府行为的模式。尽管网络民意作用巨大,但网络民意不能等同于民意,因此我们要积极探索,寻求适合现阶段中国国情的公民网络参与发展模式。

关键词: 网络表达;公共管理;新媒体

Analysis Report on Network Expression of Chinese Citizens and Public Administration

Social Opinion Research Laborary of
Shanghai Jiao Tong University

Abstract: With the development of new media, the Internet has become an important way for Chinese citizens to express their demands, views, supervise powers, and offer advice and suggestions to government. At present, it has created a new "agenda setting" mode in the resolution process of some public events, that is, the network raised the question — traditional media paid attention — the whole society involved — government began to take part,. Despite the huge role of network public opinion, it is not equivalent to public opinion, therefore we should actively explore and seek civil network participation and development mode suitable for national conditions of China at this stage.

Key words: Network Expression, Public Administration, New Media

随着新媒体的发展,中国媒介生态环境产生了巨大的变迁,网络信息技术改变了过去单一的信息传播渠道，形成了多中心、开放式、交互性的信息传播渠道，互联网成为中国公民表达诉求、抒发己见、监督权力、建言献策的重要途径，将一个接一个的公共事件搅动得风生水起，形成巨大的网上舆论压力，达到任何部门、机构甚至公众人物无法忽视的地步。

近几年来，我国公民通过互联网进行政治参与的现象日益增多，从2003年的每年几起，到2007年的每月一起，到2009以后的每月数起重大网络事件，不仅改变了公民传统政治参与的理念，提高了公民政治参与的能力，而且对政府公共管理体制、机制、运作模式等产生了重大影响。目前国内一些公共事件解决过程中，已经形成了一种新的“议程设置”模式，即网络（BBS、微博、博客或手机等）提出议题—传统媒体关注—全社会参与—政府行为的模式。因此，分析和研究互联网对中国公民政治参与的影响，对于改善政府公共管理，规范和引导当代中国公民网络政治参与的发展，进而推动中国公民政治参与的有序化具有重要的现实意义。

上海市发展战略研究所谢耘耕工作室推出《中国公民网络表达与公共管理分析研究报告》，旨在研究新媒体环境下中国公民的网络表达及其对公共管理的影响、意义及存在问题，并对其发展趋势进行尝试性的探索，期望促进我国网络表达的良性发展，对我国的民主政治建设有所裨益。

一、众声喧哗：中国公民的网络表达

随着新媒体对中国社会影响的日益深化，中国公民意识的觉醒，公民的自我表达意识也在增强。所谓公民的网络表达，是指公众通过网络的途径来表达自己的想法或者诉求。互联网开放性、匿名性、即时性、自由化的特点，使得公民的网络表达变得更加方便和快捷，通过互联网进行公民维权、舆论监督和在其他类型的重大社会公共事件中发言，已经成为中国公民网络表达的常态。

（一）公民的网络维权

“网络维权”即公民直接或间接通过互联网来维护自身合法权益。近年来，“网络维权”正逐年增多，涉及的社会生活领域日益广泛，影响日益增加。

1. 维权渠道：从"上诉"、"上访"到"上网"，微博作用凸显

随着信息技术的普及和发展，新媒体为公民提供了一条新的维权通道——"上网"。在许多老百姓，包括政法干部家属和法官本人的维权过程中，都不约而同地选择了：上诉不如上访，上访不如上网。

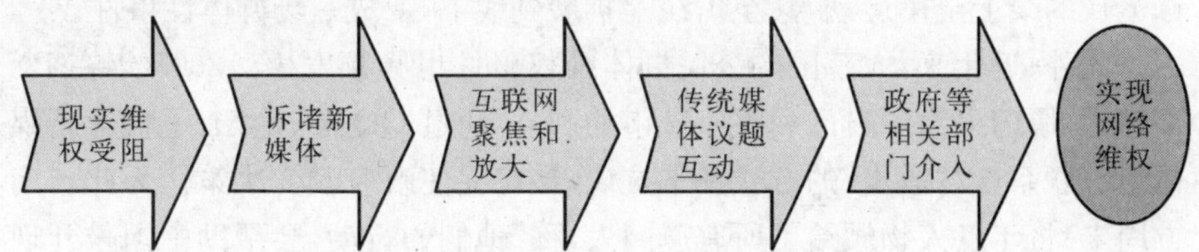

图1　公民网络维权基本流程图

公民个人运用新媒体进行维权，已经由个别偶然的成功案例发展成为普遍的维权观念。公民个人通过新媒体维权的成功典范，早在2009年的罗彩霞事件中就有所体现。被人顶替上大学的罗彩霞，在网上发帖《高中同班同学冒名顶替上大学我的伤害谁给埋单?》，经媒体曝光后，有关部门展开调查，最终给予她应得的补偿。从罗彩霞为自己五年前的"落榜"讨一个说法，到李盟盟通过发帖改变自己的命运，钟如九在拆迁自焚事件中与政府的信息博弈，再到穿法袍上访的法官冯缤、被打的湖北厅官夫人、渭南警方跨省抓捕的作家谢朝平……此类案例日益增多，数不胜数。

纵观2010年的网络舆情案例，也呈现出一个明显的特点——众多舆论事件的当事人都在有意识地运用新媒体，使个人维权的事件发展成为公共舆论事件，以获得事态的解决。这其中微博在近两年的网络维权中作用尤为突出。"江西宜黄拆迁自焚案"中，钟家姐妹通过微博维权成功；因报道上市公司关联交易内幕遭到全国通缉的经济观察报记者仇子明通过微博表明自己的态度和立场；山西尘肺病矿工钟光伟从2010年9月1日起用手机发了700多篇微博讲述维权遭遇；父亲遭拆迁者打死的复旦博士生孟建伟，也通过微博的传声，让诸多网友看到了自己心泪写成的"三天奔丧日记"，引发舆论关注……微博以其简单性、低门槛、手机绑定、经济型、交互性、即时性的特征给公民维权带来了新的变化，成就了公民的维权胜利。

2. 维权主体：从公民个人到公众群体

公民个人维权意识的崛起带动了公众群体的维权意识，维权主体范围

更趋普遍化，由个案维权扩展到群体维权。由于新媒体环境具有信息快速传播、信道多元化、传播主体多元化等特点，维权不仅仅停留于个体维权或为某一个群体利益集团维权的层面，在以互联网、手机等为代表的新媒体的放大下，个案维权被无限放大，一个小小的案例最后很容易就衍变成一场口诛笔伐的线上全民运动，甚至由线上扩展到线下，变成一场群体性事件。

此外，近年来，大范围的公民群体维权事件也频频发生。2007 年在 PX 事件中，厦门人为了自己和整座城市的利益，通过 QQ 群、论坛、手机等新媒体组织联系，以“散步”的方式和平抗议，最终促使政府改变决策。为此，《南方周末》将年度人物颁给了所有厦门人，称“他们的行动，会帮助中国敲开现代公民社会的大门”[1]；2009 年，广州番禺区数百名居民为反对当地政府建设垃圾焚烧发电厂采取上访、联名上书等方式发起抗议活动，然而在抗议开始的一个多月内，当地政府并没有做出让步，但当事件在网络上曝光并引起热议，进而被央视公开报道后，政府才在不到一个月时间内就叫停了这一项目。

表 1　2010 年中国公民重要网络维权事件一览表

编号	事　　件	维权类型
1	贵州安顺袭警案	个人维权
2	江苏东海拆迁案	个人维权
3	湖北武汉拆迁活埋事件	个人维权
4	安徽马鞍山局长打人事件	个人维权
5	广州“咆哮哥”事件	个人维权
6	辽宁庄河千人下跪事件	群体维权
7	湖北“打错门”	个人维权
8	河南考生“被落榜”事件	个人维权
9	陕西渭南警察进京抓作家	个人维权
10	湖北孝感法官上访事件	个人维权
11	江西宜黄拆迁自焚事件	个人维权
12	湖南凤凰少女坠楼事件	个人维权

（续　表）

编号	事　　件	维权类型
13	《科幻世界》编辑“造反”事件	群体维权
14	河南郑州红薯老人被掌掴事件	个人维权
15	山西太原违法拆迁致死案	个人维权
16	浙江宁海16户村民拆迁户相约自杀事件	群体维权

3. 维权方式：悲情牌、极端牌

在网络维权事件中，可以发现公民经常使用两张牌——悲情牌与极端牌，来引发舆论关注，而且悲情牌往往与极端牌一起发出，更增加了维权事件对网民的震撼。

“钓鱼”执法案件中的受害者孙中界断指明志，表达不满：进行职业病维权的张海超选择极具自残、悲情色彩的方式——“开胸验肺”；辽宁庄河村民求见市长无门而千人下跪；再如诸多“反拆迁”案例中，公民通过自焚的行为反抗、维护权益，“宜黄拆迁自焚案”、成都拆迁户唐福珍自焚案、四川峨眉村民淋油自焚阻止市政施工、江苏连云港市东海县黄川镇村民阻拦镇政府强拆养猪场而浇汽油自焚……通过这些方式获得关注的维权事件往往决定了网民的态度，意见偏向于对受害方和弱势群体的同情，对处于强势方的政府抱有不满的情绪，尤其是当民意较为一致、关注度高涨，最终会影响到公共决策的制定或改变。

在互联网上，悲情牌与极端牌本来就是吸引网民眼球的两大因素，如果在悲情或极端牌之外再加些情色的内容，就越容易引发网民的关注。“情色”内容历来具有娱乐性，容易引起大众的窥探欲。例如，供职于巴东县野三关镇“雄风”宾馆的“烈女”邓玉娇正当防卫失手刺死、刺伤镇政府工作人员的案例之所以受到广泛关注，“强奸”、“县官调戏民女”等字眼的关键词是一个重要原因。

4. 维权格局：网络意见领袖、第三方力量的兴起

近年来的网络维权事件中，网络意见领袖的推动作用体现得越来越明显：上海钓鱼执法事件，是经由韩寒博客引发媒体和网民的热议；湖北十堰市民彭宝泉因在上访现场拍照而被送进精神病院，正是通过“中

国首届网络 3.15 十大维权人物”张洪峰的博客曝出从而引发关注；“宜黄拆迁自焚案”中的《凤凰周刊》记者邓飞通过微博直播的“女厕攻防战”，为江西宜黄拆迁户自焚事件成为全国关注的社会公共事件起到了推动作用。

第三方调查的兴起也成为近年来网络维权的新趋势。中国最早的第三方调查可追溯至 2009 年“躲猫猫”事件中，云南省委宣传部邀请网民及社会各界人士参与调查事件真相，组建“网民调查团”作为第三方调查。南京“徐宝宝”事件中，第三方调查人员，既有网友、政府人员、记者，也有医疗专家、人民调解员等各界人士。此外，还有华南虎事件、圣元奶粉、山西疫苗、南京小龙虾、凤凰少女跳楼等事件中，第三方调查都直接或间接地推动了事件的进展和矛盾的解决。

(二) 公民的网络监督

近些年来，网络监督事件频频曝光，并且矛头直指政府，给政府执政能力和方式提出了很大的挑战。从 2010 年前 11 个月 47 起影响较大的、针对政府行为的网络监督事件中可以看出，对政府的网络监督主要包括对政府决策的监督，对政府日常公共管理、司法执法的监督和对官员个人行为的监督(见下图)。与传统媒体舆论监督和之前的网络监督相比，如今的公民网络监督正呈现出一些新的特点：

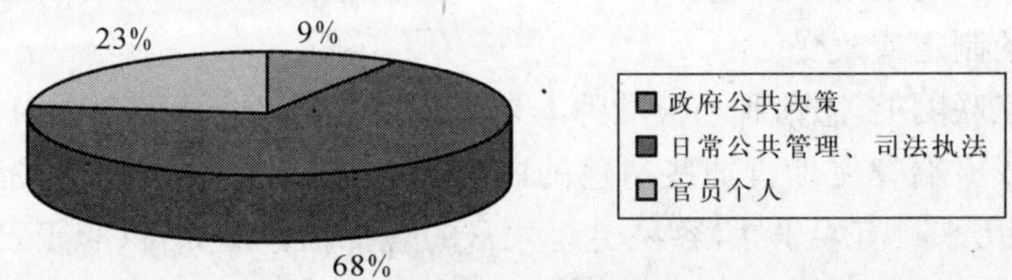

图 2　2010 年 1—11 月影响较大的网络舆论监督政府事件分类图

1. 官员(家属)不当言行成为网络监督的焦点

近年来，一个明显的特点就是官员(家属)不当言行成为网络监督的焦点。在网络民意的“聚光灯”下，政府官员不得不谨慎起来，接受民众的监督。

“打人”成为很多网络监督官员事件中一个极为重要的关键词，“安徽马鞍山局长打人”、“兰州局长打人”、“剑阁人事局长酒后打人”等等，往往涉及官员打人，更容易成为热点事件。除行为蛮横外，态度问题或一些生活小事，也同样可能被置于网络舆论的浪尖之上。发生在河南睢县的“茶杯门”事件中，起因只是一村民欲用乡长的茶杯喝水被喝止；广州法制办的“咆哮哥”，由于在工作中对群众大吼，遭到网络曝光之后，就因此而丢了工作。

官员雷人的言行更频频遭到网络曝光。例如，郑州规划局副局长逯军在接受记者采访时，竟然说出“你是准备替党说话，还是准备替老百姓说话”；江西万载县县委书记在谈到拆迁问题时理直气壮地说“如果没有我们这些县委书记这样干，你们知识分子吃什么”……虽然这些言论不涉及实质性的行动，但却在网络上引发了广泛的关注。

可以说，网络监督事件中，凡是涉及官员问题的，相较于其他类型的网络监督事件，更易引起讨论和争议。归结起来，其根本原因就在于广大网民中普遍存在的“仇官”心理。即使其身份并非官员，而是官员家属，因其连带关系，也会受到舆论的重点“关照”。典型者如河北大学撞人事件中的官二代口出狂言“我爸是李刚”、新疆兵团最牛团长太太掌掴解说员等，都遭到了网络舆论的一致讨伐。

2. 网络监督的重点向县级及以下政府和官员转移

2010 年 4 月 20 日，《人民论坛》杂志社联合人民网、腾讯网做的关于“当代中国官员的‘网络恐惧’”调查显示，47%的受访官员认为“县处级”干部最怕网络监督。[2]同样，在 2010 年上半年被曝光的 10 起针对官员个人的主要网络监督事件中，只有两起（湖北省长李鸿忠抢记者录音笔事件、中山女市长落马）涉及省市级官员，其余都是县处级及以下官员，其中，尤以“XX 局长”为多，数量达到 5 起。

究其原因可以概括为基层政府及官员与群众接触较多，日常工作与群众生活息息相关，相对于高层政府和官员，他们的举动更容易暴露在公众的监督之中。而且，基层政府和官员在应对重大网络舆情的时候，应对能力和经验相对不足，“在目前的很多舆情热点的干预主体来看，由于基层本身的素质和公关意识等不够，造成舆情事件到来时多少显得慌乱和不知所措，有时候往往造成事与愿违，火上浇油的后果。”[3]

3. 网络监督议题多变，政府舆论引导难度增加

一个网络事件从开始被人们关注、再到引发激烈的讨论之声、最后到事

件的解决、议题的最终消亡，可能要经历一个很长的过程。在这个过程中，有很多因素都可以影响议题的指向对象、走向趋势，例如政府的干预时间、干预方式，知情人士的爆料、事件主角的应对态度等等，因此，网络上出现的议题不是一成不变的，这也是由议题设置主体的多元性、议题设置过程的互动性决定的。

例如杭州的胡斌飙车撞人事件，事故发生的当天谭卓被撞身亡的消息就出现在某论坛，并且引起网民的极大关注。之后，一篇题为《富家子弟把马路当F1赛道，无辜路人被撞起5米高》的帖子就迅速出现在网上，可以看出，很明显事件的焦点集中在富二代开车撞无辜路人、引发对富人阶层道德的讨论。但是，当次日杭州市交管部门召开第一次新闻发布会公布事件的处理进展时，将肇事车辆的时速认定为“70码”，这一认定与当时的情况严重不符，就把议题的焦点直接引向了公众对政府的不满、对执法机关执法是否公正的质疑。直到最后政府出面认错并改正之前的说法，胡斌因此获刑之后，西祠胡同网友发表了一篇题为《“欺实马”事件，让人恐惧的“富二代”及其他》的文章，公众才开始把对政府的不满又再一次转向了对“富二代”的思考。

网络监督议题的设置之所以会多变，原因之一是政府发布的信息往往都会受到质疑。例如云南小学生卖淫案，事件的真相如警方所述，小学生卖淫的确属实，但是由于公安执法部门在公众心目中一向是强权部门，“受害”的小学生及其家庭又是弱势群体，公众就坚定地认为警方的判断一定不可信。而警方迫于公众压力也曾一度修改判决，议题也在公众的讨论声中不断变换。

（三）公民在其他类型重大社会公共事件中的网络表达

网民参与其他类型社会公共事件的范围广泛，从温总理在汶川地震中的行踪到国家哀悼日、从房地产市场降温到中国股市持续低迷、从北京奥运会开幕式到“神舟七号”载人航天实现太空行走、从如何应对国际金融危机到要不要“抄底华尔街”等，涉及政治、经济、文化、军事、外交以及社会生活的方方面面。这其中，尤为值得一提的是重大国际公共事件中的网络表达，一个明显的特点，即爱国主义情感的宣泄在此类事件的网络表达中占据主旋律——

1998年5月的印尼排华事件，新加坡《联合早报》设立的“印尼局势读者论坛”，成为网民抗议印尼排华行径的主要阵地；1999年，美国轰炸我驻南领事馆，人民网强国论坛应运而生；2008年上半年，因不满西方媒体在拉萨事件中的不实报道和奥运火炬传递在欧美国家受阻，中国社会掀起了一股反西方的热潮。23岁的清华大学工程物理专业毕业生饶瑾创立了反对CNN网站，旨在揭露西方主流媒体对华的不实报道、“作恶的证据”。在一个月的时间里，网站的日点击率达到500万，注册会员10万人。2010年的菲律宾人质事件、钓鱼岛风波，网民运用各种手段发表自己对事件的看法，表达自己的爱国主义情感，对遇难者的哀悼和受害者的祝福。

这种爱国主义情感的表达甚至可能从线上发展到线下，最终引起群体性聚集行为的发生。2008年发生的抵制家乐福事件，可以说是网络环境下发生的集体行为。这一场由网民自主发起的活动开始以来，吸引了数量众多的网民参与。网民们在网上发起抵制的倡议，确定具体的抵制对象和抵制方式，利用QQ群、手机短信、网络论坛发帖等方式对抵制活动进行动员，并对抵制活动的合理性进行了广泛的讨论。

二、网络表达对公共管理的影响

随着新媒体的普及，越来越多的公众通过互联网对重大公共事件发表看法，这一方面影响了政府的公共决策，对我国政府的公共决策产生了极为深远的影响，另一方面网络表达以其主体的多元化、网络议题的广泛化、民意表达的直接化等特征，在一定程度上反映了不同利益群体的诉求，为我国政策、法律法规完善过程中的价值取舍、利益权衡提供了重要依据，促进了政策、法律法规制定的民主化和科学化。

（一）网络表达推动公共决策协商模式的建立

传统的政府管理中，公共决策往往是通过政府相关职能部门自上而下地宣布政策出台，民众通过人民代表大会、听证制度、信访制度和传统媒体报道等几种方式参与公共决策。随着互联网的发展，网络成为公民表达民意的重要渠道，也成为政府了解社情民意的重要窗口，促进了政府决策方式的转型。政府决策从以政府为绝对主导的模式，逐渐转变为政府主导、民众参与的协商决策模式。这种“协商决策模式”具体表现为两种模式：

一是“主动协商”模式，即政府在出台公共决策前主动与公众进行协商。如众所周知的节假日调整，政府事先主动通过网络媒体展开大规模的民意调查，在尊重广泛民意的基础上，再进行内部商议，最终敲定决策方案。

目前，政府公共决策方式已经逐步转变为“初步拟定公共决策—通过互联网释放‘决策气球’试探民意—修改决策草案—再释放—再修改—达成共识，出台正式的公共决策”这样渐进式的决策方式。公民通过新闻跟帖、网上论坛、专题讨论等多种方式参与公共决策，帮助政府对决策进行预评估和可行性论证，有助于防止政府决策失误，从而把决策的成本和副作用降到最小。并且，公民对政府决策进行反复论证的过程，实质上是民众对政府决策认同的过程，也是政府尊重民意的过程。政府与民众在决策的互动过程中相互影响，相互认同，有助于提高公共决策的科学性。

二是“被动协商”模式，即当政府公共决策引发民众不满，然后政府就对决策进行重新商议，再出台新的更符合民众利益的公共政策。网络表达有助于改善我国公共政策评估过程中信息不对称的状况，为政策完善提供充足的信息。一方面，公民网络表达信息渠道通畅，使政策评估的信息直接来自于人民群众，信息量大，更加全面；另一方面，网络表达的匿名性使得群众在反馈信息时敢于说真话，更有利于发现政策的不足。如厦门PX事件，原计划定于2007年夏天开工的厦门PX项目，因为群众的反对和抗议，通过互联网、手机等新媒体表达对PX项目的不满，最终导致厦门市政府将该PX项目迁往漳州古雷半岛。

当然，无论是主动协商还是被动协商，公民的网络表达都已经开始改变政府的决策思维和模式，让政府官员意识到尊重民意的重要性。开放的公共决策态度也让网络表达更加自由、主动，公民通过新闻跟帖、网上签名、网上论坛、专题讨论等多种方式参与社会政治生活，并且参与政府决策的热情高涨，公民意识不断提高，提升了公共政策中的话语权，在公共政策制定方面产生了一定的影响。网络舆论在公共政策制定中的作用日益增加，逐渐成为公民参与公共政策制定的一个新途径。

（二）网络表达影响公共管理的“政策议程”

网络表达影响公共管理政策议程的过程通常体现为：公民对某一话题

进行广泛而集中的网络表达，随着网络表达进一步推动公共舆论的聚焦和升温，会促成社会公共领域的议论，引发政府等公共管理主体的重点关注，形成社会话题的“公共议程”，如钓鱼岛事件、5·12汶川地震、QQ与360恶性竞争事件、富士康跳楼案等事件在舆论高潮期都成为了公共议程。但是，并非所有的“公共议程”都能够进入政府的“政策议程”。“社会话题成为系统议程须具备三个条件：一是该问题必须在社会上广泛流传并受到广泛注意，至少被公众所觉察；二是多数人认为有采取行动的必要；三是公众普遍认为此问题是某个政府部门权限范围内的事，而且应当给予关注。”[4]

网络表达对政策议程的影响体现为多个层次。关于政策议程构建，芭芭拉·尼尔森在其提出的“过程一阶段模型”中指出，政策议程的确定包括四个阶段：① 议题确认：社会问题开始受到关注，并被觉察到需要政府的行动；② 议题采纳：政府决定是否对公共政策问题作出反应；③ 议题重要程度排序：对政策议程做出调整。这种调整主要是对议程中各种问题的相对重要性进行排序；④ 议题持续：这是问题的决定阶段，决策者在充分考虑针对问题的各种建议的基础上，决定问题的去留[5]。目前，我国公民的网络表达对公共政策议程构建的这四个环节都产生了影响，其中，影响最为广泛的是议题确认阶段，由重大网络舆情案例所引发的社会问题往往对政府行动提出诉求，使政府从政策层面进行思考和议论。例如，上海钓鱼执法事件发生后，上海出台了《上海市人民政府关于进一步规范和加强行政执法工作的意见》和《上海市行政执法人员执法行为规范》，明文禁止“钓鱼执法”，并将切断“钓鱼执法”的源头。这类事件虽然为数不多，但其影响力可见一斑，对于社会公共管理具有重要的意义。

（三）网络表达影响立法，促进法律法规的修订

任何法律法规的制定和执行都是一个逐渐修改、完善的过程，而互联网为公众与法律法规制定者之间建立了一座桥梁，促进了法律法规的完善。一方面，公民通过新闻跟帖、网上签名、网上论坛、专题讨论、网上征询意见、网上民意调查、网上议政等多种方式发出声音、表达主张；另一方面，政府从与公众的互动中听取民意、反馈民意、实现民意。最终，网络表达将促进民意与法律法规的良性互动，推进中国民主进程。

一是新媒体环境下，公民通过网络表达对法律制度和司法案例发表言

论，对相关立法部门形成巨大的舆论压力，最终促使不完善的法律实现修订。此类典型案例不胜枚举："孙志刚"案中，北京的三名青年法学博士以"中华人民共和国公民"的名义上书国务院，请求以"孙志刚事件"为鉴，提出"违宪审查"，推动了事件的进展——该事件"充分反映了全社会对依法保障人权、依法治官治权和监督政府依法行政的高度关注，充分反映了中国公民法律意识的提高，充分反映了中国依法治国的不断进步"[6]；2005年的湖北佘祥林案中，网络舆论大潮推动了死刑案件的审判程序改革，使死刑核准权统一收归最高人民法院行使；成都公民唐福珍因拆迁被逼"自焚"一事经网络曝光后，引发民众对野蛮拆迁和保护私有财产的关注，五位学者的上书，更是将《城市房屋拆迁管理条例》推上修改的议事日程；在搜索引擎百度点击次数超过百万次的"开胸验肺"事件发生后，推动了卫生部新版《尘肺病诊断标准》的发布与实施。[7]

二是在相关法律法规修订过程中，广泛征求民意，网民积极建言献策，影响法律法规的修订。近年来，随着《立法法》的实施，我国在立法体制上已经形成了一种很好的"开门立法"风气，在许多部与国计民生息息相关的法律制定完善过程中，都闪耀着民间智慧的光辉，征求民意、反映民情、张扬民权正成为中国立法者的普遍共识。[8]诸多部法律的修订过程彰显了网络民意的力量。

其中，较为典型的例子是《劳动合同法草案》的修改。2006年3月20日，《劳动合同法草案》向全社会公布征求意见，在短短的一个月内就收到了19万条意见，后《草案》又经过了三次修改，不断走向完善。2005年、2006年是我国煤矿安全事故高发的两个年份，针对许多矿主刻意隐瞒死亡人数的问题，《劳动合同法草案》第三稿中就特意加入了相应的条款，要求劳动关系从用工之日起建立，并建立职工名册；在《劳动合同法草案》第四稿的修改过程中发生了山西"黑砖窑"事件，引起了激烈的网络舆论，不仅使法律条文修改，更直接推动了《劳动合同法》在2007年6月29日全国人大常委会上全票通过。

网络表达显示的巨大效力和优势，已为众多法律工作者和广大人民群众所肯定、所认可。2010年8月《刑法修正案（八）草案》的修改中，为网络热议的"杭州飙车案"、恶意欠薪导致的社会悲剧等的影响在其中都有所体现，并且公民网络表达的见解与意见成为国家重大法律修改完善的先导，更是体现了长足进步。网络表达促使此次刑法"草案"改革力度之大，涉及面之广，前所未有。2010年10月28日，十一届全国人大常委会第十七次会议通过了《关于修改〈代表法〉的决定》，此前的9月28日，全国人大常委会部分委员、有关机构负责人与亿万网民在线共议代表法修改，显示了我国民主立法进程的又一积极进展。[9]

表2　近年来重大事件中的网络表达对政策、法律法规的完善

时　间	案　例	对政策、法律法规的完善
2003年初	从广东波及全国的“非典”危机	2003年5月12日，面对我国部分地区出现的非典疫情，为保障人民群众的身体健康和生命安全，党中央、国务院审时度势，高瞻远瞩，采取了一系列坚决果断措施，以迅速遏制疫情蔓延。其中之一就是紧急制定《突发公共卫生事件应急条例》，将抗击“非典”等突发公共卫生事件的应急处理纳入法制化轨道，以在我国建立起“信息畅通、反应快捷、指挥有力、责任明确”的处理突发公共卫生事件的应急法律制度。
2003年3月	“孙志刚”事件	2003年6月20日，中共中央国务院宣布废除实施二十多年的《城市流浪人员乞讨收容遣送办法》，同时公布《城市生活无着者流浪乞讨人员救济管理办法》。
2005年	湖北佘祥林案、河北聂树斌事件	推动了死刑案件的审判程序改革，死刑核准权统一收归最高人民法院行使。
2007年5月	山西“黑砖窑”事件	推动《劳动合同法》在2007年6月29日全国人大常委会上全票通过。
2008年	三聚氰胺乳品事件	(1) 2010年10月，国家质检总局已将《企业生产婴幼儿配方乳粉许可条件审查细则(2010版)》征求意见稿发出，当中明确规定采购制度应保证对购入的生乳和原料乳粉批批进行三聚氰胺检验。 (2) 国务院办公厅于2010年10月16日发出关于进一步加强乳品质量安全工作的通知，要求严格三聚氰胺生产流通管理，三聚氰胺从批发商到零售商的流通全程要建立销售实名登记等制度，防止三聚氰胺产品及其废料流向食品生产加工企业和饲料生产加工企业。通知明确要求，农业、质检部门要建立健全本系统乳品质量安全异地抽检制度。

（续　表）

时　间	案　例	对政策、法律法规的完善
2009年初	“躲猫猫”事件	云南晋宁“躲猫猫”事件真相大白后，适逢2009年3月份两会召开，一些与会代表委员受“躲猫猫事件”启发纷纷建言进行司法体制改革，让看守所“侦押分离”，使看守所与公安机关分离开来，成为一个专门履行羁押职能的中立机构。
2009年9月开始	上海钓鱼执法事件	2010年上海出台《上海市人民政府关于进一步规范和加强行政执法工作的意见》和《上海市行政执法人员执法行为规范》，明文禁止“钓鱼执法”，并将切断“钓鱼执法”的源头。
2009年11月	张海超“开胸验肺”事件	卫生部发布的新版《尘肺病诊断标准》已开始实施；河南多所省级医院获得职业病诊断机构资质。
2010年7月	南京小龙虾“洗虾粉”事件	为了掌握南京市场上龙虾的来历和销售去向，2010年8月25日，南京当地政府对南京市龙虾批发市场开始实行龙虾登记制度。

三、公共管理如何面对网络表达

随着我国社会主义民主政治进程的逐步推进，公民参与政治的热情也在不断地高涨，互联网交互性的加强让公民参与政治的形式不仅仅止于被动接受，他们甚至可以通过自己的方式去影响政治。面对席卷而来的互联网信息浪潮，我们应该如何应对它给公共管理带来的冲击和变革，如何建立一套和民意的互动机制，让网络社会发展出来一套符合社会价值观的运作系统，目前，各国都没有现成的经验可循。我们要积极探索，寻求适合现阶段中国国情的公民网络参与发展模式。

（一）网络民意不等同于民意

根据中国互联网络信息中心（CNNIC）《第28次中国互联网络发展情况统计报告》的数据显示，截至2011年6月底，中国网民数量达到4.85亿[10]。

并且，2007 年至 2010 年，我国网民个人的互动参与指数从 47.5 增加到 50.8。[11]由此可见，目前，新媒体已成为中国网民参与社会公共事务的重要渠道——公民通过网络表达形成网络舆论，以网络民意的形式参与社会公共领域，并与传统意义上公共领域中的民意呈现出明显的差异。那么，网络民意等同于民意吗?

对于民意的解读，我国学者刘建明教授曾做过深入的研究。他认为民意是社会舆论的一种类型，反映了民众的某些特殊的共同意识，认为它是公众意识的整合。民意是人民意识、精神、愿望和意志的总和，是立国治国之本、判定社会问题真理性的尺度，是推动社会前进和历史发展的根本性和决定性力量。民意体现了人民改变现状、维护自己利益的历史要求。[12]然而，网络民意则是指借助或通过网络这一信息平台所反映、表现、实现出来的社会公众思想、舆论的趋向和导向。[13]网络表达的实质是一种公民权利的表达。从某种程度上来说，网络民意是现实中的民意在网络上的延伸，它代表了一定的民意。但是——

网络民意，并不等同于民意。

首先，从中国网民的自身特征来看，网络民意难以代表民意。一方面，从网民群体分布来看，网络民意不能代替全部民意。从数量上来看，以占总人口三成左右的网民所表达的“网络民意”来推断整体民意，代表性明显不足。另一方面，CNNIC 对中国网民的定义——“半年内使用过互联网的 6 周岁及以上的中国公民”过于宽泛，实际活跃在网络上频频发声的网民数量并不尽然。

其次，从我国网民的结构特点来看，网民结构失衡，网络民意或有偏差。目前，我国网民结构与现实的中国社会的结构并不是完全匹配的。并且，网民分布的地区结构不均衡，城乡差异显著。它们共同导致了网络民意倾向于反映特定环境下某些利益群体的诉求，不能简单用来推测民意。此外，网民表达方式的非理性，以及群体极化现象，使网络民意“窄化”，而网络表达的匿名性使网络民意中含有虚假成分。

再次，从中国的互联网舆论环境来看，“网络推手”的盛行在某种程度上混淆了公共舆论和网络表达的视听。去中心化的传播格局中，信息“把关人”的缺失，造成大量未经把关的信息进入大众传播格局中，甚至出现操纵舆论的组织团体。目前，网络上存在大量以牟利为目的的网络推手组织，故

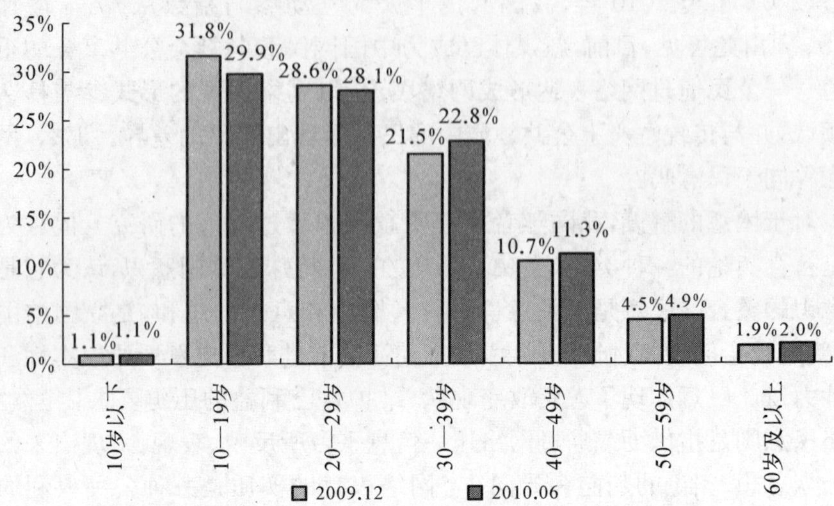

图 3　2009. 12—2010. 06 网民年龄结构对比 数据来源：CNNIC

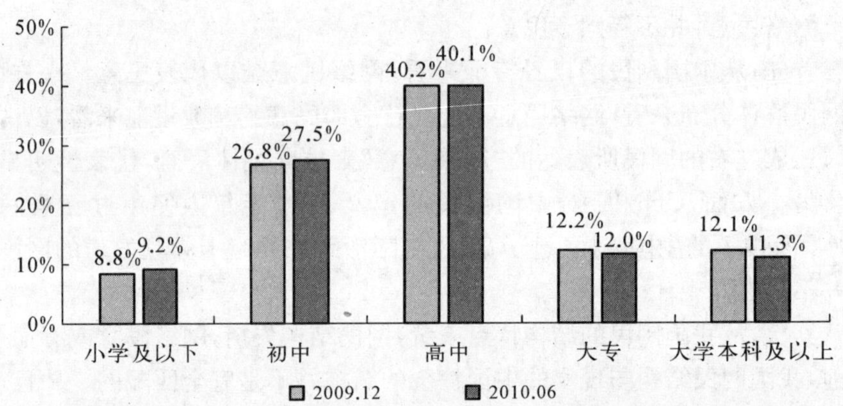

图 4　2009. 12—2010. 06 网民学历结构对比 数据来源：CNNIC

意传达虚假信息进行炒作、造谣诽谤竞争对手、制造事端敲诈勒索，炒作恶俗，删除真实信息消除负面影响。它们炮制“民意”、绑架舆论，最终造成流言大量滋生，网络信息真假难辨，严重破坏了互联网的环境。

并且，从网络民意的效果来看，网络民意的负面效果使它对“民意”的表征性令人担忧。这种负面效果在近年来的网络舆情案例中体现得较为明显，主要集中于以下三方面：一是网络民意形成的舆论压力会影响司法过程，造成司法妥协民意，甚至造成司法不公。二是网络民意的舆论压力可能造成政府的不作为，政府无法判断何种行为能达到网民满意，为了不犯错，宁可不作为。三是网络民意带来的“网络暴力”，人肉搜索、网络隐私权的侵犯就是最好的体现。这种负面效果与前文提及的“民意”的内涵与诉求相去甚远。

因此，网络民意并不等同于民意，而是现实中的民意在网络上的延伸。这一深刻认识对于我国公共管理和民主法治建设至关重要。确切来说，网络民意是部分民意的体现，它通过网络表达体现出来，但并不能代替全部民意。网络表达的现实意义在于，搭建了一条政府与民众直接沟通的渠道，间接凸显了部分民意，为中国公民参与公共领域提供了途径，推动了中国民主社会建设的进程。

（二）公共管理如何建立与网络民意互动的新机制

虽然网络民意并不等同于民意，但作为部分民意的特殊体现，对于我国公共管理产生着日益深刻的影响。新媒体环境下，公共管理如何建立一套与网络民意互动的新机制，具有重要的意义。因此，本报告从以下四个方面提出建议——

1. 转变公共管理观念，深化行政体制改革

目前，我国政府在公共管理过程中，来自公共管理体系外部的因素对公共管理的冲击与影响日益增强，政府由于承担了过多的责任，尤其是涉及干部作风、行政执法、官僚腐败等众多因素的舆论事件，造成党和政府往往成为社会矛盾的焦点[14]。因此公共管理要适应信息化带来的公民网络参与的增加，广泛尊重民意，吸纳民意，寻找执政目标与网络民意之间的契合点；促进政府公共管理服务性、公共性和社会性的提高；协调好各种利益主体之间的关系，推进与市场经济和民主法治相适应的行政体制改革，为完善和推进社会主义公共管理提供根本保障。

2. 完善公共利益表达机制，畅通表达渠道

处于转型期的中国，经济高速发展带来了社会利益格局的变动，我国社会利益主体呈现出多元化的特点，社会利益博弈带来的社会矛盾日渐增多。由于传统意义上的民意表达渠道不够通畅，传统媒体的舆论场功能也未能充分发挥，我国的网络承载着更多的民意表达、情绪宣泄的功能，致使网络

舆论持续高温并且居高不下。政府应该完善公共管理利益表达机制，疏通常规的民意表达渠道，以多种形式、多管齐下地满足不同社会群体的意见表达需求。如果现有的民意表达渠道能够充分利用，通过网络表达意见的热度就不会像现在这样高了，也就不会出现这么多网络舆论事件。

3. 完善公共管理的信息传播机制

随着互联网和手机媒体的快速发展，信息传播渠道逐步扩张，越来越多的公民个人参与到媒介信息传播过程之中，对政府公共管理提出了巨大的挑战。政府在公共管理的过程中，首先应提升公共事务的信息公开程度，增强政府发布信息的可信度，加强政府的公信力建设；其次，要加强对新媒体传播媒介的认识和运用，提升公共问题的研判能力，及时发现网络表达引发公共问题的潜在因素，并有效地进行处理，更有效地完善公共管理。

4. 加强网络管理，倡导网络自律

公民网络表达是一把双刃剑，在推动社会进步的同时，也伴随着各种问题——公民网络表达中非理性、极端化、责任心缺失等问题日益凸显，因此政府应当对公民的网络表达进行适当的引导，通过互联网立法、行政手段、倡导网络自律等方式，将庞杂的网络民意疏导为现代公民社会的理性表达，推进中国政治文明建设的进程。

（作者系上海交通大学舆情研究实验室谢耘耕、刘锐、徐颖、王平、裘一娜、吕倩、宫玉斐、吕晴、王蕾、李昊禹、王理）

参考文献

[1] 南方周末 2007 年度人物. 厦门人[N]. 南方周末. 2007-12-27.

[2] 褚朝新，涂重航，孔璞等. “县官”最怕网络监督[N]. 新京报. 2010-11-12.

[3] 喻国明. 危机议题中的政府干预[J]. 新闻前哨. 2009(8).

[4] 梁婷. 浅析网络民意对公共政策制定的影响[J]. 湘潮（下半月）. 2009(4).

[5] 宁骚. 公共政策学[M]. 北京：高等教育出版社，2003.

[6] 牛龙云. 从“孙志刚事件”透视中国违宪审查制[EB/OL]. http://news.hunantv.com/x/z/gg/20081217/97392.html.

[7] 吴小军，陈菲，吴晶等：民意，在中国民主法治进程中彰显力量[EB/OL]. http://www.gmw.cn/content/2010-02/26/content_1060961.htm.

[8] 兵林.法律的修改也应“问计于民”[EB/OL]. http://www.bloglegal.com/blog/cgi/shownews.jsp? id=2250016841.
[9] 牛营军.在线共议法律修改彰显立法进步[EB/OL]. http://www.mzyfz.com/news/dfrd/20101111/154649.shtml.
[10] 中国互联网络信息中心(CNNIC).第28次中国互联网发展情况统计报告. 2011-7.
[11] 中国互联网络信息中心(CNNIC).第27次中国互联网络发展状况统计报告. 2011-1.
[12] 刘建明.舆论传播[M].北京:清华大学出版社.2001.
[13] 引自百度百科“网络民意”词条. http://baike.baidu.com/view/1690383.htm, 2010-06-13.
[14] 李琳.试析转型期的社会矛盾新特点及其解决路径[J].全国商情(经济理论研究).2008(10).

专题研究

宜黄拆迁事件中的微博传播

宫玉斐

摘要：微博的裂变式传播在中国社会产生了重要影响力，尤其在引起媒体报道与评论热潮的江西宜黄强拆事件中作用突出。如，微博直播的“女厕攻防战”、“抢尸”等，后来被拆迁户钟如九自开微博，并依靠微博在24小时内完成了为病重的母亲转院这一行动。宜黄强拆事件因此成为见证“微博力量发酵”的标杆性事件。本文对这起事件中的微博传播进行总结归纳，并分析微博传播在其中发挥的作用。

关键词：宜黄拆迁事件；自焚；微博

Information Communication of Microblog in Yihuang Demolition Incident

Gong Yufei

Abstract: The development of microblog in communicaton has a great influence on Chinese society, which plays an important role in a forced demolition and consequent self-immolation protest in Yihuang county, Jiangxi. A number of microblog journalists lived cast some events, for example, the Zhong sisters were chased by police and government officials on their way to Beijing for a petition visit; Zhong Rujiu's uncle was pronounced dead in the hospital from the self-immolation protest, and government officials proceeded to immediately rob the corpse. Zhong Rujiu also opened a microblog and started updating her status on Sina and Tencent microblogs. It also helped her wounded mother to be transferred to a well-known Beijing hospital through microblogs. Therefore, Yihuang demolition incident was signalised as a remarkable event signifying the great power of microblog. This paper is meant to summerize and find out the role that microblog plays in in information communication in this incident.

Key words: Yihuang Demolition Incident; Self-immolation; Microblog

微博的裂变式传播在中国社会产生了重要影响力。在引起媒体报道与评论热潮的江西宜黄强拆事件中，微博发挥了巨大功效，譬如制造了一场又一场"微博直播的新闻事件"，将一起当地的拆迁事件影响扩大至全国，成为舆情热度极高的公共事件；被拆迁户钟如九利用微博维权，"每发一言引得千万网友关注"[1]，媒体跟踪并进行报道、竞相转载；甚至，钟如九利用微博实现了现实中的"自救"，依靠博友接力在24小时内完成了为病重的母亲转院这一行动。这起事件中，新闻人、律师、普通公民等利用微博实现即时的信息传播和沟通，公众利用微博深刻地影响和改变了现实中事件发展的进程。宜黄强拆事件因此成为见证"微博力量发酵"[2]的标杆性事件。

一、事件舆情概览

2010年9月10日上午，江西省抚州市宜黄县凤冈镇发生一起强拆引发的自焚事件，被拆迁户钟家钟如琴、罗志凤、叶忠诚三人被烧成重伤。对这一事件的媒体报道始于9月12日，但网络关注程度并不高(见图1)，直至9月17日才达到一个高峰值，9月19日再次达到高峰值，后舆情走势相对

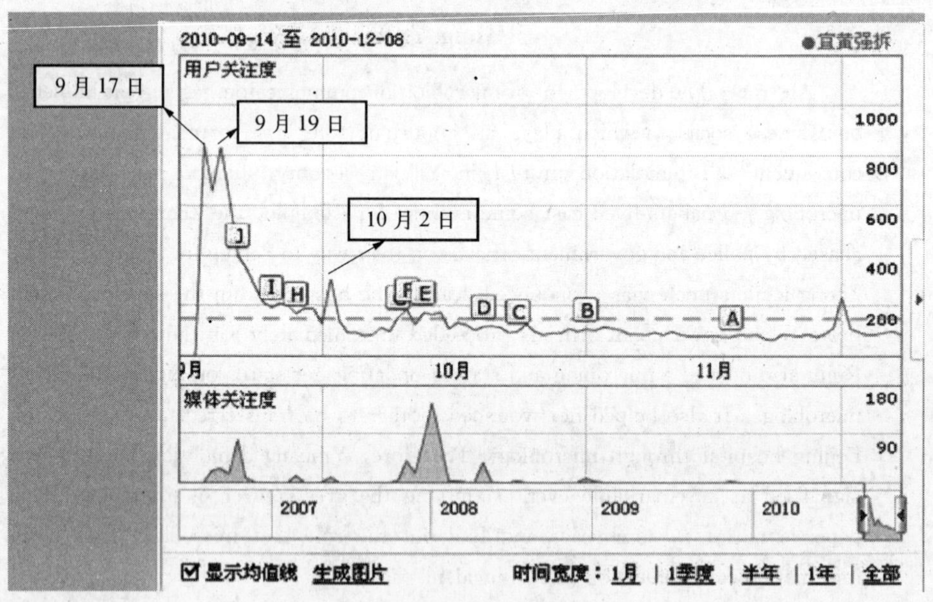

图1 "宜黄强拆"百度指数

回落，于10月2日又起波澜，此后逐渐平息。

在这起事件当中，微博的重大作用集中体现在以下方面：9月16日，新闻人邓飞利用微博直播了一场被媒体竞相报道的“女厕攻防战”，使事件“升级”为全国网友关注的公共事件；9月17日，被拆迁户钟家小女儿钟如九自开微博，以此为平台记述自家遭遇，获得千万网友高度关注，此后，在这个平台上发布的“大伯尸体遭抢”、“家人遭软禁”、“母亲病危急需转院”等事件又引发舆论高潮。

二、宜黄强拆中与微博相关的关键事件

（一）微博直播的新闻事件——“女厕攻防战”[3]

2010年9月16日，钟如翠、钟如九姐妹早上7点来到昌北机场欲乘坐飞机到北京，但遇宜黄政府人员阻拦。两姐妹进入厕所用手机与媒体记者取得联系，讲述自身遭遇、表达恐惧。7点39分，接到电话的媒体记者刘长发表了第一条记述当时情况的微博，全文为：

【紧急求助!】今天上午7点，抚州自焚事件伤者钟家的两个女儿在南昌昌北机场，欲买机票去北京申冤，被一直监控她们的宜黄当地四十多个人控制在机场，家属报警无用，现仍在机场，处于被扣状态中，泣血求助网友。

据邓飞回忆，“刘长这条微博起初只获得了寥寥数条转发。大概20分钟后，转机出现。网络意见领袖慕容雪村转发了刘长的这条微博。此后，转发开始以几何级数增加。不到一个小时，这条微博已被转载近千次，到当天上午，这条微博已被转发2700多次，并获得了超过1000条评论。”[4]

然后，刘长与同为媒体记者的邓飞取得联系，期望获得更多记者的关注。微博直播的接力棒传到了邓飞手上。

8点57分，邓飞发表“直播”微博：

【昌北机场直播一】被县委书记带队的40多名官员围住，自焚家属们插翅难飞，航班耽搁，钟如九心力交瘁刚才晕倒，幸而医生现场抢救，现在已无大碍。

此后，邓飞通过刘长与钟家的电话联系、QQ即时交流以及其他媒体记者、网友和钟如翠的通话获取信息，并将信息即时发布在网上。“随后的3个小时里，邓飞一共发了20多条微博，其中9条以‘昌北机场女厕攻防战直播’为标题，实时直播了昌北机场的情景。钟如翠姐妹如何遇到‘围攻’，

如何退入厕所坚守，以及‘攻守’双方的个人简介全部呈现在网友面前。”[5]邓飞的微博直播立即引来网友的关注，随后有网友将微博直播的内容转至天涯、猫扑等热门社区网站。

不仅如此，传统媒体记者也在事件进展过程中纷纷介入，包括《南都周刊》、《南方都市报》、《新世纪周刊》、《广州日报》、《新快报》、《东莞时报》、《现代快报》等纸媒，凤凰卫视等电视媒体，酷六网等网络媒体等。当晚，成都电视台、凤凰卫视的节目即播出。随后，各类媒体报道竞相出炉，事件火速升级，引发全国性关注。

从以“邓飞”为关键词的百度指数也可观察到，对该事件的直播引发网络的关注热潮。

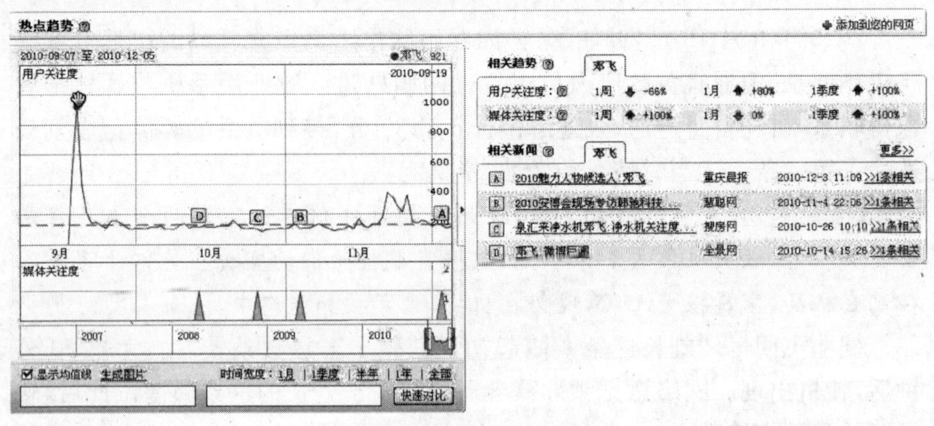

图 2 “邓飞”百度指数

(二) 钟如九自开微博 引发网民舆论关注热潮

在这起事件中，被拆迁户钟家人始终期望能与外界取得联系、向外界公众告知自己的境况。起初，他们选择利用摄像机、手机等工具，以照片、录音、视频等形式记录现场情况，通过互联网传递给公众；之后，又利用手机等通讯工具与媒体记者取得联系，即时告知自身处境。而记者通过微博、QQ群等形式广而告之，特别是微博的裂变式传播在极短时间内将信息传递给公众。9 月 17 日，邓飞利用微博直播了“女厕攻防战”之后，这起事件开始进入全国网民的视野，该事件成为一场舆情热度极高的公共事件。

钟如九在 9 月 17 日开微博，吸引了网民和舆论的高度关注。她于 11:19 发表第一条内容：

大家好，我叫钟如九。是江西省抚州市宜黄县自焚家庭的小女儿。我在网络上看到了大家对我们家的关心，非常感谢！

截止到 2010 年 12 月 7 日 9 时，该微博有 3247 次转发、2302 条评论。从 9 月 17 日钟如九开微博至 12 月 1 日 17:30，共发表微博 502 条，拥有粉丝 29255 人，664 人关注。其微博基本信息如图 3、图 4 所示。

基本信息　好友分析　粉丝分析　与钟如九相互关注的人

	头像	姓名	个人简介	活跃度	影响力	综合排名	评论-转发	微博数-粉丝数	关注率	PR值
1		钟如九 [江西 抚州]	我是钟如九，谢谢你们的帮助.	30186	2922	2398	16-34	506-29332	0.70%	0.55

微博注册天数	原创率	活跃度排名	影响力排名	综合排名	微博价值	微博等级
77	43%	30186	2922	2398	405549元	47级

关注钟如九的排名

图 3　钟如九微博基本信息[6]（数据截至时间：2010 年 12 月 7 日）

基本信息　好友分析　**粉丝分析**　与钟如九相互关注的人

性别统计：

男性	女性
64%	36%

地域统计：

北京	广东	江西	上海	浙江	山东	江苏	湖北	福建	河南
16%	14%	8%	6%	4%	4%	4%	3%	3%	3%

图 4　钟如九粉丝情况[7]（数据截至时间：2010 年 12 月 7 日）

钟如九开微博使得网络关注持续升温，引发极高关注度。从下图所显示的对比和走势情况可见一斑（见下图）。对宜黄强拆事件的报道始于 9 月 12 日，直至 11 月 8 日舆论基本平息。网络用户对这一事件的关注情况可见百度指数（分别以“钟如九”、“宜黄”、“强拆”为关键词，见图 5）。从中可以看出，整体上看，网络用户对“钟如九”的关注度极高，其热度远远高于“宜黄”和“强拆”等关键词。特别自 9 月 17 日钟如九开通微博，网络用户对“钟如九”的关注度直线上升，形成两个高峰值。其中，关注度最高的 B 点是在 9 月 30 日，网民关注集中于钟如九通过微博向社会求助，帮助病危母亲转院接受治疗这一事件。次高峰 E 点是 9 月 19 日，网络关注集中于钟如九通过微博发布“抢尸”、“家人遭软禁”的经过。

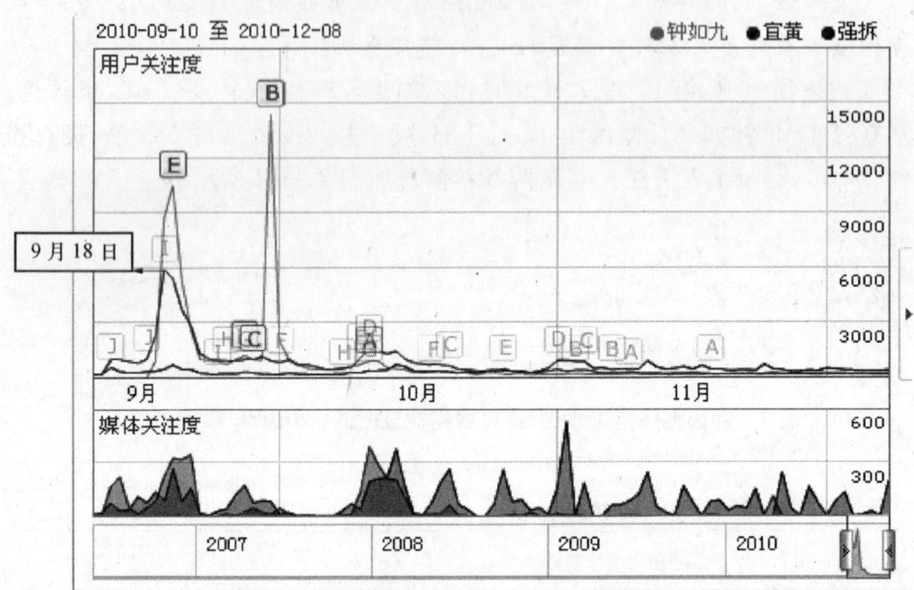

图 5　宜黄强拆事件网络用户关注走势图

相关趋势 ⓘ　　钟如九　宜黄　强拆

用户关注度：ⓘ	1周	↓ -10%	1月	↓ -66%	1季度	↑ +100%
媒体关注度：ⓘ	1周	↓ 0%	1月	↓ -100%	1季度	↑ +100%

相关新闻 ⓘ　　钟如九　宜黄　强拆

A	钟如九：相信会有一个公道	猫扑	2010-10-11 09:41	>>1条相关
B	网友直播钟如九求助事件全过程...	四川电视台	2010-9-30 15:34	>>1条相关
C	钟如九微博救母 注意办公室风水...	搜房网	2010-9-28 17:58	>>1条相关
D	宜黄拆迁事件最新进展：钟如九妈...	猫扑新闻中...	2010-9-27 14:03	>>1条相关
E	江西宜黄拆迁自焚事件 钟如九微...	中国网滨海...	2010-9-19 16:30	>>1条相关

图 6　宜黄强拆事件相关趋势及相关新闻以“钟如九”为关键词[8]

对钟如九新浪微博研究后发现，9 月 17 日到 9 月 22 日共有 7 篇超过 1000 转发或评论量的帖子，之后转发评论量直接跳到平均 300 人次以内的级别；9 月 26 日因钟如九母亲需转院而求助的帖子转发量 10000 人次以上，达到最高峰。事件解决后（9 月 26 日）转发和评论趋于平静，下降至 100 人次以内。

编码	日期	转载量	评论量	主题
1	9月17日	3259	2303	感谢关心
2	9月18日	1167	668	事件进展：家人遭到政府不公处理
3	9月18日	1176	1206	姐姐开微博
4	9月18日	2199	1484	事件进展：下飞机图片
5	9月19日	1425	881	事件进展：抱怨政府不给说法
6	9月20日	1760	1169	事件进展：母亲姐姐病情及政府仍旧不公处理
7	9月22日	1022	762	事件进展：家人身体
8	9月26日	13259	3171	请求帮助：母亲病危，请求帮助

图 7　钟如九微博中转发或评论超过 1000 人次的帖子[9]

钟如九微博是该事件中当事方钟家向外界传递信息的渠道，从性质上说是非媒体、非官方的渠道，具有直接、及时的特性。网友可以通过即时发送的微博信息关注事件的最新进展。

从对钟如九新浪微博的观察看到，转载或评论量超过 1000 的微博集中在开博后的前 4 天，内容都是介绍事态的进展（见图 7）。具有新闻性的事件进展——“大伯遗体遭抢夺”和发微博向社会求救帮助病危母亲转院——都获得了很高关注度。此后，随着事件的平息，网友的注意力也逐渐散去。在这一过程中，微博使传播更加及时、直接，实现了双向互动。微博成为当事者的传播工具和表达诉求的发声渠道。

（三）第二场微博直播的新闻事件——“抢尸”与“家人遭软禁”

钟如九微博引发网友第一个关注热潮的是“深夜抢尸”、“家人遭软禁”。

据媒体报道[10]，被拆迁户钟家大伯叶忠诚于 9 月 18 日凌晨 1 时左右因抢救无效死亡，家属赶到医院护送大伯遗体到医院太平间，此时，宜黄县县长苏建国带着七八十人闯入医院太平间，将叶的遗体拖出，迅速装车运走，家属阻拦不及。凌晨 2 时许，钟如九在微博上发布了大伯的死讯，10 多分钟之后，她连续更新微博，讲述了大伯的遗体被相关部门强行抢夺出医院的过程：

刚刚医院打来电话，说我大伯已经没有呼吸了。他们正在抢救，让我们现在马上赶去医院

2010－09－18 01:08 来自短信

我们赶到医院的时候我大伯已经去了，他连我们最后一眼都没看到就永远的走了我真的很痛心。医院到现在为止都不肯开死亡证明书

2010－09－18 02:14 来自短信

现在政府来了七八十个人把我们包围起来，抢走了我们的尸体

2010－09－18 02:28 来自短信

来人把我大伯的遗体抢走后，我们试图在车头拦住带队抢我们遗体的苏建国县长的车子。但苏建国在车里一直无动于衷。随后有四十几名宜黄县的领导干部，强行把我们拉开。最后苏建国坐车离开。

2010－09－18 05:12 来自短信

由于昨天凌晨由苏建国带队的人对我大伯遗体野蛮的抢夺，导致我哥的腰被他们打伤了，到现在都直不起来。我三姐的脚也扭伤了，肿了起来，走路都不能走。我们都被抓伤了，我真的想问问这个世界还有没有天理？为什么他们连一个死人都不放过呢？

2010－09－18 08:37 来自短信

我两个姐姐先去了医院，我随后去的。刚一出门就有四五个宜黄县人想抓住我，我拼命往前跑他们一直在后面追。最后我跳上一辆出租车拼命挣脱才逃出来的。

2010－09－18 09:07 来自短信

（以下来源于腾讯微博）

钟小九：

我大伯 9 月 17 日晚上 1:20 左右过世了，2:30 左右宜黄县委书记邱建国带了 100 多人到南昌一附医院，把我大伯的尸体强行抢走了，这个社会还有法吗？他又为何有这么大的胆呀，现在是不是杀人也没人管呀，好心人帮忙转吧，求求你们了，我不知道后面还有没有机会发了，我好怕呀——

2010－09－18 02:51 来自网页

钟小九：

我是钟如九的哥哥钟如田，我现在还在北京告状，她把微博给我先发了，我听她说刚发生的事，我都不敢相信呀，这是土匪，日本鬼子，好心的人

帮我们多转些,我们现在需要你们的支持,太黑暗了,太没人性了,连死人都不放过呀

2010－09－18 03:00 来自网页

钟小九:

我是钟如九的哥哥,钟如田。我妹妹我已经和她有4个多小时没联系了,和她最后2次通话就是听到他们说:“我们被好多宜黄的人追”,还有就是说他们逃到了江西第一附属医院门诊部,已经打了110,现在也打不通他们的电话了,听说他们被控制了,地方政府难道要把我们都弄死,才会停止他们的野蛮行为吗

2010－09－18 13:25 来自网页

钟小九:

我在北京,今天找到了律师为我们做免费的法律援助,今天到南昌,希望可以帮到我可怜的妹妹,她太小了,要承受的太多了,希望她能挺住,我好担心你们,下辈子我们还做兄妹,但不做宜黄的公民了,哥哥对不起你们

2010－09－18 13:35 来自网页

钟小九:

我想都不敢想,在我们的省会光天化日下,还是在医院门口,就这样野蛮的被带走了,到现在还没消息,我们百姓也是人,我们的权利为什么就被剥夺了呢? 难道我们还是生活在奴隶社会吗? 希望中央领导可以看到,不要让我们这弱小的生命,默默地消失在地方官员的压迫下。

2010－09－18 13:47 来自网页

钟小九:

我现在都不知道自己还可以给你们发多少不为人知的事实,我妹已经发不了了,如果我也没发了,就说明我和我妹妹一样,先谢谢好心的网友,到时希望你们为我们默哀吧,谢谢你们了,谢谢全中国有良知和我们一样渺小的百姓。

2010－09－18 13:57 来自网页

现在我联系不到他们了,我现在和瞎子一样,不知道家里发生了什么事,昨天的证据相信也不复存在,可以看到的就只有眼前的北京繁荣和自己的眼泪,看到北京自己都不相信我们是在同一片蓝天下生活的人,简直就是天上人间,好恨自己不是北京人,要不我妈妈,大伯,姐姐,妹妹他们也不会

受这罪了

2010－09－18 14:06 来自网页

不仅如此，还有一些传媒记者——如刘长、周至美、朴抱一等——利用微博再一次现场直播了这起新闻事件，引来网友大量转发，形成又一轮“网络围观”。网友和诸多媒体通过微博第一时间获得了现场信息，随后引发又一轮媒体报道和热议。

从微博中不难发现，多数直播微博夹叙夹议，感情色彩浓厚，并不仅仅起到“直播”事件的作用，同时表达了微博主对该事件的意见倾向和立场观点。如记者刘长的微博写道：

2010－09－18 01:29:16 AM

血已经流得够多，足矣唤醒民众。愿大伯在天堂安息。//@周至美：9月18日凌晨1点10份，@钟如九 刚刚电话我，泣不成声：“医生告诉我，大伯不行了，几乎没气了，正在抢救。”钟如九正在赶去医院的路上。一个老人即将离去。悼!!! [蜡烛] @邓飞 @龚晓跃 @王小山 @刘春 @刘长 @张洪峰 @莫名在路上//@周至美：【半夜受骚扰，谈判被搁置。人皮变猪皮，上网开微博。】钟家姐妹昨夜收到骚扰，今天谈判被搁置。去医院竟发现自己的亲属被植猪皮！而之前政府答应给植人皮的，还说医药费不要钟家操心。@钟如九 无奈之下，相信上访不如上网，开通了新浪微博。钟家大伯已经79，小九说，怕是熬不过去了。

值得一提的是，在论坛上传播此事的网友仍多承接之前“攻防战”的戏剧化思路，使用“抢尸大战”、“宜黄全胜”等字眼进行描述。

（四）利用微博求助，网友微博接力实现钟母转院

9月26日20:23，钟如九在自己的微博上发布了一条求助信息：

各位网友，我妈现在情况非常危及，她从昨晚到现在都没睡觉，肚子胀的快要爆炸了，生命垂危。现在医院也拿不出解决办法，医术设备已经达到极限。我们现在急需寻找好的烧伤专家帮她们脱离危险，并且能有办法帮我妈妈和姐姐转院，接受更好的治疗！求求大家了，一定要帮帮我们啊！我向大家跪下，求求你们了。

正是这一条信息将网友对该事件的关注引向最高潮，如“蝴蝶效应”一般引起网友群体的现实行动。截至27日晚8点23分，求助微博已被转发

13184 次，评论 3034 条。天南海北的网友纷纷献计献策，用微博、手机、QQ 等通讯工具联系，在 24 小时之内完成了联系国内顶尖专家、联络邀请函等复杂事项，最终“北京专家已在傍晚 5 点 35 分飞到南昌，随后上海的专家也抵达，晚上 10 点左右，两位专家一起到病房为钟妈妈和姐姐会诊，指导抢救”[11]，实实在在地帮助到了新闻事件中的人物，改变了事件进程。

在钟如九借助微博求救的过程里，几个自始至终积极参与事态处理的意见领袖起到了带头、示范的作用，成功地影响了其他草根网友。如邓飞、北京厨子、王令律师等，在这一紧急情况出现时挺身而出，积极联络专家，还有很多热心的网友彻夜不眠，相互守望。特别是“北京厨子”在事态中起到了统筹安排的领导者角色，主导了事态的发展，将分散在全国的博友之力凝结起来，实现了救助的目的。

从北京厨子 的一则微博可见一斑：“@365 贺华平，咱家联络图是，广州方面 @男方暴色，@周斌 两位同学明早 4 点半起来负责接专家(估计是烧伤专家李孝建先生)，7 点半把专家塞上飞机。9 点飞机落地。估计你接到，到医院，10 点左右。明天早上@钟如翠 会尽快把手续补办好。明天接机前请关注一下他们的围脖！切切！”从中可见，北京厨子利用微博将“时空”遥远的热心人和当事者联系起来，有序安排了其中的接头接洽工作。这些动态信息的传播一方面促成了事情现实处理，另一方面鼓舞了广大网友的热切关注，引发更多关注者的支持和协助。如，其他网友对此条微博的评论就是，“好多热心正直的人啊！中国还有希望。需要费用说一声，大家给捐款！”

(五) 微博成为公布事件进展、发表评论的即时窗口

此后，微博成为钟如九及时公布事件进展、与帮助过她的网友交流的窗口，其内容主要包括公布家人病情、表达感谢等。

而由于参与这起事件而引发网友高度关注的意见领袖——邓飞、北京厨子、王令律师、朱孝顶律师等，继续利用微博公布自己参与或者所知的事件进展，或对事态进展发表个人见解。典型的如邓飞发表的“宜黄钟声”系列，王令微博对他个人参与宜黄强拆事件后续处理的行踪发布，等等。值得指出的是，北京厨子在个人博客中发表了宜黄强拆事件的数篇内容翔实的回忆性记述类文章和评论文章，通过微博公布链接的方式广而告之。

另外有一点，钟如九曾发文提醒网友警惕假冒其名义的微博，可见当事者也察觉到微博巨大功效的反效应。

@钟如九V：由于这两天出现了假冒我和我哥钟如田身份的微博，也不知道他们想做什么，最近又处于敏感时期，为了慎重起见，今后钟家所有消息都经由我钟如九统一发出，请网友不要轻易相信其他消息。 原文转发(482) | 原文评论(451)

图 8 钟如九提醒网友警惕假冒其名义的微博

三、结语

综上所述可见，微博在这起舆情热点事件中发挥了重大作用，是推动事件进展、影响网络舆情的重要工具，主要体现在以下几方面：

第一，直播事件进展的"新媒体"。在这起事件中，新闻人和被拆迁户钟家小女钟如九等利用微博直播了"女厕攻防战"、"深夜抢尸"等新闻事件，吸引大量网友关注。特别是邓飞利用微博直播的"女厕攻防战"，后来被媒体竞相报道，引起舆论热议，使该事件"升级"为全国关注的公共事件。

第二，钟如九利用个人微博即时向公众传递信息，发出自己的声音，从时间上看先于媒体报道和官方说法，在一定程度上抢占舆论高地。其他关注此事的意见领袖也通过各自的微博表达对事态的观点和看法。

第三，媒体人获取信息的平台。在这起事件中，很多媒体是通过钟如九等人的微博了解事件动态信息，并将其微博作为叙述事件进展的内容引入报道。

第四，联系身处不同地域、彼此不相识的网友之间的纽带。在帮助钟如九母亲转院的过程中，微博成为那些积极参与其中的网友之间建立联系的纽带。这些彼此不相识的网友在微博的平台上建立信任感并取得现实联系，共同完成钟母转院之举。

（作者系上海交通大学人文艺术研究院传播学专业硕士生）

参考文献

［1］ 佚名.钟如九微博维权路 每发一言引千万网友关注[EB/OL]. http://society.

huanqiu. com/photos/2010－09/1113761. html
［2］ 庄里. 江西宜黄拆迁事件折射微博维权力量发酵［EB/OL］. http://news. sina. com. cn/c/sd/2010－10－27/105821361761. shtml
［3］ 由于后来邓飞将其微博直播内容删除，故无法统计具体转发、评论数量，本文信息多来自媒体报道.
［4］ 邓飞. 微博巨澜［N］. 时代周报. 2010－10－14.
［5］ 吴杰. 宜黄县委书记带队围堵上访户 常备机场现 40 分钟"女厕攻防战"［N］. 现代快报. 2010－09－17.
［6］ 引自"微博风云"：http://www. tfengyun. com
［7］ 引自"微博风云"：http://www. tfengyun. com
［8］ 来自百度指数，关键词"钟如九" http://index. baidu. com/main/word. php?type=1&area=0&time=0&word=%D6%D3%C8%E7%BE%C5
［9］ 截止到 12 月 7 日 9 时。
［10］ 张磊. 宜黄书记县长因强拆被立案［N］. 扬子晚报 2010－09－19(A9)
［11］ 沈雁冰. 钟如九妈妈今晨转院北京 网友开展接力大救援［EB/OL］. http://news. qq. com/a/20100928/000189. htm

浅析山西暴力拆迁事件中微博的传播作用

荣　婷

摘要： 我国正处于社会的转型期，各种矛盾相对集中，各种突发性事件屡有发生。新技术、新媒体的发展，使得传统主流媒介不再是突发事件报道的唯一主角。微博作为新媒体的重要代表，凭借其独特的技术优势脱颖而出，在很多重要事件和热点话题中起着推波助澜甚至举足轻重的作用。本文通过对山西暴力拆迁事件的分析，探讨以微博为代表的新媒体在山西暴力拆迁事件传播中的作用。

关键词： 山西暴力拆迁；微博；维权

Shallow Analysis on Communication Function of Microblog in the Process of Violent Removing in Shanxi

RongTing

Abstract: China has stepped into a period of transition where all sorts of contradictory concentrate and unexpected incidents occur. The development of new technology and new media makes the only lead role different from the traditional mainstream media. Microblog, the representative of new media, shows itself depending on its unique technology advantage. It plays an important role in many important events and hot issues. This article will discuss the communication function of microblog by analyzing violent removing in Shanxi.

Key Words: Violent Removing in Shanxi; Microblog; Right Protection.

由于城市化进程加快，政府职能的缺失，法律制度的不完善，因拆迁而引发的矛盾和事件频频发生。“拆迁”不仅是社会的焦点话题，也成为网络的舆论热点，2010年的江西宜黄拆迁事件中，钟如九利用微博很好地维护了自己的权益，当这件事还未完全接近尾声时，在中国的山西太原又上演了一起因暴力拆迁而引发的血案，这次事件的主角不再是一个普通的弱女子，而是赫赫有名的复旦博士。虽然两者身份不同，但是他们都选择利用微博作为维权的手段，以微博为代表的新媒体在这次山西暴力拆迁过程中又一次崭露头角，发挥了重要作用。

一、山西暴力拆迁事件的传播过程

2010年10月30日凌晨2时30分，在山西省太原市晋源区的古寨村发生了一起因暴力拆迁而导致一死一伤的惨剧，这件事在全国范围引起了广泛关注，与事件相关的一些人和事被推到了舆论的风口浪尖上。从传播过程来看，这起惨剧可分为四个阶段。

（一）事件曝光阶段

10月30日16:49死者儿子、复旦博士生孟建伟在微博上发布强拆消息并公布父亲遇害的照片，10月31起开始他又在人人网、QQ空间开始以日记的方式记录古寨村暴力拆迁经过。

10月30日23:25 CCTV-新闻《24小时》最早报道了此事。10月31日凌晨，腾讯新闻最早以《山西太原村民房屋凌晨被拆 一人被殴致死》转载报道，随后重庆晨报、新京报等60多家媒体跟进转载。

（二）事件发展阶段

10月31日山西太原市政府宣布这是一起非法拆迁致死案，共6名犯罪嫌疑人落网，人民网、凤凰网等多家媒体报道。

11月1日一位叫王凌珊的网友在天涯上发表了一篇《儿子在复旦读博，自己半夜被拆迁队活活打死》的文章，引起了网民对死者儿子身份热议和关注，点击数45147人次，收到962条回复。

11月2日政府公布案件的肇事方是柒星保安公司，《新京报》等媒体共发布170多篇报道，同时各大论坛争相转载。

11月3—6日，舆论开始质疑拆迁案与政府有关，政府被指袒护幕后指使者，以《新京报》、新华网等为代表的媒体对此发出大量评论报道。

11月8日，太原市政府宣布关于此次违法拆迁案已刑拘涉案人员12

名。人民网、新华网等媒体纷纷报道。

（三）事件高潮阶段

11月11日，根据孟建伟发布的日记整理成的《复旦博士生三天奔丧日记》在南都周刊首次刊发，随后被其他媒体转载，引来热议。

11月11日，太原市政府新闻办公室宣布，中共太原市委对晋源区古寨村"10·30"案件相关领导责任人作出处理。凤凰网、新民网、雅虎等大量媒体报道了此消息，并进行后续追踪报道。

11月14—15日，孟建伟在日记中写道不满意问责结果，决心寻找真正的幕后凶手。

（四）事件后续阶段

11月17日—12月7日：孟建伟在日志中表示等待政府公布真相的调查结果；

11月17日—12月12日：媒体继续关注并转载孟建伟日志，以《复旦博士生用网络记录山西暴力拆迁全过程》为题进行报道，同时各大媒体围绕"强拆"和"复旦博士孟建伟"发表了大量评论文章。

二、孟建伟选择微博等新媒体进行维权的原因

山西暴力拆迁事件发生后，死者儿子首先想到的是借助微博等新媒体的力量，通过在微博发表日志、公布事实的方式引起公众对事件的关注，得到大家的支持和帮助，从而维护自己的权益。究其原因主要有以下三点：

（一）微博的技术优势

众所周知，新媒体在信息传递和扩散方面具有不可比拟的优势，特别是目前新媒体的最新代表——微博，在信息传播方面表现出巨大的能量。微博，即微博客（Microblog）的简称，是一个基于用户关系的信息分享、传播以及获取平台，用户可以通过 WEB、WAP 以及各种客户端组建个人社区，随时随地通过网络或手机短信更新和发布最新动态信息，每条信息限制在140个字以内，实现即时分享。[1]其裂变式的传播模式，使用门槛低，实时搜

索等强大功能，可以使得每个人都可以发布信息并形成一个自己的听众群落。因此，孟建伟选择用微博来记录拆迁过程，轻松简单，成本较低，还可以随时与网友进行交流和互动，这样能够很快吸引大家的注意，迅速扩大事件的影响力，这是传统媒体很难达到的效果。

（二）微博作为自媒体的优势

微博作为自媒体的代表，给公民提供一个自由表达的平台，为公民维权助力加威。在传统媒体时代，公民个人虽然可以求助传统媒体维权，但传统媒体有自己运作的规律和属性，所以不是公民的每一次求助都能得到媒体的关注和报道。以微博为代表的自媒体的出现，改变了传统媒体垄断话语权的格局，公民开始掌握话语的主动权，可以自主、实时地发布信息。一旦信息引起网民关注，就会爆炸式地传播开来，得到越来越多人的围观，最后影响到传统媒体，形成声势浩大的舆论。孟建伟正是认识到微博作为自媒体的优势，选择微博作为自己的“麦克风”，很好地传输、放大自己声音，形成舆论中心，获得了广泛关注。

（三）微博的示范作用

当下，公民对网络的依赖程度明显增加，越来越期望通过网络曝光来解决实际问题。近来不少影响广泛的案件和事件，都是通过网络曝光、媒体报道进行舆论监督给有关部门施加压力，最终推动问题较好地解决。前不久，江西宜黄拆迁自焚案件中，钟如九利用微博发布求救信息后得到了数百万网民的支持和帮助，随后传统媒体予以报道，最终促使事态转向，该事件也成为“微博维权”的一件标志性事件，为以后公众利用微博解决问题和维护权益起到了良好的示范和榜样作用。孟建伟正是看到了微博的惊人的作用和力量，因此选择微博为自己的维权开路。

三、以微博为代表的新媒体在山西暴力拆迁案传播过程的作用

（一）微博成为山西暴力拆迁案最早的新闻源

作为新媒体的重要代表，微博这种传播媒介实现了手机与电脑结合，用

户可通过多个渠道发布信息，最大限度地突破了时间、空间以及物理限制，同时发布的内容既不用长篇大论，也不需要复杂的形式，因此微博迅速成为大量原生信息的发布平台，使得传统媒体不再是第一手的或者唯一的新闻来源。

中国社科院出版的《社会蓝皮书》中，微博客被评价为“杀伤力最强的舆论载体”，其一大特点就是“强烈关注时事”。由普通网民临时客串的“公民报道者”，赶在传统媒体报道和政府新闻发布的前面，第一时间在微博上发布第一手信息，对突发事件进行“现场直播”。[2] 10 月 30 日凌晨 2 时 30 分，强拆案发生后，下午 16:49 死者儿子孟建伟便在以个人名字注册的微博上发布此消息，这段微博也成为全球最早描述此新闻的文字，如图 1 所示：

昨晚凌晨时分，在山西省太原市晋源区金胜镇古寨村发生了一起暴力拆迁惨案。作为死者的亲属，我忍着心中的痛苦看完了父亲被害的照片，并公布于此，希望能得到网友的支持。谨此拜谢各位了！

10月30日 16:49 来自新浪微博 转发(40) | 收藏 | 评论(19)

图 1 孟建伟发布的山西暴力拆迁事件的首条新浪微博截图[3]

直到 10 月 30 日晚上 23:25CCTV-新闻 24 小时才开始播报此事，中央电视台成为此事件传播过程中反应最快的专业媒体。10 月 31 日凌晨，腾讯等网络媒体开始陆续转载报道。通过比较，微博是此次暴力拆迁案最早的新闻报道者，比最早报道此消息的传统媒体快了近 6 个小时。通过微博，不仅使得普通人成为“公民报道者”，实现了话语权的进一步下放，而且微博可以在第一时间发布新闻，大大地提高了信息传播的速度和效率。

(二) 微博等新媒体助推山西暴力拆迁事件成为公共事件

微博以快捷方便的转发和对话功能，使得消息一传十，十传百，促成了一种全新的覆盖面更广、传播更为迅速、自主互动性更强的信息传播方式。案发后，死者儿子孟建伟充分发挥新媒体的作用，及时在微博、博客、QQ 空间、人人网上以日记的形式记录暴力拆迁案处置全过程，并且坚持每天更新，通过文字、图片、视频等多种形式展现整个案件从开始、发展、高潮的每一个环节，让围观者充分了解事件的进展。对于内容较长的文字，他选择在QQ空间、博客、人人网上发布，然后借用微博这个快捷迅速的平台，通过在其上面添加链接的方式来扩大日志的影响力。日志发布后，迅速在网络上传开，得到大量的阅读和转载。图2是孟建伟发布的从10月30日到12月4日的日志的相关统计数量。

新媒体	日期	日记数量	关注人数	首日关注数	最高阅读数	最高评论量	最高转载量
新浪微博	10月30~12月4日	88	2561	40	暂无	139	158
人人网	10月31~11月28日	44	13787	2687	10463	940	268
QQ空间	10月31~12月4日	49	9630	3358	4574	83	83
新浪博客	11月24~12月3日	37	7702	124	350	19	5

图2　孟建伟日志统计量

从图表中可以看出，孟建伟选择了新浪微博、QQ空间、腾讯微博、新浪博客等时下影响力较大和传播能力较强的工具，由于这些网络媒体操作简便，开放性强，传播范围广，具有巨大的信息承载能力，因此日志很快受到了大家的“围观”，仅人人网的关注度最高峰就达到13787人次，并且相互转载产生“辐射”作用，事件以“裂变式”的速度传播开来。此外，孟建伟的身份是“复旦大学博士生”，“名校＋高学历”的光环很容易吸引大家的眼球，使得该事件的新闻价值增大，区别于一般的强拆新闻，再加上新媒体发挥的作用，山西暴力拆迁案瞬间在全国范围沸腾开来，孟建伟个人的家庭悲剧立马升级为公共事件。

（三）微博在山西强拆案中引发了三次舆论高峰

舆论，是公众在一定时间和空间内，对与自身或社会利益密切相关的各种公共事务所持有的意见和态度的总和。舆论的影响力必须依靠媒介的传递作用。以微博为代表的新媒体凭借其独特的技术优势使互动交流达到了空前自由的状态。微博被网友们亲切地称为“围脖”，它将无数观点、想法、情感编织成一个无边无际的公共交往平台，能够引发公众对某一重大事件的关注和讨论，很快成为事件的舆论形成和传播的热地。[4]

以新浪微博为例，孟建伟以实名制注册了新浪微博，截止到2010年12

月14日，孟建伟的微博共有2689名粉丝，在山西暴力拆迁案发后，从10月30日凌晨2时30分发布第一条关于拆迁案的微博开始截止到12月12日02:34孟建伟一共发布了107条微博，其中涉及案件关键性进展的微博一发表，立刻引起了网友的热议和共鸣，许多网友纷纷表达自己的观点和言论，并且与孟建伟进行及时沟通互动，微博很快成为这起事件的舆论主阵地和信息交流的重要平台。转载量超过30条的孟建伟微博情况如图3所示：

日期	转载量	评论	主题
10月30日	40	19	发布强拆信息，希望得到网友的支持
11月3日	158	79	祭拜父亲的图片
11月4日	41	13	日记更新
11月5日	34	38	祭奠父亲
11月5日	98	39	相关拆迁单位是“太原市晋源区人民政府”
11月6日	105	98	晋源区公安局副局长郝瑞在隐瞒太原强拆命案事实真相
11月12日	82	109	律师援助
11月14日	40	27	官员问责
11月14日	69	139	继续呼吁追查真相
11月16日	66	44	决心找出幕后操作者
11月18日	79	55	村民受威胁，撤诉
11月24日	34	25	起诉晋源区政府
11月26日	32	30	感谢大家的支持
12月4日	35	34	拆迁背后的暴力让人感到不可思议

图3　孟建伟发布的山西暴力拆迁事件的新浪微博统计

从统计的结果来看，孟建伟发布的微博引起三次舆论的高峰：

第一次舆论高峰(10月30日～11月3日)：

孟建伟发布拆迁信息(40条转载，19评论)和悼念父亲的照片(158条转载，79评论)

主要议题：寄托公众的共同情感，表达对死者的悼念，对孟建伟的遭遇表达同情并表示对案件持续关注，支持孟建伟的行动。

代表性评论：“建伟兄弟，看到你这图片我很心寒，你的家境、你失父的惨痛我们感同身受，你的抗争、你的孝心令我们深深感动，勇往直前，我们支持你！”“节哀”。[5]

第二次舆论高峰(11月5日～11月6日)：

孟建伟发布太原拆迁案背后的相关事实

太原强拆命案相关拆迁单位是太原市晋源区人民政府(98 条转载 39 条评论)

晋源区公安局副局长隐瞒太原强拆命案事实真相(105 条转载 98 条评论)

主要议题:表达对政府隐瞒真相的不满和愤怒,为孟建伟维权的道路担忧,继续支持孟建伟

代表性评论:"正义之师,永在!""政府应该还原事实的真相""支持一下,作为博士的你在维权道路上也会有很多的阻碍,相信你的能力,相信大家给你的力量。挺住!"[6]

第三次舆论高峰(11 月 14 日～11 月 16 日):

政府对相关领导进行问责后,孟建伟表示不满足于目前的领导问责,决定继续追查真相,决心找出幕后操作者(66 条转载,139 条评论)。

主要议题:

对政府问责不彻底表达不满,强烈支持孟建伟弄清楚真相

代表评论:"对副职的问责只是问责替罪羊,根本还没有找到元凶""必须要相关责任人付出应有的代价!是该好好清算这些人的罪行了!国家会支持你!政府会支持你!我也会支持你!"。[7]

通过对山西暴力拆迁事件的分析可以看出,以微博为代表的新媒体为公民参与公共事务提供了重要渠道和平台,在微博上"人人都是传播者",人们可以自由、及时、便捷地发布关于社会事务甚至对政府、官员的意见和建议,充分行使表达权和监督权,形成具有影响力的网络舆论。

四、结语

虽然微博在山西暴力拆迁案中发挥了重要作用,但就微博本身所产生的效果来说,孟建伟的微博在全国范围内的关注度和知名度远不及之前同样使用微博维权的钟如九,通过对比钟如九和孟建伟的微博,可以发现目前钟如九的粉丝 29282 名,转发量超过 1000 条的微博有 8 条,而孟建伟的微博的粉丝只有 2689,微博最大的转发量才 158。究其原因,主要有两点:

(1) 意见领袖。在微博的世界里,意见领袖发挥着非常重要的作用,由于他们很多在现实社会中就是具有一定身份地位的名人,所以凭借已有的

名气在微博上可以轻松拥有大量的粉丝，他们发出的言论和转载的微博都能迅速获得关注，引起共鸣，产生巨大的舆论影响。在钟如九利用微博维权的过程，就得到了诸如北京厨子、邓飞、王令律师、男方暴色等意见领袖的帮助和支持，通过他们对钟如九的关注和对其博文的转载，必然引来更多的人加入关注钟如九事件的队伍中，使得她能够迅速在微博里“走红”。而孟建伟在利用微博维权的过程中几乎没有寻求意见领袖的支持和参与，这使得他的微博关注度和影响力明显弱于前者，由此可以看出，草根的微博要想在最短的时间内吸引更多人的眼球，需要借助意见领袖的支持和关注，才能把事件和人物迅速推向微博的舆论深处。

(2)“戏谑”和“悲情”。“悲情”和“戏谑”是在互联网中引发舆论关注最有效的“两张王牌”，同样也适用于微博的江湖中。江西宜黄拆迁自焚事件的当事人钟如九是一个普通的弱女子，其女性身份更容易获得大家的垂怜和同情，因此得到许多意见领袖和大量网民的关注。并且她发布的“抢尸”、“软禁”、“母亲病危”等微博，虽是事件的真实再现，但从内容上看，确实具有很大的噱头和吸引力，满足了大家强烈的猎奇心和好奇心，所以很快引来众人的围观。而山西暴力拆迁事件的当事人孟建伟是一名复旦博士生，虽然他身份的特殊性会在一定时期内引起大家的兴趣，但是相比钟如九一个弱势女子，孟建伟堂堂男子汉的角色和复旦博士光环会给大家带来一种强势刚硬的感觉，因此得到的垂怜相对来说要少。加之他发布的内容总的来说“戏谑”的成分要小，多是对后续事情处理的告知，因此内容的吸引力不及钟如九的，得到转发的数量和关注的人数也就较少。

但是无论效果怎么样，孟建伟是继钟如九后在“微博维权”道路上又一个标杆性人物，相信以后更多的人会选择微博，微博将会在以后的网络维权中发挥更大的作用。

（作者系四川大学文学与新闻学院硕士生）

注释

[1] 百度百科 http://baike.baidu.com/view/155593.htm

[2] 刘佳. 海地微博效应[J]. 互联网周刊，2010.2.5，22

[3][5][6][7] 孟建伟新浪微博 http://t.sina.com.cn/mengjw

［4］ 曾嘉，翟文茜．浅论微博客引导舆论的重要作用［J］．军事记者，2010(6)：55

参考文献

［1］ 胡泳．众声喧哗——网络时代的个人表达与公众讨论［M］．桂林：广西师范大学出版社，2008．15－20．

［2］ 陈力丹．舆论学—舆论导向研究［M］．北京：中国广播电视出版社，1999：49－51．

［3］ 孟波．新浪微博：一场正在发生的信息传播变革［J］．南方传媒研究．2009(12)．

［4］ 张阳，黄峻磊．浅谈“微博”的兴起与网络营销价值［EB/OL］．http://www.studa.net/market/100126/11515081.html 10－01－26．

微博传播中公众人物的话语权使用

——以江西万载县委书记雷语事件为例

叶　舟

摘要：随着微博成为21世纪的新交流工具，众多公众人物纷纷开设微博，他们的言论，一经网友讨论很容易引发舆论热潮，成为传统媒体的关注对象发展成公共事件。公众人物言论的高关注度、强传播性、意见领袖效应对舆论生态产生了巨大影响。本文通过对江西县委书记雷语事件的分析，阐释了公众人物如何合理利用话语权，官员在微博时代又应怎样实施言论策略。

关键词：微博传播；公众人物；话语权

The Use of Discourse Power by Public Figure in Microblog

——Take Astonishing Words Said by Secretaries of Wanzai County in Jiangxi Province as An Example

YeZhou

Abstract: As microblog is a new communication tool of the 21st century, lots of celebrities opened their own blogs. Their words became the focus of traditional media , and led to the public events due to the hot public discussion. Their words had great impact on the public opinion because they caught much attention and disseminated so fast , which worked as the effect of opinion leader. This article makes the analysis of astonishing words said by Secretaries of Wanzai county in Jiangxi province, and tries to explain the public figures how to use the right words, and government officials' comments policy in information age.

Key words: Microblog Communication, Public Figures, Discourse Power

微博客是一种基于 Web2.0 的新型博客，其突出的特点在于其简短的信息表现形式、多样化的发布渠道、极强的即时性和适中的距离感。近两年来，微博客借助于几次突发事件而名声大震，其发展速度更是引人瞩目。

2010年11月1日，中国社科院农村发展研究所研究员于建嵘在自己的新浪微博上将江西万载县委书记陈晓平“不强拆知识分子吃什么”的雷语曝光，将后者推到了舆论的风口浪尖，并也让自身成为各大媒体高度关注的对象。至12月14日20点该条微博已被转发5076次，评论3302条，引起网友们热烈关注。[1]

一、微博传播中公众人物具有强大话语权

公众人物因特殊成就、才能或其他特殊原因，其所从事的活动一般与社会公共生活有关并构成社会公共生活的一部分，其言论也拥有非一般的影响力。微博中，公众人物的话语权更是被发挥到前所未有的地步。这主要来源于：

（一）高关注度与强传播性

微博受人追捧，三言两语就能说事的“随意”应该是其一大魅力，但其病毒式传播的特性，又让精彩因它广及，丑陋也经它蔓延。近来时有发生的网络骂战，已成为微博界的常事。而实际上公众人物在微博上发言应当谨慎，这是因为，公众人物的话语权和影响力远远大于普通用户。新闻机构在自己的官方微博上发布消息也必须具备新闻专业精神，因为媒体是信息发布和传播的专门机构，具有一定的社会公信力。

微博客的出现其实是互联网时代网络更深入人心的一种表现，微博客提供了一种全新的沟通工具，是一种介于人际对话互动和广播之间的媒介工具。微博客通过“圈子”等方式来构建社会化网络。具体而言，微博客借助多种发布方式和自由随意的传播特征可以笼络更多的亲友、同事以及其他同趣者，并且促使他们更积极、更快速地融入到交流之中，产生强传播性。微博中如果是普通人分享鸡毛蒜皮的琐碎小事抑或是口出诳语，仅会招来个别人的反对声音。而一旦是拥有众多“粉丝”的名人所为，事情性质就发生了变化。微博时代里，名人效应被无限放大，他们随便发出的一条博文，都可能被成千上万次地转发和评论。于建嵘于2010年10月12日在新浪

开微博，至12月9日早9点，他的粉丝已经有170308人，也就是说他发表一篇博文，将有超过17万人看到，已经成为一个小型媒体，而且以每日数百近千的速度递增。粉丝数量的庞大使得其对某些事件容易形成即时热议的态势。又比如于教授12月6日13时40分，发布了一条官员与他谈心的140字微博："有一个任省级官员的同学，一次与我谈心里话说……"被网友评为当日"最给力微博"，认为于教授开创了一种新文体——"建嵘体"，也称"谈心体"。"建嵘体"已被迅速收录到互动百科的百科词条中，而此条微博一小时内被转发近2000次。至12月12日16点，原微博已被转发4654次，评论近1782条。

(二) 意见领袖效应

意见领袖(opinion leader)又叫舆论领袖，是指在人际传播网络中经常为他人提供信息，同时对他人施加影响的"活跃分子"，他们是大众传播的评介员、转达者，是组织传播中的闸门、滤网，传播过程中起着重要的中介或过滤的作用，形成信息传递的两级传播，在传播过程中起到加工与解释、支配与引导、协调或干扰的功能。

于建嵘是2010年中国最火的教授之一，他不仅是搅动网络的"微博红人"，还是市县一级干部点名要求授课次数最多的教授，[2]属于学术界公众人物。2010年以来，他给各地党政干部的演讲已达100多场，听者上万，有时每周演讲超过三场。他发表和出版过《中国工人阶级状况：安源实录》、《抗争性政治：中国政治社会学基本问题》等大量著述，2003年获《南风窗》"为了公共利益诤言奖"；2004年获《南方周末》"特别致敬人物"称号。[3]于建嵘在我国知识分子圈和一些关心国家民生问题群众中颇有影响力，担任着意见领袖的角色。

我们应正确认识意见领袖的影响力。意见领袖是一支活跃的力量，在微博中意见领袖互动传播的影响往往大于媒介单向度传播的影响。从雷语事件博文的网友评论来看——

网友开县吧：个人素养问题，要执政为民啊？他该反省了！

网友昨日心情：这个书记忘了他才是靠广大人民养活的，本末倒置，官腔十足。

网友们更深刻地谈论到拆迁问题，"老大 franklin"指出，拆迁不是罪过，强拆才是罪过，带有威胁性质的拆迁才是罪过，毫无逻辑的“就得拆”才是罪过。[4]我们可以看到，虽然大多数并未亲耳听到当时的谈话，也不了解陈书记本人，没有对当地经济情况的研究调查，出于对于教授的信任，立场和态度盲目一致。

(三) 公众人物微博成为公共空间

公共人物的微博不再是“私人客厅”，已经变成公共空间。名人开的微博，一呼百应，聚集了无数“粉丝”，决不能仅仅纯粹为了宣泄个人情绪、记录私人感悟。因为一点小事也会被无形放大。但显然很多名人并没有意识到这点。比如于建嵘对雷语事件就表示：“当时并没有考虑到有这么大的影响力。微博就是我的私人媒体。”[5]

“公共领域”或称“公共空间”，这一概念是法兰克福学派后期的领军人物哈贝马斯在《公共领域的结构转型》一书中提出的，他指出“公共领域是一个社会生活的领域，在那里人们可以讨论有关公共利益的事情，可以对上述事情进行讨论，而不必求助于传统、教条及强力，可以通过合理的争论来解决观点的分歧。”[6]相反私人领域具有排他性、非竞争性，但当今网络时代个人对他人好奇心和窥视欲都加强，个人对个人的交流在技术条件下很容易演化为公众注目下的社会产品。如私人信息新奇、异常，一旦被公布，所形成的“舆论风暴潮”便让私人问题向公共问题转化，速度极快，影响广泛。

官员的“私下说话”纳入公共视野是否合适？官员的私下言论和普通人一样比较自然和随意，不似公开发言时周全和严谨。但作为公众人物，官员的言论一直是传播和议论的焦点。由于是在饭桌上的说话，陈晓平的“拆迁养活知识分子”，不像常见的官话那么四平八稳。地方政府的领导干部也是生活在当下的公共话语体系中的，知道整个社会对拆迁尤其是强拆有着极大的怨愤。像陈晓平这样的地方官或许会认为，社会舆论对拆迁的反感其实对他们这个群体是不公平的。拆迁是为了发展地方经济，为了给地方带来更多财政收入，能支撑公共建设和福利保障，让百姓过上更好的生活。陈晓平“虽委屈但无愧”的情绪是有一定代表性的。

(四)媒体舆论中弱势言论对象的失语

笔者发现,在这次雷语事件的传播中,无论是事件报道和后续评论,陈晓平几乎处于失语的状态。这就是传播学中“沉默的螺旋”现象。也就是人们在表达自己想法和观点的时候,如果看到自己赞同的观点广受欢迎,就会积极参与进来,这类观点也就越发扩散;而发觉某一观点无人或少人理会(有时会有群起而攻之的遭遇),即使自己赞同它,也会保持沉默。意见一方的沉默造成另一方意见的增势,如此循环往复,便形成一方的声音越来越强大,另一方越来越沉默下去的螺旋发展过程。

人们在围观的过程中,一边倒地站在于建嵘教授这边,在媒体报道方面,第二日《天府早报》、《新快报》、《重庆晨报》的报道中,记者们也没有具体采访陈书记本人,了解事情的来龙去脉,只是将于教授的微博内容稍微扩充,延续着批判、调侃的态度。标题《江西万载县委书记雷语:不拆迁知识分子吃什么》,《官员牛语 引发网友围观》,《微博曝光书记惊人言论》,这样的倾向性不难想象。但是,一味指责陈晓平“傲慢”和“狂悖”,也并不是理性的态度。需要注意到的是,观点往往因观察角度而异,立场又往往和角色定位相关。站在陈晓平的立场上思考拆迁问题,很可能是地方发展与群众个人利益之间难以调和的矛盾。这并不局限于某一个地方,也不是陈晓平个人的问题,许多干部都可能遭遇类似的困境。陈晓平的话虽然是一时冲动,但多少也说出了普遍存在的发展焦虑。在之后各大媒体的转载及持续报道中,也几乎没有对陈书记的采访,完全弱化了陈的发言权力,他回复《齐鲁晚报》记者:“这种情况下要冷处理。请您配合。”但各大的媒体随后的热议显然与他的初衷相悖。

二、微博传播中公众人物话语权如何使用

言论空间的拓展,是社会进步的重要体现。公众人物得益于这种进步,更应自觉成为公共话语平台良好秩序和氛围的倡导者和维护者。一方面,知名度越高、影响力越大,其言论也越容易被人关注和评论,甚至被断章取义、误解歪曲,对此应有足够的心理准备和承受能力;另一方面,有的名人为了追求更多的个人利益,雷语频发、行径怪诞,不惜“哗众取宠”无端炒作以

博得曝光率。

（一）言论内容的把关

最近名人微博骂战引来全社会的关注。《人民日报》用一组社评对个别公众人物"语不惊人死不休"的行为进行了批评。其中明确表示："近期以来，在电视节目里、博客微博中，一些公众人物……或'曝光'他人私下言论，以他人的'阴暗'反衬自己的高大；或以自己的社会声望撑腰，蛮横地给他人扣上异类的帽子……这些现象引起人们的思考：在信息高速传播的新媒体时代，作为对他人施加影响的'活跃分子'，公众人物应该珍惜并好好利用自己的话语权。"[7]

名人微博应注意表达的准确性和描述的全面性。在这次的雷语事件中，于建嵘承认："对于陈晓平的愤怒并不是针对他个人的，我和他也没有太深的了解，主要是对这种具有普遍性的执政理念和执政行为强烈不满。"[8]就是在这种情况下，因为谈论的是敏感话题拆迁，两人多日积蓄的情绪在交流碰撞中宣泄，陈晓平成为于批判对象的代表，他的拆迁及限制上访言论就被"晒"了出来，经受大众的审判。于教授没有去深究陈书记的成长轨迹和往日表现，评论员们似乎也并不关心事情的来龙去脉、对象的背景，便开始大加挞伐。然而，我们都知道人是有很多面的，问题的形成也有多个原因，一时意气的言论确实不合时宜，但名人博客作为一个小型媒体，应该谨慎播出内容，尽可能为受众提供完整的事实和充足的信息，让大家作出更为客观的判断。如网友学子丹心认为：于教授这句话不可信，无凭无据，有捕风捉影之嫌。再说对干部的考评不能仅仅凭借一句话，而应该由当地的干部群众和上级组织来评定。[9]

（二）涉及社会痛点时应注意舆论导向

博客不是纯粹的私人空间，博主的任何言论，必须符合公共道德，并且接受公共监督。更要紧的是，博客需要道德自律，尤其要防止擅自暴露他人隐私，以俗语污染环境，煽动针对平民个人的社会仇恨等等。在一个传统伦理体系遭到摒弃的时代，我们面对着严峻的互联网道德重建的使命。

从 2007 年沸沸扬扬的重庆钉子户事件、2009 年贵阳"11.27"群体事件到2010年的江西宜黄拆迁自焚案，强制拆迁所引发的激烈交锋经常处于舆论的风口浪尖，已发展到拆迁现场与社会舆论两处战场。一方面是强拆现场的利益之争，令业主付出血泪乃至生命的代价。另一方面是社会舆论上的分歧，官员与知识阶层的理念碰撞，揭示出以强拆为动力的发展模式造成的官民关系紧张的状态。于教授微博中提到的讲课，是他应邀给当地的700多名党员干部进行有关“社会稳定”、“征地”等主题的演讲。于教授在这种紧张舆论中抛出干部的情急言论，公众可能没法理智地对待，容易引发片面的指责。

对于拆迁最理性的声音是——制定新的征地、拆迁法律法规。北京大学宪法与行政法研究中心主任姜明安认为，通过系统的规定，进一步明确公共利益的具体范围，确保“先补偿后拆迁”的原则落到实处，只有完善法律规范体系，各方利益诉求才能有序、充分博弈，尤其是被拆迁人的合法权益才能得到保护。于教授在看到问题，并四处呼吁的同时，是否最好提出些可行性的建议呢。

（三）善意的言论目的

公众人物有较深厚的公众基础，有民众的信任和期待，其一言一行传播快，社会影响也大，理应成为公众道德的标杆。微博中，公众人物的发言应该是有益于社会公共利益的善意言论。

对于这次雷语事件，有些网友也提出了疑问。网友zgrm321认为：真理越辩越明。这个社会是缺乏理性的社会。……而作为一个有着良好素质的高级知识分子，利用自己拥有的网络力量，把自己扮成是正直为人民着想的正义者。我对你的出发点表示质疑。[10]然而于建嵘有关雷语事件的博文诉求很明确，看出了在当今中国社会舆论对事件处理有绝对的推动作用，从百度指数上看，于教授借此事件确实知名度大增。如其言“当我把消息发到微博上去，从而引起广泛关注，变成一个事件之后，媒体才会过来关注。”“有些问题发到网上，成了网民的议题，引起社会各界关注。这种舆论压力，对社会权力的执行过程和方式产生了影响。”[11]从于建嵘11月236条博文内容来看，主要是关于“拆迁”（66条）、上访困境、地方政府的争议行为、历史问题探讨、朋友来访等，关注的都是有关公共利益的事件，立场是同情弱者，为底层百姓申诉。他相信“信息时代将改变中国的传统政治发展道路。"[12]，积极议政但不参政，四处讲课调查，不断地呼吁，希望为社会发展建言献策，影响感染行动者。

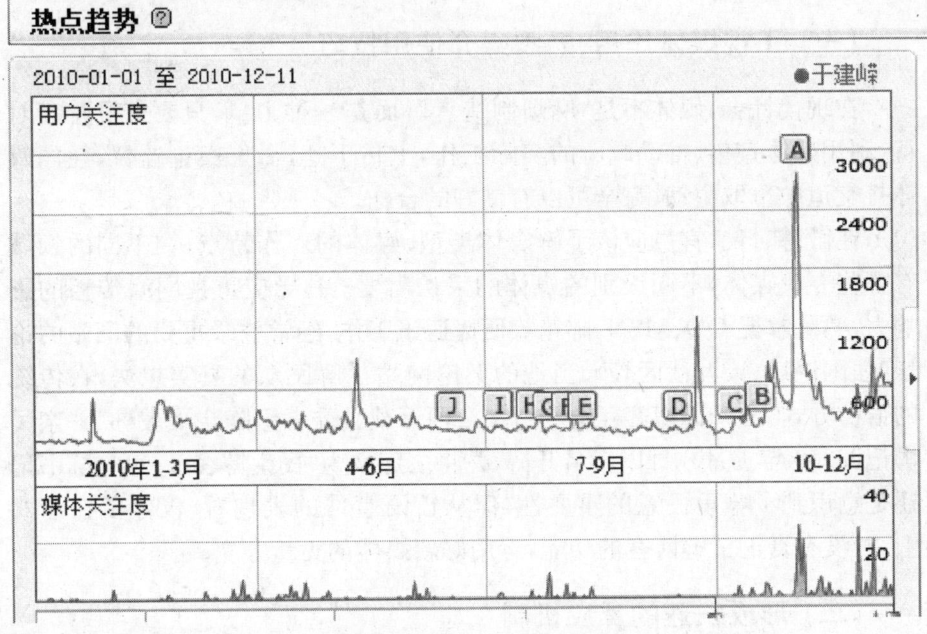

图1　以"于建嵘"为关键词的百度指数

对评论对象的善意。对有不当言论和行径的官员进行议论是必要的，但应综合考评他们的过往表现。江西万载县委书记陈晓平被称为"亲民书记"，1987年曾留学美国获得高教硕士，创办领导干部星期天学院，摸索农村社会工作"万载模式"，探索创办民意直通车等等，在当地还是做出了一定成绩的。两年来，万载县还先后获得"全国双拥模范县"、"全国村务公开民主管理示范县"称号。经过这样的舆论压力很可能影响其工作热情和政治生命，打击了一个可塑的人民干部。

三、余论：官员在微博传播中的言论策略

目前，有些官员不愿与媒体打交道，特别是在突发事件发生之后，记者们纷至沓来，寻根究底。面对政府的"新闻危机"，他们担心"祸从口出"，找

种种借口躲、瞒、避，不敢正面接触记者，更不知如何引导舆论。在博客时代，各级官员如何应对媒体、善待媒体，化解“公关危机”，这是时代赋予官员的又一重大课题。

（一）正视媒体作用，熟悉媒介使用技巧

在现代社会，媒体不是“麻烦制造者”，而是一种力量，只要官员善于对待，利用媒体宣传、推动政府的实际工作，上传下达，做好舆论监督，在同媒体打交道中争取主动，完全可以有良好的合作。

在微博时代，官员应该了解媒体类型、媒体的工作特点，在不同的领域有哪些专业媒体，不同级别的媒体的采访需要。领导应重视网络传播的影响力，熟练掌握 QQ、MSN、邮箱等便捷通讯工作，经常登录重要的网站的论坛（强国论坛、天涯社区等）、当地的舆论网站了解民众的真实想法，在传统的信访方式上，开辟博客互动平台。江西万载县委书记陈晓平被称为“亲民书记”2009 年 1 月 8 日以实名开博，并将之定义为“民生博客”。可见陈书记还是意识到了尊重民意的重要性，但从雷语事件的表现看，仅停留在形式上，并没有真正了解博客的功能，运用好新媒体的力量办实事。

（二）形成快速的反应机制

在突发事件面前，许多官员表现出网络恐慌，努力封锁消息、谎报瞒报，踩到了公关处理的雷区。平时不注重知识更新和提高自身素养，关键时刻不注重抓住机遇塑造和更新形象。许多官员平时习惯讲官话，对媒体言论规则很陌生，遇到突发事件很容易“怒不择言”，让牛语、雷语频发，随后造成新的舆论热点，被媒体“针砭时弊”。这些问题极大地影响了我们党的执政形象和执政水平，甚至直接影响稳定民心的大局。

政府应该建立完善的应急反应机制。平时设立突发事件领导小组，明确分工，责任落实到人，并进行专项培训，在突发事件面前，有计划、有条理地积极地应对，努力赢得主动权和主导权。建立“发言人制度”，各机构应该有专门的新闻发言人，并开设机构微博，代表全体对外表明事实经过和立场，同时收集受众的反馈，并及时与之沟通，以正视听。不仅要在单位网站或其他官方平台上及时、客观、准确、全面地发布事实真相，还应将相关知识、政府部门的决策和措施，人民群众的呼声全方位地展示出来，将一些不

稳定因素及时转化为和谐关系。

（作者系四川大学文学与新闻学院硕士生）

参考文献

[1] 于建嵘新浪微博 http://t. sina. com. cn/1827652007/zF0sEI6oK2

[2] 桂杰. 于建嵘：底层知识青年问题亟待社会重视[N]. 中国青年报. 2010 - 12 - 3(7).

[3] 刘晋锋. 于建嵘：为底层人民发声[N]. 新京报. 2010 - 11 - 3(C14).

[4] 于建嵘新浪微博

[5] 李逸浩. 于建嵘回应：我的愤怒并不是针对个人的[J]. 人民论坛. 2010(11)(下).

[6] 冉华. 中国传媒公共话语领域的建构[J]. 武汉大学学报. 2007(05)：710 - 712.

[7] 公众人物如何用好话语权[N]. 人民日报. 2010 - 12 - 9(6).

[8] 李逸浩. 于建嵘回应：我的愤怒并不是针对个人的[J]. 人民论坛，2010(11)(下).

[9] 于建嵘新浪微博.

[10] 于建嵘新浪微博 http://t. sina. com. cn/profile. php? uid=1827652007&page=7

[11] 胡晓. 红人于建嵘：永远不把自己当人物[N]. 华西都市报. 2010 - 12 - 11(3).

[12] 张雄. 于建嵘红了[J]，南都周刊，2010(47).

微博在跨省拘捕王鹏案中的作用

李昊禹

摘要：微博自身的自主、互动、简洁、快速等特点使微博在中国发展的几年时间内，成为与传统媒体互补的一种新传播方式。在 2010 年 12 月初发生的甘肃省一名图书管理员王鹏被宁夏警方跨省追捕这一事件中，微博再次反映出这一特点。在跨省拘捕王鹏案中微博是传统媒体的信息来源，继而带动传统媒体报道，同时使案件的发展信息在微博中发酵，最后致使事件加速解决处理。

关键词：跨省拘捕王鹏案；微博；陈杰人

On Role of Microblog Playing in Case of Arresting WangPeng by Crossing Provinces

Li Haoyu

Abstract: Microblog's feature, which is independent, interactive, simple and fast makes development in China within a few years. Microblog, as a complement to traditional media, is new means of communication. In the case of arresting Wang Peng by crossing provinces which occurred in early December 2010, microblog once again reflected the characteristics. In this case, microblog was the source of traditional media's information, and then led traditional media coverage, made the following information ferment in the microblog, and accelerated the resolution of the incident handling.

Key Words: Case of Arresting WangPeng by Crossing Provinces, Microblog, ChenJieren

随着微博的兴起与风靡，微博的作用不断放大。由于微博自身的特点——自主、互动、简洁、快速，使得微博在信息传播的很多方面更胜于传统媒体。对于传统媒体而言，微博的诸多信息来自于传统媒体，反之，微博也是传统媒体诸多信息的来源，微博扩展了传统媒体获得新闻线索的渠道，扩大了发布信息的范围。微博在中国发展仅几年时间，就成为了传统媒体重要信息发布平台之一。在2010年12月初发生的甘肃省一名图书管理员王鹏被宁夏警方跨省追捕这一事件中，微博更是再次体现了与传统媒体互补、相辅相成的作用。微博上发出此事件后，半天时间内传统媒体就进行了报道，一天后在舆论压力下王鹏被释放，事件解决速度之快前所罕见。

一、事件舆情简述

舆情潜伏期：2010年11月23日，宁夏吴忠市公安局利通分局民警赴甘肃省，以涉嫌"诽谤罪"为名将在甘肃省图书馆工作的图书馆助理馆员王鹏刑拘。其主要原因是王鹏此前曾多次发帖举报大学同学马晶晶在参加宁夏公务员考试中作弊。此时，并无任何传统媒体进行报道。

舆情爆发期：2010年11月27日，王鹏的父亲王志昌从吴忠到北京寻求法律帮助。29日，他找到清华大学法学院周光权教授，周教授将此事交代给他的学生——曾在媒体供职的陈人杰。

陈人杰29日立即在自己的新浪微博与博客中描述了这一事件，并希望引起关注，然而随后不久，新浪博客关于此事一文被删除，仅微博被保留下来。后随着微博被大量转载，网友对此事的关注度也急剧升高。

舆情扩散期：11月30日，作为传统媒体的《南方都市报》以《男子举报官二代公务员招考作弊被跨省抓捕》为题对此事进行了首发报道，社会关注度继续升高。

12月1日，在舆论压力下，吴忠市利通区公安分局对王鹏解除刑事拘留，王鹏获释。网友仍持续在微博上关注此事，并提出诸多疑点。

12月3日，利通区公安分局提出对于8天拘留给予王鹏刑事赔偿1003.44元。同时，由于王鹏被拘属于错案，利通公安局两位负有责任的领导被免职。

二、微博在跨省拘捕王鹏案中所起作用分析

微博由于传播速度快、范围广、语言简单明了、发文要求低等特点，在公

民新闻传播上更胜传统媒体。微博的出现与发展对传统媒体的影响也是十分巨大的。在跨省拘捕王鹏案中，体现得极为突出。

1. 微博成为事件信息源

微博由于只需要简单的只言片语就可以发布信息，发布成本较低，任何公民都可以随时随地在微博上发布信息，因此，微博一经问世，就成为公民发布信息的渠道之一。最为重要的是微博中的认证用户，媒体、媒体人、著名教授等担任着意见领袖的角色，这些人也推进着公民新闻的发展。在跨省追捕王鹏案中，事件之所以引起关注就得益于著名媒体人陈杰人的微博发布。

11 月 29 日，陈杰人在自己的新浪微博上发布了一条微博描述事件的概况："宁夏自治区扶贫办副主任马崇林和吴忠市政协主席丁兰玉的儿子马晶晶，在报考公务员的过程中，被马晶晶在兰州大学的同学王鹏举报作弊嫌疑，11 月 23 日吴忠警方以涉嫌'诽谤罪'为由将王鹏跨省抓捕关进看守所。又一起因言获诽谤罪打压的恶性案例，敬请关注！"在文后附上了他的新浪博客网址，内容是对于此件事情来龙去脉的详细介绍。此条微博发出后被大量转载，当天转载量就达到 177 条，被评论 61 次。同时，由于陈杰人曾在媒体供职，他的粉丝圈内多为记者或媒体人，所以使得此条信息传播范围更大，速度更快。

在随后一分钟内，他又再次发布微博："兰州大学生王鹏举报宁夏高官的儿子在公务员考试中有作弊嫌疑，被警察以'诽谤罪'跨省追捕关起来了。"后面依旧附了他的凤凰网博客网址，除此之外，此条微博还附带"吴忠市公安局利通区分局拘留通知书"的照片一张，通知书下面有王鹏父亲王志昌的签名以及手印。该微博发出后短时间内转载量高达 900 次，被评论 292 次。

在 29 日当晚，从 20:10 到 22:48 分两个多小时内，陈杰人共发关于王鹏事件微博 6 条，被转载量共达 1152 次，评论达 383 条。这些微博主要以提供关于该案件的线索以及介绍事件的前因后果为主。这些微博被众多媒体人等转载。当时，微博上的意见领袖"北京厨子"也转载了此条微博，并评论说已经将陈杰人发布的凤凰网博客存盘，防止被删掉。

经"北京厨子"这样的大粉丝群用户大量转载后，从"马晶晶"的百度指数中，可以看出，网络用户关注度从 11 月 29 日起呈直线增长。

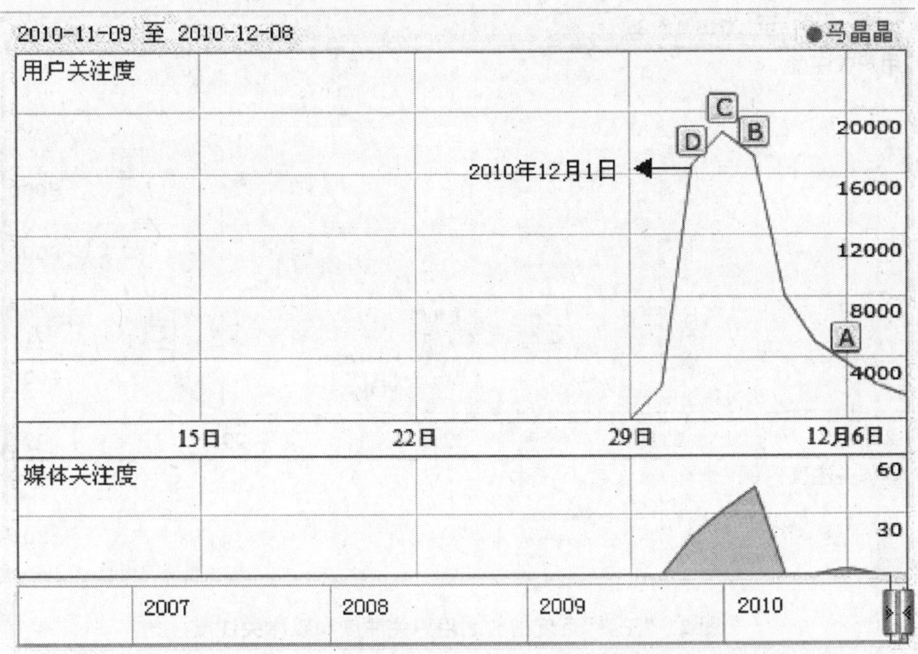

图1 “马晶晶”百度指数之用户关注度与媒体关注度

2. 微博引起关注,带动传统媒体报道

在事件传播过程中,微博与传统媒体呈现互补互助的作用。微博传播,充分体现了草根记者参与新闻的权利,个体成为新闻的生产者、传播者。对于传统媒体而言,可以通过微博及时发现新闻线索,了解公众关心的热点是什么,获知公众对于事件和现象的观点和意见。对于记者而言,微博成为他们发布信息的渠道,简短的文字或者视频可以告知大众刚刚发生或正在发生的事件,继而记者可以再通过传统媒体的深入报道与解读,保持公众对事件的持续关注。微博与传统媒体的良好互动关系也推进了传统媒体在事件报道上的时效性。

在此事件中,从29日晚陈杰人20:10发布有关该事件的第一条微博开始,微博上关于王鹏拘捕案的讨论热度一度飙升。30日早上,《南方都市报》即以《男子举报官二代公务员招考作弊被跨省抓捕》为题对此事进行了首发报道,当日还有几十家媒体先后对此事件进行报道,使事件热度持续升温。

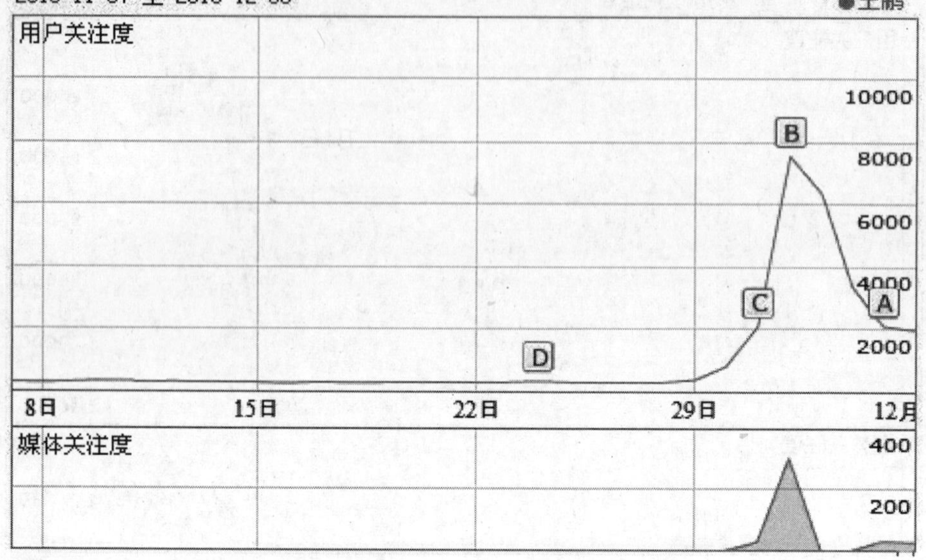

图 2 “王鹏”百度指数之用户关注度和媒体关注度

3. 微博传播迅速，使传统媒体报道继续在微博发酵

作为一种互动、自主的信息传播方式，微博借助手机等通信工具的便捷性，可以随时随地发送信息，并且与他人及时互动，相对于传统媒体定时出版等的局限性，更容易扩大事件传播范围。可以说，微博构建了一个自主、互动、简捷、快速、随时随地分享信息的沟通传播平台，使得草根记者们可以参与新闻的制作、传播，推动了公民新闻传播的广度。

微博的粉丝传播也是事件传播过程中的重要组成部分，微博将粉丝间的人际交往距离设置在一个无限靠近、无限接触，却不能互相控制的程度，使得粉丝之间的信息传播犹如病毒扩散般迅猛。加之，传统媒体的公信力和权威性较高，传统媒体已经报道的事件更易于在微博中发酵。

在王鹏跨省追捕案中，12 月 1 日，陈杰人继续对此事件关注，下午 3 点半左右至 4 点半左右，他共发布 5 条关于王鹏的微博，他首先指出：“宁夏吴忠政协主席之子被举报公务员考试作弊嫌疑，举报人被吴忠警察以诽谤罪抓捕。此事已引起广泛关注，多家媒体做了报道。我现在又发现一个新问题：这个刑事拘留通知书是 25 号才送达王鹏父亲，但王父说警察却强迫他签上刑拘当天的日期11月23日，因为法律规定必须在刑拘当天通知家属。警察在造假!!!”在此条微博时隔十分钟后，他再次发布微博称：“有多家媒体记者告诉我，现在吴忠公安方面都不接电话，被举报人的父母的电话也是死活不接。现在宁夏方面只是强调，这个举报公务员考试作弊不属实。我认为，退一万步即便举报不属实，也不应该以诽谤罪抓人，否则，这个社会就会人人自危，谁都不敢举报了。”他在微博上成为了传统媒体与网络大众沟通的桥梁，不断传播各种媒体信息。同时，他一直对事件进行类似微博直播的报道，不断在微博中提供王鹏事件的最新消息，“关于兰州王鹏举报公务员作弊现象被吴忠警察跨省抓捕的最新消息：人民网最新文章：清华大学著名刑法学教授质疑吴忠警方违法!”并附注了该文章的链接。他还不断转载媒体报道，给当事方提供法律支持。他转载人民网评论：“人民网严厉谴责宁夏吴忠警方——公权私用，国无宁日!”由于网友对人民网的权威性给予肯定，陈杰人通过此举提高了事件发布的权威性，并引起更多网民的关注。

他不断通过微博向大众直播事件发生进度，与此同时，也表达自己的意见，对事件中的疑点提出诸多质疑，“从我于29日晚发微博首次披露王鹏被抓的事件并呼吁社会关注，到现在已经过去了48小时，吴忠警方一直以恶劣的态度对待媒体和舆论。据《南方都市报》、《东方早报》等近20家已经赶到吴忠警局的记者同行向我透露，现在警察称已经接受了CCTV和新华社的采访，同时拒绝接受其他媒体采访，恶劣之极!”此类微博更是披露了案件中吴忠警方舆情应对的问题所在。

在同一时间里，陈杰人充分利用微博的互动性，与人民网于建嵘进行沟通，联手发布消息。他们也互相提供信息，于建嵘在微博中告诉陈杰人：“刚接人民网舆情监测室祝华新秘书长消息，吴忠警方已承诺放人。”陈杰人也及时作出回应：“不能只是放人，这次必须要求警察给个明确的说法，同时追究滥用职权的责任和其他黑幕责任。否则，下次还会有李鹏、刘鹏被抓!”

随着事件的进展，陈杰人不断与多位媒体人、意见领袖等在微博上进行交流，互相转载发布消息，比如，他与财新网的周凯莉的互相评论和转载，也吸引了网友对后续事件的关注。

4. 微博与传统媒体联合，加快事件解决速度

在王鹏被跨省拘捕事件中，从23日王鹏被捕到29日陈杰人发布第一

条相关微博之间的 6 天内事件毫无进展，也没有被关注。但从 29 日陈杰人发布微博到 30 日传统媒体报道，相关政府部门舆论压力增大，迫使警方12 月 1 日在舆论压力下释放了王鹏。仅仅 2 天的时间，事件就引起全国人民的广泛关注，迅速被解决。

在这个过程中，由于陈杰人一直在微博上更新动态，这些消息也得到了大量的转载。由于大量微博粉丝的关注，众多媒体记者也开始在微博上关注事件进展。

	头像	姓名	个人简介	活跃度	影响力	综合排名	评论-转发	微博数-粉丝数
1		陈杰人 [北京]	感性待人,理性思考.	118584	4096	61369	11-27	165-6581

微博注册天数	原创率	活跃度排名	影响力排名	综合排名	微博价值	微博等级
463	71%	118584	4096	61369	3263元	37级

图 3　陈杰人微博信息

记者，第一时间在微博上发布消息。公众，第一时间在微博上寻找消息。大家的转载、讨论，迅速让此案连续几天成为微博的热点话题。至 12 月2 日 21 时，“王鹏诽谤案”名列微博热门话题榜前列，提及次数达 20650次。

（作者系上海交通大学人文艺术研究院硕士生）

参考文献

[1] 陈杰人微博. http://t. sina. com. cn/chjr

[2] 蔡骐. 微博时代的粉丝传播[J]. 东南传播. 2010(8).

[3] 吴杰. 微博：传统媒体的新帮手[J]. 中国记者. 2010(10).

[4] 刘聚荣，胡锦博. 新媒体环境下网络公民新闻的发展[J]. 新闻世界. 2010(7).

[5] 胡瑶迪. 微博传播对传统媒体的影响[J]. 新闻世界. 2010(6).

理论探索

1998－2009 年重大网络舆论事件及其传播特征探析

钟 瑛 余秀才

摘要：本文对 1998 至 2009 年 160 起重大网络舆论事件进行系统分析，发现我国网络舆论事件整体呈现如下特征：时间上，网络舆论事件发展呈波浪状不断上扬趋势；空间上，网络舆论事件关注度与区域发展程度密切相关；所涉群体上，网络舆论事件更加关注政治、文化、经济上强势的阶层；所涉内容上，网络舆论事件更多聚焦于政治与民生问题；信息源头上，网络舆论事件主要来源于传统媒体报道，并很快在网络媒体扩散；传播效果上，网络舆论的有效引导，可以促进事件解决，正向效果明显。文章通过揭示网络舆论事件的传播规律，力图为政府网络舆论管理提供有效参照。

关键词：网络 舆论事件 传播途径 传播特征

An Analysis of Significan Network Public Opinion Cases and the Dissemination Charactersics from 1998 to 2009

ZhongYing, YuXiucai

Abstract: On the detailed analysis of 160 important public opinion cases from 1998 to 2009, we find some features of network public opinion cases as follows: the wavy rising trend on the time, the close relationship between the degree of concern and regional development on the space, the more attention paid to the class and group of political and economic privileges on the groups involved, the more focus on the politics and people's livelihood on the content, the major source as traditional media and the quick proliferation of online media on the information sources, the positive effects in effectively guiding the network public opinion to promote the event settlement on the communication effects. The paper try to afford references to government management in network public opinion through revealing the propagation of those network public opinion cases.

Key Words: Network, Public Opinion Cases, Transmission, Propagation Features

网络传播的巨大威力已经有目共睹。其挖掘事实的监督功能、其聚集人气的集合功能、其煽动情绪的动员功能等等，这些远远超越传统媒体的功能在诸多网络舆论事件中皆有明显表现。然而现有对网络舆论的研究，或多从个案出发、或停留于感觉层面，缺乏系统、全面的案例剖析，在广度与深度上都不足以揭示网络舆论发展的本质与规律。本研究力求对有史以来重大的网络舆论案例进行系统分析，案例选择标准有二：① 谷歌与百度两大搜索引擎上出现相关报道超过 1 万条；② 在大范围内引起社会广泛关注。最终选定我国 1998 年初至 2009 年底重大网络舆论事件 160 起，对这些案例的关键要素，如时间、地点、群体、类型、传播途径与影响效果等进行逐一分析，以全面、系统、翔实的数据揭示我国网络舆论事件形成与发展的基本特征，力图对我国网络舆论管理，特别是网络舆论的引导方式提供有效参照。

一、重大网络舆论事件的时空特征

1. 重大网络舆论事件的时间分布

我国最早的网络舆论事件，虽有学者认为是 1998 年的印尼排华事件，但事实上，早在 1998 年 1 月发生克林顿拉链门事件之时，中国网络舆论已经十分活跃。因此，我们选取网络舆论事件以此为先，时间跨度正好从 1998 年初到 2009 年底。

对我国重大网络舆论事件发生的时间频率进行统计，结果如下图所示：

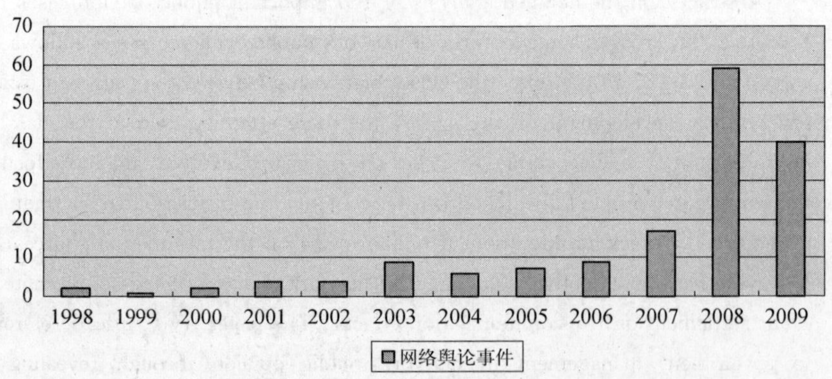

图 1　我国重大网络舆论事件的时间频率

由图可见，中国重大网络舆论事件，在时间上呈波浪状不断上扬的发展态势，2009年有所回落。其间，2003年、2007年、特别是2008年，上升态势明显。这正应证了通常所说的：2003年是网络舆论年，2007年是网络民意年，2008年是网络舆论监督年。这些具有标志性的年份，在网络舆论事件的数量上皆有明显表现，在160起重大网络舆论事件中，发生在2003年的有9起，2007年有17起，2008年有58起。

网络舆论事件逐渐趋多的原因，最为主要的有三：其一，网络技术本身的发展。2003年之前，互联网还处在web1.0阶段，web1.0是以网站提供信息为主，因此，以民意为主导的网络舆论事件在中国尚不常见。2003年以后，互联网进入以博客、RSS、P2P、社会网（SNS）、即时通信（IM）等为主导的web2.0阶段，用户成为网络信息的主要提供者，互动、共享的网络传播理念及其相关技术的使用，为网络舆论兴盛准备了技术条件。其二，网民数量的急剧增长。网络使用在中国各个领域快速普及，据中国互联网信息中心发布的报告，在1997年10月，我国网络用户为62万，到2009年12月，网民规模已达3.84亿，互联网普及率提升到28.9%。巨大的网络使用群体形成了强大的网络舆论主体。其三，中国社会民主化建设的加强。自2003年胡锦涛任中共中央总书记以来，中国进入“胡温新政”的新时期，政府致力推行信息公开与社会民主，特别重视网络言论，网络媒体的舆论监督作用得以充分展现。

网络舆论事件从形成、发展、高峰峭立，到有所回落，也显示出政府网络舆论管理水平的提升。

2. 重大网络舆论事件的空间分布

我们根据现实中的地域概念将网络空间进行划分，为了方便统计，我们选取方位角度、大小角度。从方位角度，我们通常以方位不同将地域分为东部、中部、西部三个部分。从大小角度，我们通常以人口数量、经济属性、消费水平等将地域分为大城市、中小城市以及农村偏僻地区。

对我国重大网络舆论事件发生的地域进行统计，结果如下：源自东部地区的重大网络舆论事件占50%、中部地区占20%、西部地区占14%，具体如下表所示：

表1　我国重大网络舆论事件发生地的方位划分

地　　域	案例数/件	所占比例/%
东部地区	81	50
中部地区	24	20
西部地区	32	14

源自大城市的重大网络舆论事件占50%、中小城市占20%、农村偏僻地区约占14%，具体如下表所示：

表2　我国重大网络舆论事件发生地的地区划分

地　　域	案例数/件	所占比例/%
大城市	82	50
中小城市	32	20
农村偏远地区	15	14

两组数据非常合乎逻辑地契合一致。由此可见，重大网络舆论事件更为频发的地域以东部地区与大城市为最，而且，城市越发达，受网络舆论关注的程度越高。以方位而言，频发顺序是：东部、中部、西部；以发达程度而言，频发顺序是：大城市、中小城市、农村偏远地区。在东部及大城市中，北京、广州、上海、深圳最为突出，其中北京占所属区域的27%，广州占7.5%，上海占6%，深圳占5%。显而易见的原因不外是，北京为全国政治文化中心，上海为经济贸易中心，广州、深圳为东部沿海最为发达的地区。在中部地区，网络舆论事件分布以湖北、河南、湖南、山西四省偏多，其中，湖北占29%，河南占24%，湖南占19%、山西占19%。并主要集中在武汉、湘潭两城市，所占比例均为8%。山西的网络舆论事件中，多数为矿难事件，占到其总数的75%。西部各地，以重庆、陕西、四川偏多，四川、重庆各占22%，陕西占19%，而且多集中在成都、重庆与西安三个城市，这也正好是西部较为发达的三个城市。

由于网络传播超越空间，一些网络舆论事件跨区域特征十分明显。这其中一部分是因为事件本身就是全国性事件，如SARS事件、房地产高房价事件、金融危机事件等；一部分事件是因为备受关注而扩散到其它区域，如印尼排华事件、铜须门事件、贾君鹏事件等。这种跨地域性的网络舆论事件占到整个160起网络舆论事件的3%。

对重大网络舆论事件的空间分析过程中，我们同时能感觉到事件发生地域的迁移。基本呈现出：初期阶段(1998－1999年)，网络舆论事件多源起于国外，如克林顿拉链门事件、印尼排华事件、中国大使馆被炸事件；2000年前后，网络舆论事件重心转移到国内中西部地区，如胡长清案、广西南丹矿难、繁峙矿难；2003年以后，东部发达地区成为关注的焦点，如孙志刚案、珠海买春事件、上海社保案等。

二、重大网络舆论事件所涉群体与类型

1. 重大网络舆论事件所涉群体

重大网络舆论事件所涉群体，参照《当代中国社会阶层研究报告》，“以职业分类为基础，以组织资源、经济资源、文化资源占有状况，作为划分社会阶层的标准”，最终划分出中国当代社会十大阶层，即国家与社会管理者阶层、经理人员阶层、私营企业主阶层、专业技术人员阶层、办事人员阶层、个体工商户阶层、商业服务业人员阶层、产业工人阶层、农业劳动者阶层、城乡无业失业半失业阶层。[1]我们对十大阶层在重大网络舆论事件中出现的频率进行统计，结果如下图所示：

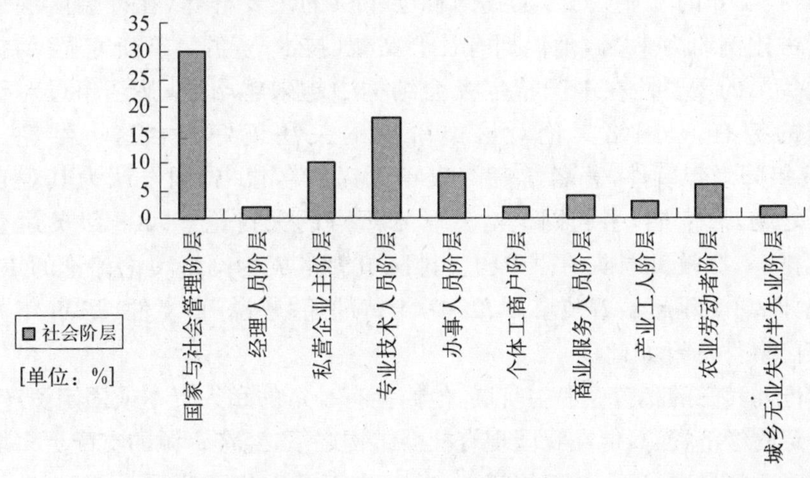

图2　我国重大网络舆论事件所涉社会阶层

由图可见，重大网络舆论事件所涉阶层，以国家与社会管理者阶层首当其冲，相关案例共48起，约占整体的30%。其次是专业技术人员阶层，案例共22起，占到整体的18%。位列其三的是私营企业主阶层，案例为16起，占整体的10%。其次是办事人员阶层，案例13起，占整体的8%；农业劳动者阶层，案例10起，占整体的6%，商业服务人员阶层与产业工人阶层各为6起、5起，各占整体的4%与3%。位列最后的是经理人员阶层、个体工商户阶层、城乡无业失业半失业阶层，各3起，仅占整体的2%。

国家与社会管理者阶层，是党政事业和社会团体机关单位中行使实际行政管理职权的领导干部，是整个社会阶层结构中的主导性阶层，他们在整个社会阶层结构中所占比例仅为2%，但却拥有并控制着整个社会最重要的组织资源，对社会发展具有决定性的影响作用。[2]因此，构成网络舆论事件的焦点，网民极度关注他们的道德品质、管理能力、工作作风等。如2007年的华南虎事件，不断作假的村民周正龙受到舆论指责，但更为强烈的网络舆论矛头是直指陕西省林业厅，网民关注的是政府诚信。2009年绿坝事件，网民质疑的是工信部的工作方式，工信部没有充分论证就仓促安装过滤软件，以至抵制之声四起。2009年，郑州副局长逯军质疑记者“替党说话还是替老百姓说话”，网络热议，人们关注的是干部的领导素质。

位列其二的专业技术人员阶层，他们是在各类机构中从事专业性工作、科技工作的专业人员，是我国社会中层的主要群体，在社会阶层结构中所占比例约为18%，他们拥有社会文化(技术)资源。有研究显示，拥有文化资源的重要性在中国特定社会结构中越来越凸显，甚至超过对经济资源的拥有。[3]网络舆论对该类阶层的关注正好契合这一结论。如2008年阎崇年事件，著名学者阎崇年无锡签名售书，网友认为其观点有汉奸之嫌，遭掌掴，引起网上对其学术观点的大讨论。2008年奥运会中美女排赛，执教美国队的原中国女排队员郎平成为网络舆论评论的焦点。其他如2001年赵薇着装事件、2007年黄健翔“解说门”事件、2009年方静间谍门事件等皆如此。

位列其三的私营企业主阶层，他们拥有一定的私人资本或固定资产，占有一定的经济资源，但在我国现有社会结构之下，经济资源的支配更多取决于政府政策导向，远不及组织资源，甚至也不及文化资源重要，因而其社会地位难以与其经济地位相匹配。这一阶层的在社会阶层结构中比例为

10%[4]，也较容易成为网络舆论关注的对象。如2008年张茵提案事件，女首富张茵的提案在网上引起轩然大波，网友指责张茵是在替富人说话、无视穷人利益。2008年万科董事长王石在汶川地震中的捐款言论，引来网上一片指责。2009年中国首富黄光裕事件，网络舆论焦点直指官商勾结、非法敛财。

总之，网络舆论对社会阶层的关注度，明显呈现出如下特点：对社会资源占有越多，被关注度越高；对社会资源拥有越少，被关注度越低。

2. 重大网络舆论事件所涉类型

网络舆论事件的类型是针对网络舆论事件的议题与性质。网络舆论事件所涉内容很广，我们对160起网络舆论案例进行分类，凡同类案例有5个以上的，即归为一类，结果共归纳出12个类别，对其频次进行统计，结果如下：

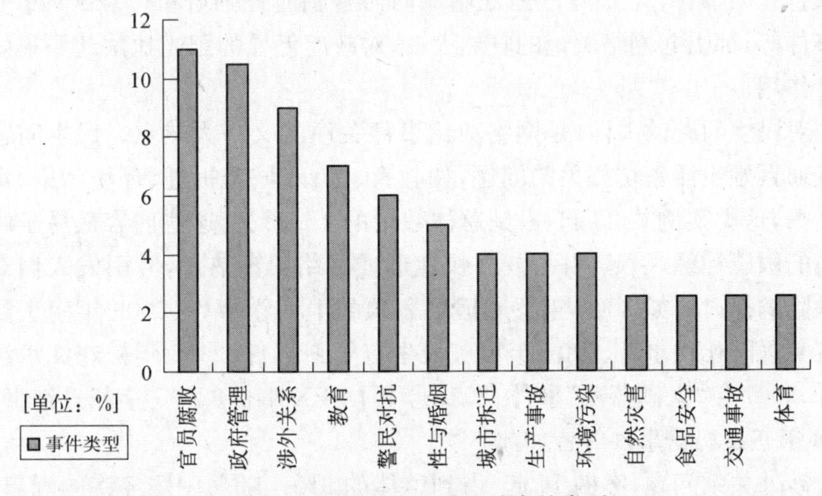

图3　我国网络舆论关注的事件类型

网络舆论事件关注的类型较为广泛，但主要集中在政治与民生方面。政治方面，官员腐败与政府管理密切相关，共占整个案例的21.5%，显示出网民对政治生活的关注。网民一方面积极关注政府的管理绩效，一方面积极监督管理中的腐败问题。前者如，2008年胡锦涛强国论坛对话网民、网民对科技部网站留言的热议、网民对中国政府大部制改革的关注，2009年薄熙来重庆打击黑社会保护伞等，都受到网民的热烈追捧。后者如，

2007 年上海社保案、2009 年躲猫猫事件、湖北邓玉娇案等，极大发挥了网络舆论的监督作用。2009 年腾讯网对目前举报方式的调查显示，网络曝光占 35.8%，居目前举报形式之首，其他依次为传统媒体曝光(31.3%)、向纪委举报(17.2%)、向检察院举报(11.4%)、向上级政府机关举报(3.3%)、向公安部门举报(0.5%)。[5]网民对政府与官员的关注，同时显示了国家政治民主的进步。2008 年 5 月 1 日，国务院签发《中华人民共和国政府信息公开条例》，鼓励政府与官员信息公开。2009 年，从中央部委到地方政府，建立网络快速应急机制，及时回应网民。[6]

警民对抗问题，因案例较多，占到总数的 6%，所以单列一类，事实上这类案例反映的也是网民对政府行政执法的监督。随着社会民主法治的加强，人们对公平正义的要求越来越高。政法机关的执法行为，特别是执法中的不公不廉问题成为网络舆论监督的焦点。如 2008 年上海袭警案、哈尔滨警察打死人事件，2009 年的浙江南浔两协警临时性强奸事件、2009 年七十码事件等，都引起网络舆论的轩然大波，对政府倡导的阳光执法起到很好的助推作用。

对民生问题的关注，是网络舆论事件关注的又一大热点。民生问题是与普通百姓生活密切相关的问题，如教育、医疗、城市拆迁、环境污染、食品安全等，这类案例共 28 起，占到总体数量的 17.5%。这些内容最易于触发网民的敏感神经，引起网民共鸣，快速形成网络舆论热潮，并引发人们对体制缺陷的探讨。如 2009 年罗彩霞冒名顶替上大学事件、2009 年南京婴儿徐宝宝医院死亡事件、2007 年重庆最牛钉子户事件、2005 年松花江水污染事件、2007 年“太湖蓝藻”事件、2007 年厦门 PX 事件、2005 年苏丹红事件、2008 年三鹿奶粉事件等皆如此。

涉外关系问题，案例 14 起，占到整体的 9%。随着中国经济的崛起，国际交往越来越频繁，由此引发的网络舆论事件也渐趋增多。这类案例主要表现为爱国热情与民族情节的纠集，如 1999 年中国驻南斯拉夫大使馆被炸、2001 年赵薇军旗装事件、2003 年日本人珠海嫖妓事件、2004 年民间反日入常事件、2008 年抵制家乐福事件、2008 年莎朗斯通“辱华”事件等。这种情绪引导得当便是一种强大的爱国力量，如 2008 年西藏 3.14 事件，2008 年奥运火炬巴黎遭袭事件，网民对国外媒体歪曲与不实报道进行了有力的反驳与谴责，为国家赢得了尊严。

性与婚姻问题也是网络舆论关注的焦点，这类案例共8起，占到整体的5%。现实社会的道德滑坡使网民特别关注体现人类基本道德的性与婚姻问题。这类问题总是与名人隐私、高官情妇、插足小三、家庭责任等联系在一起。如2006年铜须门事件的主人翁铜须，因被网友爆料与一有夫之妇发生婚外情，惨遭网络人肉搜索；2009年艾滋女事件，一名自称艾滋女的博主在博客上公布了279名与自己发生性关系的男性手机号码，导致公安部门介入。其他诸如"一夫二妻"区委书记事件、姜岩死亡博客事件、艳照门事件等皆如此。

总之，对政治与民生问题的关注，是重大网络舆论事件关注的焦点。

三、网络舆论事件的信源与传播途径

目前，大众传播的媒体主要有三：传统媒体（包括广播、电视、报纸、杂志等）、网络媒体和手机媒体。我们对160起案例的信源与传播途径进行考察，以探寻网络舆论事件在各媒体间形成、扩散与传播的基本规律。

1. 网络舆论事件的信源

考察网络舆论事件的信息来源，我们通过多种渠道进行追溯：追溯谷歌、百度、搜狗、有道等搜索引擎；追溯门户网站以及社区论坛自带的检索系统；也通过电子期刊库进行文献追溯。通过对160个网络舆论案例的信息源的考察，我们发现：48%的网络舆论事件由传统媒体率先报道，33%源自网络媒体，4%源自手机媒体，15%各类媒体同时报道，难以分辨先后。具体如下表：

表3　我国重大网络舆论事件的信源分布

媒体源头	传统媒体	网络媒体	手机媒体	多种媒体
最先报道数/件	77	53	6	24
所占比例/%	48	33	4	15

结果显示，重大网络舆论事件的信息源，可查证的大多来自传统媒体，这与我们通常所感觉的网络媒体已经成为最为重要的信息源有所出入，但却十分吻合我们对门户网站信息源的分析，在门户网站提供的海量信息中，

除体育与娱乐信息原创率居高外，其他新闻信息多转自传统媒体或新闻网站(新闻网站的信息多源自其母媒体)。究其原因：其一，与我国媒体管理政策密切相关。根据政府2000、2005年出台的《互联网站从事登载新闻业务管理暂行规定》、《互联网新闻信息管理规定》，只有传统媒体创办的网站，经过申请、审批才有新闻首发权，其他网站皆不具备采访与首发新闻的权力，其新闻只能转载传统媒体或新闻网站。然而，低成本的转载与复制，快速形成新闻聚合的强势，使网络媒体找到了另外的出路。其二，传统媒体的组织结构与品牌优势，使他们在信源获取上仍具优势。传统媒体具有分布合理的信息网络，具有训练有素的专业采编队伍，在网络时代，也在不断地通过各种途径提升自身的竞争力。而网络媒体，绝大多数尚不具备这样的组织构架，分散的信息渠道，良莠不齐的信息内容，系统开发、甄别信源上仍需努力。

然而，对性质敏感、发生地偏远的事件，网络媒体的挖掘功能却有独到之处。如2002年SARS事件，在管理部门未作指示之前，传统媒体难以报道，但网络论坛上四处传播。2008年温州出国考察门事件，一张遗失的公务员出国考察账单，在事情没有核实之前，传统媒体难以报道，但网络论坛四处张贴。2008年山西矿难，几十条人命，当地政府封闭消息，传统媒体难以报道，记者孙春龙却将事件发表在自己的博客上。诸如此类，举不胜举。

网络信息发布平台众多，最为主要的集中在网络论坛、QQ群、贴吧、博客、邮件列表上。我们对源自网络的重大网络舆论事件进行考察，结果发现：源自网络论坛的居首，其次是博客，之后是贴吧、邮件列表、QQ。具体如下表所示：

表4　我国重大网络舆论事件的网络源头分布

网络源头	案例数/件	百分比/%
论坛	29	18
博客	9	5.5
贴吧	2	1
邮件列表	2	1
QQ	1	0.5

网络媒体发掘信源的能力将会越来越强势，其无以数记的信息源头，其四通八达的信息渠道，特别是随着3G普及，移动网络的广泛使用，网络媒体的优势会更加明显。

2. 网络舆论事件的传播途径

对160起重大网络舆论事件的媒体传播途径进行考察，我们发现其传播途径基本如下：一是从手机媒体到网络媒体或传统媒体，占4%；二是从网络媒体到传统媒体或手机媒体，占28%；三是从网络媒体到网络媒体，占5%；四是从传统媒体到网络媒体或手机媒体，占48%；五是各媒体同时关注，占15%。事实上，网络舆论事件的形成，大多是多种媒体互为传播的结果。

对网络舆论事件的传播途径进行整体考察，发现其扩散过程基本呈现出葫芦状模型。最初，某媒体发掘信源；然后，各媒体分头传播；之后，多媒体共鸣；最后，舆论事件形成，并向社会各方扩散影响。图示如下：

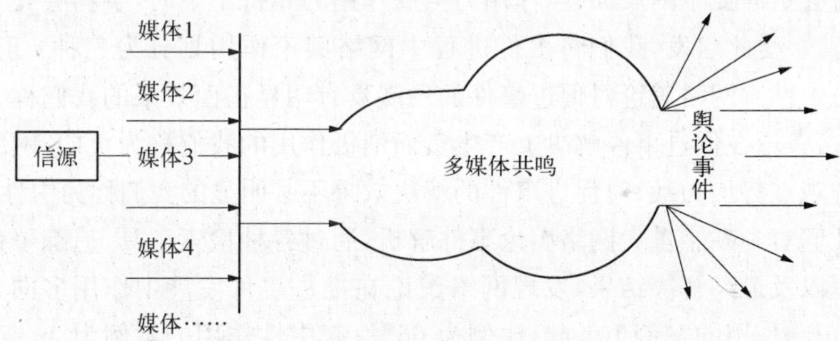

图4　网络舆论事件扩散过程模型

网络舆论形成的途径较为多元。在事件发展中，网络媒体的推波助澜作用尤为突出。网络媒体彻底消解了传统媒体的话语霸权，广大网民都可以发出自己的声音，探讨问题、形成观点、引导舆论。在网络舆论事件中，意见领袖的作用值得关注，因为起关键作用的观点往往总是来自非常有限的几个活跃分子。

值得一提的是，5%的重大网络舆论事件，在网络上沸沸扬扬，持续升温，传统媒体却处之漠然，如赵薇着装事件、一个馒头引发的血案、铜须门事件、贾君鹏事件等。这典型地反映出不同媒体间截然不同的价值取向，这种取向会随着媒体的多元发展更趋明显。

四、网络舆论事件的影响与效果

网络舆论不同于司法审判，它主要是通过“舆论场”形成强大的舆论压力对事件各方施加影响，从而左右事件进程。该部分探讨网络舆论事件的影响与效果，主要是从两个方面展开：一是探讨网络舆论对事件解决的多向作用；二是比较网络舆论事件中各媒体影响力。

1. 网络舆论对事件解决的多向作用

网络舆论对事件解决的多向作用，是指网络舆论在促进原始事件解决过程中的正面或负面影响。传播学先驱勒温在研究群体社会行为时建立了一个力场分析图，图中，他将促进事物变革的力量分为作用力与反作用力，当作用力大于反作用力时，事物将会发生变革；当作用力小于反作用力时，事物将会走向变革的反面；当作用力与反作用力相持不下时，事物会处于均衡状态。[7]受此启发，我们将事件进程中网络舆论作用划分为三种：正向、负向与中性。网络舆论对促进事件的发展具有明显正面效果的我们称为正向；网络舆论在促进事件解决上产生负面消极作用的我们称为负向；网络舆论多方观点势均力敌，对促进事件的解决效果不甚明显的我们称为中性。

我们对160个重大网络舆论事件解析，通过各种检索工具，追踪事件发展过程以及最终解决结果，发现网络舆论在推进事件发展中作用多向。其中，起正向作用的案例106起，比例为66%；起中性作用的案例为39起，比例为24%；起负向作用的案例有15起，比例为10%。

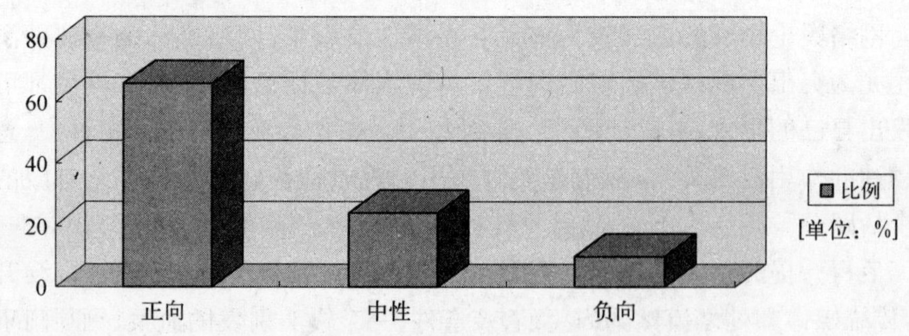

图5　我国网络舆论对事件发展的影响

数据显示，起正向作用的网络舆论占绝大多数，其正面的积极的意义十分明显。如2003年孙志刚事件，从传统媒体引发到网络媒体，形成强大的舆论压力，温家宝总理亲自召开国务院常务会议，最终废止1982年5月国务院发布的《城市流浪人员乞讨收容遣送办法》。2008年山西襄汾溃坝事件，事故发生后网络舆论反响强烈，很快掀起问责风暴，涉及各级官员100多名，省长孟学农引咎辞职，副省长张建民免职。其他，2007年厦门PX事件、2009年番禺垃圾焚烧事件等，都因网络舆论强烈抵制，最终导致地方政府修改决议。

起中性作用的网络舆论，对促进事件解决的作用不甚明显，但却起到了很好的广开言路的作用，虽然这些言论不免良莠不齐。如2008年农民工胡小燕当选人大代表，网上舆论纷纷，有的嘲笑现行人大代表选举制度，有的积极肯定社会民主的进步，莫衷一是。2009年全国最年轻市长事件，全国最年轻市长周森峰被媒体报道后，引起网民强烈兴趣，有的赞扬中国干部年轻化制度，有的对其背景、学历、提拔方式进行质疑，舆论纷争。2008年杨师群教授反革命风波，有的批评学生的告密行为，有的质疑杨教授的授课行为，相持难下。在诸如此类的网络舆论事件中，虽然没有传统媒体的强势导向，然而在网民的多元观点呈现中，人们开阔了思路，政府了解了民意。

起负面作用的网络舆论所占比例较小。网络舆论的情绪化、鼓动性、不负责任等特点，也易于引起网络暴力、网络侵权等问题。如2006年铜须门事件、2007年姜岩事件，当事人在网上受到网络舆论的强烈抨击，生活隐私遭到网民的人肉搜索，生活安宁受到极大干扰。也有网民不辩是非，如2008年上海杨佳袭警案，杨佳为泄小愤，刺杀6名警察，却有网民对其行为大加赞赏，称其为“沪上刀客”。对这类案例的引导如果不能及时引起重视，就会造成负面的消极影响。

2. 网络舆论事件中媒体影响力比较

比较网络舆论事件中各媒介的影响力，我们将事件进程与主要媒体报道联系在一起，对不同媒体报道对事件发展的影响作用进行考察，结果发现，网络媒体主导事件发展的案例有80起，占50%，传统媒体起主导作用的14起，占9%，多种媒体共同作用的66起，占41%，手机媒体的主导作用尚不明显。

表 5　网络舆论事件中媒体影响力

媒　体	网络媒体	传统媒体	手机媒体	多种媒体
案例数/件	80	14	0	66
所占比例/%	50	9	0	41

数据显示，不同媒体对舆论事件进程的影响力，网络媒体首屈一指。虽然网络媒体在信源挖掘上尚不及传统媒体，但网络媒体最具人气、最具开放性的特点使其影响力远在传统媒体之上。许多传统媒体无法解决的问题，网络媒体皆因网民的自觉参与，挖掘真相，伸张正义，最终形成势不可挡的网络舆论气势，管理者不得不重新审视问题。如 2009 年杭州的七十码事件、2009 年云南的躲猫猫事件、2009 年河南跨省追捕王帅案等，皆因执法者没有秉公执法，网民穷追不舍，最后施暴者受到严惩，受害者获得赔偿。

网络时代传统媒体受到的冲击已经迫使传统媒体不得不重新寻找出路。虽然目前在信源获取上仍有政策保护，但对重大舆论事件的影响力，已经无法与网络媒体相比。然而，在我国特定的媒体框架下，传统媒体的功能仍然不容忽视。如 2004 年的湖南嘉禾拆迁事件、2004 年深圳妞妞事件、2006 年的富士康事件等，皆因传统媒体，特别是中央级媒体的介入，事件最后都得以圆满解决。到目前为止，传统媒体的权威性仍然难以被超越。

手机媒体，其媒体功能开发较晚，在舆论事件中的影响力难以考察，但其独特的便捷性、移动性，皆是其他媒体无法比拟的。如 2007 年厦门 PX 事件，在网络媒体传播受阻后，手机媒体仍在推动事件发展。2008 年汶川地震，当传统媒体与网络媒体陷入瘫痪时，手机媒体仍在向外界传递信息。手机媒体巨大的潜力将会越来越凸显。

在全信息时代，多种媒体共同关注重大事件，共同影响事件发展，这将成为媒介发展的必然趋势。媒介融合现象已经成为学界、业界关注的热点。媒体实践早已起步，如美国 9.11 事件、中美撞机事件、中国奥运会开幕式、金融危机等，理论研究正在紧跟其后。

五、结论与启示

对网络盛行后11年间160起重大网络舆论事件进行分析，结论与启示如下：

第一，网络舆论事件上升趋势明显，特别是2008年以后，网络舆论监督成为一种社会常态。因此，政府对网络舆论的管理任重道远。

第二，网络舆论事件频发点：地域上，多集中在东部发达地区；群体上，多集中在政治、文化、经济资源占有更多的群体。政府在进行网络管理的同时，也应该对这些地域的社会秩序、群体道德进行监管。

第三，网络舆论事件最关注的问题，是政府官员的执政与民生问题。这些问题关涉到普通百姓最敏感的神经，稍有不公，易于群情激愤，形成网络暴力。因此，政府行政执法的公正性，网民道德水平的提升，都应受到高度重视。

第四，网络媒体的影响力已经越来越大，不仅在网络舆论事件发展中起到重要的主导作用，在推进事件圆满解决方面正向作用也十分突出，因此，如何有效利用网络媒体，是我们还得继续研究的课题。

（该论文为国家社科基金重大项目“互联网管理与中国特色网络文化建设研究”（07&ZD040）研究成果）

（作者钟瑛为华中科技大学新闻与信息传播学院副院长、教授、博士生导师，余秀才为华中科技大学新闻与信息传播学院博士生）

参考文献

[1] 中国社会科学院社会学研究所．当代中国社会阶层研究报告》简略版本[EB-OL]．网易博客，2008-06-18，http://gongzi5386.blog.163.com/blog/static/275603052008518882821573.

[2] 同上。

[3] 同上。

[4] 同上。

[5] 祝华新、单学刚、胡江春．2009年中国互联网舆情分析报告[EB-OL]．人民网舆情

频道，2009－12－22，http://yq.people.com.cn/htmlArt/Art392.htm.

[6] 同上。

[7] 勒温.力场分析法.MBA智库百科。

[EB－OL].http://wiki.mbalib.com/wiki/%E5%8D%A2%E5%9B%A0%E7%9A%84%E5%8A%9B%E5%9C%BA%E5%88%86%E6%9E%90%E6%B3%95.

网络监督与政府应对

裘一娜

摘要：随着互联网的繁荣和公民民主意识的兴起，网络监督逐渐成为公民表达的重要渠道，给政府日常公共管理和决策等带来巨大挑战。本文通过分析现阶段政府应对网络监督的特点以及网络监督对政府的挑战，为政府应对网络监督提出若干建议和对策，希望能对政府在新媒体环境下应对网络舆情、提高执政能力有所帮助。

关键词：网络监督；政府应对；网络舆情

Supervision of Network and Countermeasures of Government

Qiu Yina

Abstract: With the rapid expansion of the Internet and the rise of people's public opinion, the supervision of network is becoming an important way of expressing their views. At the same time, the supervision of network brings huge challenges to daily public management and decision-making of government. The essay analysis features of government dealing with the supervision of network and challenges which the supervision of network brings, then gives some suggestions to government, hoping to help government to deal with the internet public opinion, and improve the governance capability.

Key words: Supervision of Network, Countermeasures of Government, Internet Public Opinion

近些年来，网络监督事件频频曝光，并且矛头直指政府，给政府执政能力和方式提出了很大的挑战。在 2003 年之前，由于网络功能的局限性、公民监督意识的缺乏等因素，网络监督还相对较少。2003 年的“非典”事件使网络的力量初见端倪，随后发生的孙志刚事件促使实施了 21 年的城市流浪人员乞讨收容制度废除，更加使得网民意识到网络的强大力量，网络监督日渐升温。从 2003 年的每年若干起，到 2007 年的几乎每月一起，进入 2009 年，更是每月都有数起重大网络事件发生。人民网舆情监测室对 2009 年 77 件影响力较大的社会热点事件的分析表明，由网络爆料而引发公众关注的有 23 件，约占全部事件的 30%。也就是说，约三成的社会舆论因互联网而兴起。[1]

今天，网友言论之活跃已达到前所未有的程度，不论是国内重大事件，还是国际重大事件，都能马上形成网上舆论，进而产生巨大的舆论压力，起到以往传统媒体监督所不能达到的效果，使得政府不得不加以重视，给政府日常公共管理和决策等带来了巨大挑战。本文通过分析现阶段政府应对网络监督的特点以及网络监督给政府带来的挑战，为政府应对网络监督提出若干建议和对策，希望能对政府在新媒体环境下应对网络舆情、提高执政能力有所帮助。

一、政府应对网络监督现状及其规律分析

随着网络监督事件的逐年增多，政府应对的手段和方式也开始慢慢成熟，但仍存在不少的问题。为此，我们选取了 2007 年到 2010 年四年间约 50 个典型案例，通过对事件首次曝光时间、政府干预时间以及方式、事件最终处理结果、舆论在网上持续时间[2]的考察，可以发现，现阶段我国政府应对网络监督主要有以下四种模式：

（一）现阶段政府应对网络监督的模式

1. 模式一：正面回应，促使网络监督事件有效解决

网络监督事件一旦发生，尤其是剑指公权的网络事件，政府迅速出面积极回应，才是消解舆论、平息事件影响的最重要法宝。因此，只要政府在回应时做到了积极、主动、及时、讲真话，事件一般都会在短时间内解决。

例如 2009 年 10 月 6 日发生的新疆建设兵团团长夫人打人事件。从 10 月 8 日，一个题为《打向莫高窟讲解员的两记耳光——史上“最牛”的团长夫人莫高窟前丑陋一幕现形记》的帖子在网上曝光开始，该事件就在网上引起轩然大波，网友开始围绕政府公职人员仗势欺人、欺压百姓等议题展开讨

论。从图 1 我们就可以看出，在帖子出现的第二天，天涯论坛上关于此事件的讨论就达到了第一个高峰。紧接着，10 月 10 日，新疆建设兵团新闻办公室就通过天涯论坛向网友回应：一定会彻查此事件，给网友一个满意的结果。政府积极处理事件的态度在一定程度上给予网友以安慰，从帖子的数量就可以看出，政府的这一做法是十分积极有效的，天涯论坛上 10 日关于此事件的讨论基本中止。12 日，新疆建设兵团通过天涯论坛宣布免去当事人农十二师 221 团党委常委、副团长等的职务。之后，网上关于这一事件的帖子数量基本呈现持续下降走势，最终，从事件在网上曝光到在网上完全消弭只持续了 16 天。（图 1）

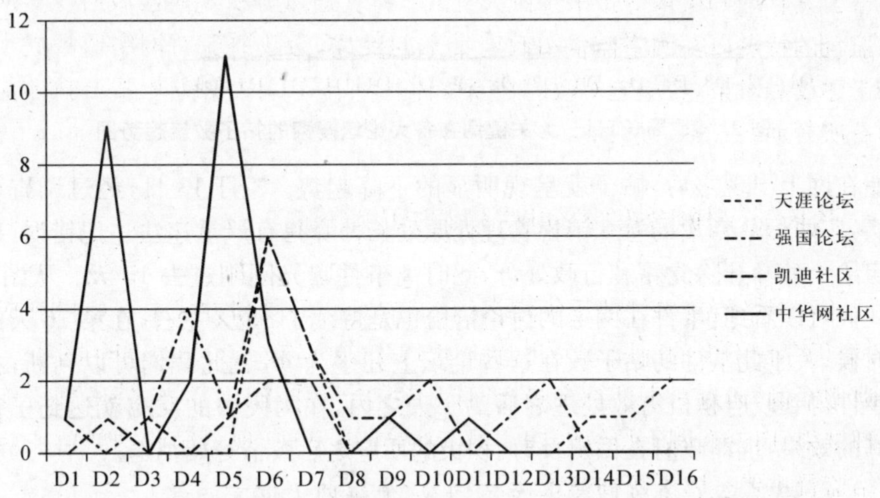

图 1　以“最牛团长夫人”为关键词在各大论坛搜索的帖子数量趋势图

又如“广西烟草局局长香艳日记事件”，其讨论主要集中在人民网强国论坛。2010 年 2 月 26 日，在天涯的娱乐八卦版上出现关于此事件的第一张帖子，名为《广西的这个局长有意思，日记啥都写，这下杯具了！》，之后我们以“局长日记”为关键词，在天涯杂谈、强国论坛、中华网论坛统计的帖子数量走势如图 2 所示。

2 月 28 日，广西烟草专卖局在网上浏览到日记内容之后，就立即召开会议，并且在当天就对事件的主角即广西烟草局局长进行停职检查；很快，3 月 2 日，该案就移交到了南宁市检察院正式进行司法立案调查，政府的处理时间可谓及时，方式可谓有效。因此，我们从图 2 可以看到，事件从一开

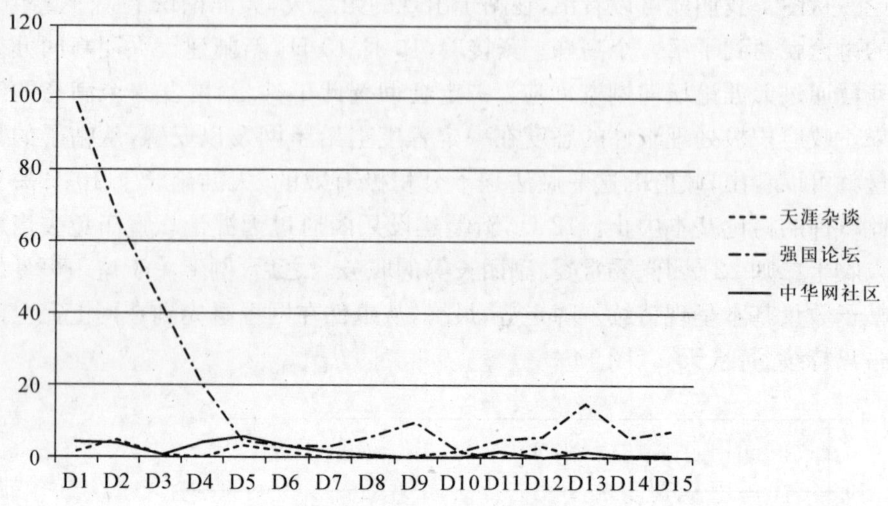

图 2　以“局长日记”为关键词在各大论坛搜索的帖子数量趋势图

始在网上出现之后，帖子就呈现明显的下降趋势。3 月 13 日，经过调查核实，广西烟草专卖局卷烟销售管理处原处长韩峰犯有严重违法违纪错误，决定给予韩峰开除党籍和行政处分，此时离事件曝光刚刚过去 15 天。从图 2 我们可以看到，事件在网上的讨论恰恰也是持续了 15 天左右，在第 16 天的时候，关于此事件的帖子数在这些论坛上几乎为零，就此我们可以判断，在事件得到政府积极有效处理之后的 1 天之内，在网民中的反应就达到了很好的效果，也即政府在做出及时、积极的回应之后舆情开始消退。

2. 模式二：消极回应甚至不回应，使得网上谣言四起

有时候，政府并没有预见到即将发生的危机，对危机往往采取消极应对甚至不应对的态度，这样不仅会使群众对事件产生诸多揣测，甚至政府的不作为会使得本来很容易解决的事件变得复杂、变成危机。

发生在河南杞县的“钴 60 引发群众恐慌外逃”事件中，直接原因就是政府面对群众质疑时不作为，没有及时向群众告知真相。2009 年 6 月 7 日凌晨，河南省杞县利民辐照厂在正常的生产运行中发生了卡源故障，导致辐照室内的物品于一周后升温自燃。不过，经过消防部门和环保部门的及时控制，事故没有引起大的损失，周边环境也没有受到辐射的污染。但是，在整个过程中，官方都没有及时公开任何相关的信息，公众只知道工厂发生了卡源故障，却并不知道故障已经解决，事件不会对民众生活造成任何影响。逐

渐地，“卡源故障造成爆炸”、“辐射污染已经开始扩散”等谣言迅速在当地群众中间传开。于是，从7月17日起，杞县部分群众开始举家外迁以躲避辐射，这一事件的谣言引起的恐慌严重地扰乱了当地治安和正常的生活秩序。由于错过了公开信息的最佳时机，在7月17日下午杞县政府通过手机短信的形式向群众通报事实情况的时候，群众还是不相信政府，直到当天晚上开封市公安机关查清谣言源头以及传播途径，并且抓获了5名造谣者之后，杞县出逃的群众才开始陆陆续续地返回家里。

在这种情况下，政府如果没有在第一时间发布权威信息，错过了平息舆论的最佳时机，事件就会向更加复杂的方向转变，最终变得难以收场。

3. 模式三：组织删帖，从源头上阻止消息扩散

我们知道，网络监督最大的特点就是消息扩散异常之快，那是因为在网络上网民可以随时发帖、跟帖、转帖，但是如果原始帖被删掉了，那么也就相当于堵住了消息的源头，无疑是防止舆论扩散和升级的一种方式。

为了适应这一变革，2005年，网络上更是应运而生了“专业删帖”的网络公关这一职业，在百度上输入“删帖”一词，竟然出现了两千多万条相关信息。专业的“删帖公司”，明码标价的“删帖价格”，使得删帖俨然转变成一种新兴产业。删帖的价格从几百元到万元不等，《南方都市报》就曾报道网络公关公司删帖的种种做法，称“抹新浪搜狐负面报道，单笔万元；删百度谷歌网页快照，每页2000元；人民网、新华网、央视网，5000元；省级和专业网站3000元，地区网站1000元”。[3]

需要删帖的主要有两类客户，一类是企业，另外一类就是政府。企业为了维护自身的形象，往往会阻止关于企业的负面消息出现在网上，2008年一直在网上流传的“三鹿百万公关费”，就传言三鹿为了三聚氰胺的消息不在网上流传而付给百度百万元的删帖费。

各级政府一般都有自己的网络监管部门，他们一旦发现一些暴力、涉黄、反社会等的帖子都会即刻删除，但是由于网络监督的势头越来越强劲，导致越来越多监督政府的帖子大量出现在网上，而且，地方论坛由于更贴近本地现实，事实上已经成为当地民意的最大集散地。于是，一些应对网络舆情能力欠成熟的地方政府的网络监管部门对于这种帖子也是能删就删，阻止关于当地政府的负面信息流出地方。如果由于技术等原因不能删除的帖子，还会雇佣专业的删帖公司进行删帖。

但是这种方法毕竟不是长久之计，地方政府提高应对网络舆情的能力才是根本解决途径。

4. 模式四：暴力追查当事人，试图控制舆论

没有来得及堵住消息的源头，也没有及时在事件刚开始扩散时正确引导舆论方向，政府在面对已经扩大的事态之时，一定要有一个正确面对和处理的态度，尤忌利用职权去追查当事人，这样做的结果只能是树立一个政府不虚心接受公民监督的负面典型。

在河南灵宝追捕王帅案中，政府非但没有对网民提出的意见虚心接受甚至是一个简单的表态，而且还大张旗鼓千里迢迢地对其进行跨省追捕。2009 年 4 月 7 日，王帅分别在天涯社区的“天涯杂谈”版块和“关天茶舍”版块发表了题为《实名发帖！河南“灵宝帖案”主犯王二宝牢狱手记》和题为《致河南省委书记的一封信(一篇帖子，狱中八日)》的帖子，第一篇是以自嘲的语气讲述自己被抓捕经历，第二篇是给河南省委书记徐光春的公开信，这两篇帖子都受到了网友的关注。紧接着，《中国青年报》等主流媒体也跟进对此事件进行相关报道，此事在网络上引起轩然大波，公民单纯只是在行使对政府监督的权利，就给自己带来了牢狱之灾，“今后谁还敢监督政府”？网民纷纷提出自己的担忧，对此事件的热议以及对灵宝市政府的骂声很快充斥网络，促使灵宝市政府饱食了不倾听民意的恶果，意识到了网络民意的强大力量。不到 3 天时间，灵宝党政公众网上就出现了对于此事件的回应，向公众表示此事件正在进一步的调查中，紧接着，不到一个礼拜的时间内，河南省副省长以及公安厅厅长就亲自出面为此事件向公众道歉，这一声道歉终于使得网民态度开始平息。

由此我们可以看到，政府在应对公民网络监督时应该充分倾听民意，了解老百姓的真实意图，而不是滥用公权抓人了事。

（二）政府应对网络监督的速度

通过对近几年发生的几个具有代表性的网络监督事件进行分析后，我们发现，政府尽早干预网络监督事件，有助于网络舆情的消退。2006 年1 月国务院颁布的《国家突发公共事件总体应急预案》也指出，“突发公共事件的信息发布应当及时、准确、客观、全面”。[4]可见，政府对于突发公共事件的应对，首先最重要的就是及时。

上海的“钓鱼执法”事件是在2009年9月10日，即事件发生两天之后被网友曝光的，但是政府却是在事件发生七天之后才第一次出面回应，回应的内容也仅仅是要求对这一事件进行彻查，并没有给出实质性的解决方案。在这长达一个星期的过程中，网民得不到任何来自官方的有效信息，无妄的猜测更加深了此事件在网民中的影响力，尤其是在事件被曝光的第二天，舆论领袖韩寒以《这一定是造谣》为题于自己的新浪博客以及博客中国转载了原始帖子之后，引发了更为广泛的关注，单是新浪博客该帖子浏览量就达到了70多万次，跟帖数超过5千条，可以说在韩寒转帖之后，舆论达到了一个最大的高潮，从图3我们也可以看出，韩寒转帖的第二天，在人民网的强国论坛上舆论热度就达到了第一个高峰。

但是，在网络舆情最大化的时候，政府却丝毫没有采取任何积极有效的措施，而是持观望的态度，以致贻误了控制网络舆情的最佳时机。网络舆论沉寂了几天之后，在事件曝光的第9天又达到了一个更高的高峰。之后约一个月时间内，浦东区政府多次干预此事件，但是结果都以执法并无不当而公之于众。直到事件曝光接近一个月之后，浦东区政府才公开出面向公众道歉，承认执法过程中有不正当之处，并且取消对发帖人的处罚，事件至此，网络上关于此事件的讨论才开始消退。我们可以看出，由于政府的不当处理，导致事件持续的时间远远多于同类事件。

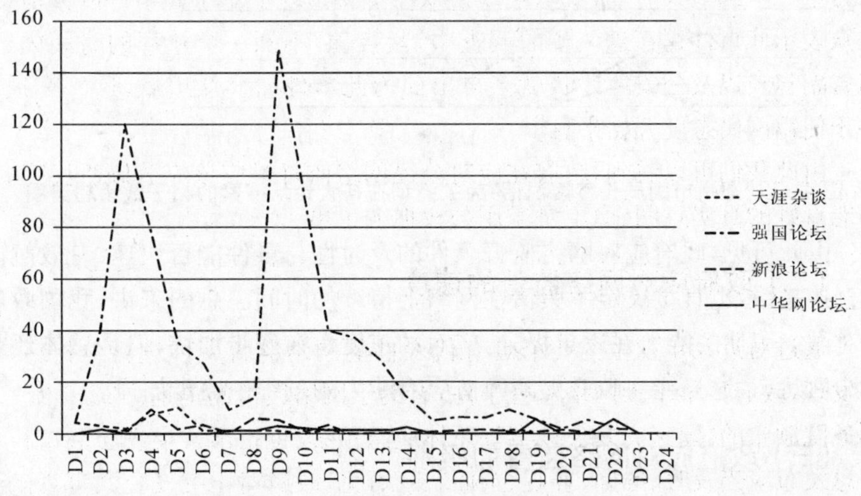

图3　以“钓鱼执法”为关键词在各大论坛搜索的帖子数量趋势图

相反，在“郑州市副局长替谁说话”事件中，政府应对是相当及时的。此事件源自于郑州市副局长逯军的一句“你是准备替党说话还是准备替老百姓说话”，此语自 2009 年 6 月 17 日在网上曝光，就引来无数讨论，尤其是在事件发生的第一天，在天涯论坛上的讨论即刻就达到了高峰。

接着，6 月 18 日，郑州市委、市政府就成立了以郑州市监察局牵头、组织、宣传、房管、国土资源、规划等相关部门组成的联合调查小组；6 月 23 日，郑州市规划局副局长逯军就被停职调查，此时离事件发生和曝光仅仅一个星期。

从图 4 我们也可以看出，政府在对逯军做出处分的 1 天之后，网络上各大论坛关于这一言论的讨论就开始销声匿迹，政府对此事件的正确、及时处理，给了网友一个满意的答复，舆论也就由此开始消退。

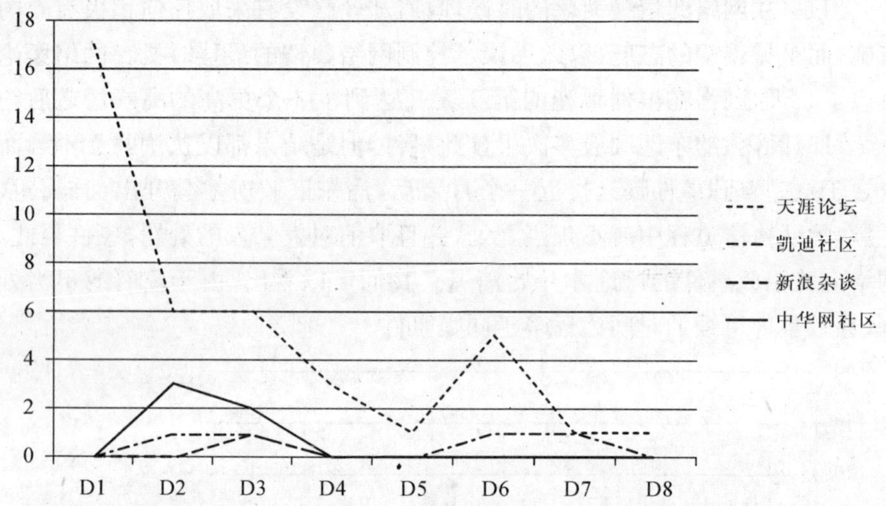

图 4　以“郑州市副局长替谁说话”为关键词在各大论坛搜索的帖子数量趋势图

由此可见，政府应对网络监督事件的及时性与事件能否快速、有效解决有直接关系，也直接决定了舆情在网络上持续的时间。总的来讲，我国政府应对网络舆情的能力在逐年提升，应对的速度也在逐步加快，但是总体还是呈滞后状态，这只能在政府提高舆情应对能力的过程中逐步加强。

（三）政府应对网络监督的级别

从对大量网络监督事件的比较过程中，我们发现，越是高级别的政府干预,越能有助于网络舆情的控制以及事件根本性的解决。

从上海“钓鱼执法”的政府干预过程中我们可以看出,除了在事件曝光之后,上海市政府表态要求严肃调查此事之外,事件最初的调查、结果公布、新闻通气会等程序,都是只有浦东区政府单独出面,这也是调查结果一再更改、难以得到公众信服的主要原因,进而导致事件在整个处理的过程中多次受到公众质疑,反而削弱了政府处置的有效性,延长了舆情持续的时间。

灵宝王帅案的调查处理最初也是由灵宝市政府出面,但是促成事件最终圆满解决的也是省一级政府的公开道歉,才使得舆论慢慢减退。同样的,上海闵行区倒楼事故舆论迅速消退的原因也得益于上海市政府召开新闻发布会公布事故调查的最终结果以及处理报告。

由此可见,较高级别政府的干预,更有利于网络监督事件的解决,但是,究竟是什么原因呢?根据常理推断,网络监督针对的是哪一地哪一级政府,由该政府出面化解应达到最佳效果,但是我们的结论却悖于常理,根本原因还是在于一些地方政府应对网络舆情的能力欠缺,惯于逃避责任。当面对地方性的网络监督,一些地方政府为规避风险,避免事态严重性扩大,往往选择将事实真相掩盖或歪曲,并没有一个正确端正的处理态度,但是网民的人数众多且力量强大,等到真相被揭穿的那一刻,地方政府的这种应对方式就会适得其反。这时就只有更高一级、更权威的政府出面,才能促进事件的根本解决。

尽管如此,高级别的政府出面不但要花费大量的时间、精力、金钱,更重要的是,高级别的政府对地方性小事件的频繁出面会导致政府的威信丧失,并且导致民众产生这样一种惯性思维:声势闹得越大,干预政府的级别越高,事件就越容易解决。这不仅不利于我国的精神文明建设,同时也是对我国行政资源的一种浪费。因此,培养地方政府应对网络舆情的能力势在必行。

二、网络监督给政府提出的挑战

网络监督不但是公民实现有序参与政治的新形式,也是政府提高执政能力的有效途径,同时,汹涌而来的网络监督,也给政府带来巨大挑战。

(一) 网络监督影响政府议程设置甚至决策

网络监督出现之前，下情上达的方式除了人大代表实行代议制民主之外，基层的信访制度也是一种重要途径，但是这种方式往往需要经过一级级的政府，需要耗费很长的时间和精力，在一定程度上反而阻碍了民意的表达。相反，网络监督的直达性让民意表达变得更有效率。

网络监督出现之前，议程设置的主体是政府以及传统媒体，政府通过传统媒体公布各项最新出台的政策，民众通过传统媒体了解政府政策的最新动向，各级政府的贯彻执行情况；但是，网络监督改变了这一信息单向流动的状况，网民开始逐渐成为议程设置的主体，在很多网络监督事件中，政府不得不跟随网民设置的议程方向走，网络上大规模的舆论甚至可以改变政府的政策乃至司法判决。

2003 年的“乙肝歧视”事件，起因是浙江大学生周一超因患乙肝小三阳而体检不合格落选公务员，持刀刺死了经办人。法院一审判决周一超死刑，短时间内，网络集结了 3000 多人为周一超签名上书，请求修改判决。随后，一份由 1611 位公民签名的“要求对全国 31 省区市公务员录用限制乙肝携带者规定进行违宪审查和加强乙肝携带者立法保护的建议书”分别寄往全国人大常委会及国务院法制办及诸位政府高官，建议修改《公务员暂行条例》，统一全国公务员考试的体检标准等等，“乙肝歧视”问题由于网络监督前所未有地进入媒体和公众的视线。最终，国家各部门经过数次的网上征集意见和专家讨论，于 2005 年 1 月 20 日颁布实施了新的公务员体检标准。

2003 年的孙志刚事件促使城市流浪人员乞讨收容制度得以废除；2009 年的邓玉娇事件的改判也受到网络舆论的压力。由这些事件可以看出，网络监督不仅影响着政府的议程设置，甚至有时候会影响政府决策甚至改变司法判决，政府的各项法律、制度都受到重大挑战。

(二) 网络监督事件的过度曝光易导致政府的不作为

由于网络监督事件频繁增多，除重大的贪污腐败行为外官员的一言一行稍有不慎也会被网络曝光，尤其是很多事件的起因一开始并无关政府，但是由于政府处置的不当也导致政府在民众面前失信、威严扫地。例如杭州的“欺实马”事件、贵州瓮安的“俯卧撑”事件等，政府的不当言论不但无益于事件的根本解决，甚至还导致事件升级扩大。政府面对这种情况，无法判断何种行为能达到网民满意，因此，相比做错事被网民在网上曝光，他们宁肯不作为，也不要让网民抓到把柄。

（三）舆论的放大效应可能对政府及官员带来负面影响

从网络监督产生以来，网络上关于政府执政以及官员腐败等方面事件的曝光数量越来越多，就像滚雪球一样，此类事件越滚越大，网民看到此类事件被曝光也是大呼过瘾。但是，官员腐败等现象毕竟只是一小部分，而网络监督的放大效应给人们造成官员作风都极度恶劣的假象，一定程度上影响和丑化了政府以及官员的形象，导致官员被“妖魔化”，损害了政府的威信，给政府执政带来困难。

（四）网络推手混淆视听，给政府决策带来难度

网络推手又名网络推客、网络策划师，他们活跃于网络新媒体，懂得网络推广、网络传播技巧，能把网络事件等进行策划、包装、推广直至传播出来。[5]如今，网络推手活跃于社会的各行各业，出现于网络的各个角落，即使是资深网民或是网络技术专家也很难分辨一些事件是否是网络推手炒作而成，政府也唯恐深陷网络推手制造的虚拟舆论场中，在这场真假莫辨的舆论博弈之下，政府很难对事件进行准确判断，决策也就变得更难。

三、政府如何应对网络监督

（一）倾听民意，了解各方需求

网络民意虽然不等同于现实民意，但是也在一定程度上反映了现实中民众的基本看法，况且网络民意由于在网上传播的不受局限性，对现实民意也会产生一定的反作用。政府在处理危机事件之前，首先要善于倾听民众的看法，只有倾听，才能了解各方需要，才能找到应对危机的正确处理方法。很多网民基于“草根”的心态，他们的要求仅仅是得到相关部门的重视，由于事件本身跟自己没有关系，他们并不真正在乎事件的处理过程以及结果，他们要的仅仅是政府的一个态度，只要政府做出表态会亲自出面监督解决该

事件，网民的心理就会得到被尊重的满足感。“如闹了一年多沸沸扬扬的正龙拍虎事件，虽然最后的结果不能让网民百分之百地满意，但是内心得到一定的满足；北京火车站集中出票的视频，虽然铁道部发言人解释得闪烁其词，但网民还是得到一定满足后退出。”[6]

（二）合作而非对抗

合作的成本永远低于对抗的成本。在危机之下，政府要自觉承认自己是有限政府，而不是全能政府。[7] 在目前官民之间闹到无比剧烈的时候，他们之间的共同利益仍然存在。有些地方不愿意坦诚和开放，是把公众和舆论当成敌人。实际上公众绝非政府的敌人，而是公共事务的参与者，是政府和公共权力的监督者，其利益需求与政府所捍卫的公共利益是一致的。政府要坦诚地公开信息，让公众参与一些问题的处理，帮助政府一起解决问题。

例如在“躲猫猫”事件中，公众热议此事件是出于对监狱暴力的不满，政府只需清楚分析其中的真意，下工夫整治监狱暴力就是平息公众愤怒最好的方法；“俯卧撑”事件中，政府应该花大力气去调查事件的真相，还受害者一个公道，但是政府却配合嫌疑人编造出“俯卧撑”这样一个明显虚假的谎言去对抗公众舆论，这种做法把政府推到了公众的对立面，因此对事件的最终解决没有任何帮助甚至适得其反。

（三）政府应对网络监督要严格遵守信息发布的 3T 原则

1. 快速

通过对 2009 年刚发生的几个具有代表性的网络监督事件进行分析后，我们发现，政府尽早干预网络事件，有助于网络舆情消退。英国危机公关专家杰斯特提出，危机处理要遵守 3T（Tell It Fast，Tell It All，Tell You Own Tale）原则，首先最重要的就是快速。

上海闵行区“楼脆脆”事件的政府应对可以说是及时有效的。倒楼次日，市政府的门户网站就公布了事故现场的情况以及要求彻查此事故的新闻，可以说，在这次事件的政府处置环节，政府干预的速度之快是值得肯定的。事故发生的 6 天后，上海市政府召开了新闻发布会，客观公布了闵行区倒楼事故的调查结果。之后，无论从媒体对此事故的报道还是网络上关于此事故的帖子以及回复量都开始减少，并且议题的焦点从批评官商勾结转移到了主要围绕事故受害者赔偿问题上，证明政府的干预还是起到了一定的效果。

2. 全面

在很多网络事件中，由于政府回应处置过程中的不当操作，使得不少事件矛盾由最初的与政府毫无关系而完全转嫁到政府身上，很多时候主要是因为政府在回应时没有坚持全面告知真相的原则，反而帮助受舆论攻击的对象隐瞒和推卸责任。

杭州的"欺实马"事件就是典型的这类事件，一起事实清楚的富家子飙车撞死大学生的恶性车祸，竟然被相关部门公布信息时认定当时车速只有70码。人们对富家子的愤怒、对受害者谭卓的同情迅速转变为对政府的不信任、对执法机关不公正的不满，对政府形象造成了极大的损害。

在此类处理方式中，政府似乎还没明白，互联网时代，政府发布任何信息，"面对的都是所有网民，网民用全部的只是和智慧查找问题和漏洞，没有什么隐瞒得住。"[8]

3. 以我为中心

政府发布信息除了要全面、及时，还应该主动争取时间，掌握信息发布的主动权。很多网络事件之所以在网上引起热烈的讨论，是因为政府迟迟不出面表态，由于不明真相，网上出现关于事件的大规模猜测也是不可避免的。网民其实多数只是想要政府的一个态度、政府主动解决事件的决心，而不是被网上的讨论之声牵着鼻子走。而目前一些地方政府不是积极主动地应对网络舆情、主动制造利于政府的议题，而多数变成了回应网上的传闻，这种地位的转换使政府在处理网络舆情时变得被动。

在一些网络事件中，政府表达观点的时候模棱两可，没有自己的立场，没有统一的口径，久而久之，政府在公民心目中的权威性便有所动摇，政府说的话也难以令人信服。在昆明小学生卖淫案中，昆明警方处理案件非常及时，事件曝光的当天就断定小学生卖淫案不成立，并对相关涉案人员进行了处理，就在网友赞扬政府处理及时、有效的时候，仅仅一个礼拜就风云突变，事件被警方定性为涉案女孩的父亲"有意策划、弄虚作假、暴力抗法、欺骗媒体、误导群众"而造成的一起影响极端恶劣的案件，警方认为卖淫行为确实存在，涉案人员也被拘留。但是在这个时候，网友对此结果纷纷表示怀疑，事件的真假已经难以分辨，这与政府一开始放弃言论的主动权不无关联。

（四）重视传统媒体的议题引导功能

关于网络监督的应对，传统媒体的介入是不可或缺的。虽然对于危机事件的传播，网络媒体大有取传统媒体而代之的势头，但是不可否认的是，传统媒体在发布信息的权威性方面还是大大高于网络媒体的。因此，在危机事件的处理过程中，传统媒体如果能在关键时刻发出权威声音去撇清不实的谣言、传闻，进行有效的舆论引导，将会起到稳定大局、避免社会恐慌的效果。

在关于汶川大地震的报道中，地震发生仅仅一个小时之后，中央电视台等主流媒体就开始播出有关地震的现场直播，同时各地都派出大批记者赶赴地震灾区，通过现场传来的最真实声音、画面回答公众最关心的问题，为救灾提供最权威的信息。在灾情持续的很长一段时间，传统媒体每天都跟踪报道事件发生的最新进展，最大限度地满足受众的知情权，把公众和政府紧紧联系在一起，共同抵抗这一重大灾情危机，就起到了很好的效果。

（五）引入第三方，使信息发布权威可靠

第三方是指独立于事件中两个相互联系的主体之外的某个客体，第三方之所以具有公正性和权威性，最重要的是因为它独立于事件的利益相关主体，因此其观点更容易令人信服。

在很多网络监督事件中，政府在处理事件过程中都没有运用第三方，在一些必要的调查取证中，也只是凭借政府自己的调查机构出面说话，公众对这样的调查和信息发布当然会存在质疑，尤其是调查机构如果是事件的利益相关方时，这样的调查结果在事件后期往往会成为公众质疑政府的把柄。

在凤凰少女跳楼案中，尽管涉案人员中包括凤凰当地民警，但是案件的两次调查以及信息发布都是由凤凰当地的公安机关主导，丝毫没有回避其与涉案人员之间千丝万缕的联系，也难怪案件的调查过程中引起公众的诸多质疑，舆情迟迟难以消退。

（六）强化舆情研判和引导，掌控网上舆情走势

网络监督容易引起群众的广泛关注，加之网络传播速度的迅速，使得单位时间爆发出的信息量很大。因此及时监控、汇集、研判网上舆情，是引导应对网络监督的重要前提。

1. 重视网络舆情，分析网络舆情

只有建立在对大量舆情案例分析总结的基础之上，才有可能知道什么样的舆情容易引起人们关注、什么样的网络监督最易演变为网络群体性事件、什么样的舆情必须要政府出面来澄清。只有这样，才能针对不同的网络监督采取不同的应对措施。分析舆情要全面细致，一是要分析舆情的最初来源，如果可能最好首先从来源环节就将舆论控制住；二要分析舆论接下来的传播渠道，是主要由草根群体通过论坛传播，还是通过舆论领袖进行快速的传播等；三要分析主要传播者的群体构成，了解他们的特征，以便引导舆论时对症下药；四要分析该舆情本身的特征，“有些舆情信息涉及具体的人和事，有明确的指向，是社会问题和百姓呼声的真实反映，必须高度重视，及时做出应对；有些舆情信息只是泛泛的评论或情绪宣泄，没有明确指向，没有具体事实，无需做出回应，但要保持关注，防止成为谣言的滋生地或社会不良情绪的导火索。”[9]

2008年年底，浙江长兴县政府大楼被网友冠以“最牛县衙”而曝光，在网上引起巨大的讨论之声。随后，安徽广德县政府大楼的照片也被贴出来，在即将接受网友的拷问之时，广德县县委书记看到之后，立即组织跟帖，把办公楼的造价、面积等各项指标一一告知网友，并对网友提出的质疑迅速作出回应，至此，负面声音很快就消退了。这一事件的成功应对就是建立在政府对之前此类相关事件舆情的分析基础上的。

2. 建立网络舆情监测预警系统

这一系统基于对以往海量案例的分析研究，将网络舆情的类型、责任主体、传播方式等指标进行归类整理，最终建立一整套数据库，从而根据建立好的数据库对正在发生或是将要发生的网络舆情进行追踪，一旦舆情中有转变为危机事件的可能性，系统就会自动预警，以帮助政府积极应对舆情和提出有效的应对策略。

建立网络监督的应对机制是一个长期的过程，这不仅表现在舆情到来

之前的研判、舆情到来之时的分析、梳理，对以往舆情案例的总结、归纳，还表现在舆情到来之后采取的一整套应对策略等等，各级政府舆情应对任重而道远。

（作者系上海交通大学人文艺术研究院硕士生）

参考文献

［1］ 汝信，陆学艺，李培林. 2010年中国社会形势分析与预测［M］. 中国社会科学文献出版社，2010

［2］ 舆论在网上持续时间，我们主要跟踪了天涯论坛、强国论坛、凯迪社区、新浪论坛、中华网社区等5个国内最大的网络论坛，从事件第一张帖子在论坛上曝光到帖子基本消弭，我们认为这段时间就是舆论在网上持续时间。

［3］ “网络公关”删帖手法大揭底［N］. 南方都市报，2009-5-5(A32)

［4］ 顾力红. 浅谈如何提高对突发事件的舆论引导力［J］. 新闻世界，2010(1)

［5］ 祝兴平. 网络推手及网络信任危机［J］. 新闻实践，2009(8)

［6］ 喻国明，李彪. 舆情热点中政府危机干预的特点及借鉴意义［J］. 新闻与写作，2009(6)

［7］ 胡百精. 中国危机管理报告［M］. 中国人民大学出版社. 2010

［8］ 叶皓. 在网络监督的常态下提高执政能力［J］. 现代传播，2010(2)

［9］ 叶皓. 在网络监督的常态下提高执政能力［J］. 现代传播，2010(2)

网络问政：政府之于网络民意的觉醒

王　理

摘要：网络时代，新媒体的发展使人们能够获取更多信息，带来了公众的政治理念、公民意识等方面的转变，政府机构也面临着与传统媒体时代相比更多的挑战。在此背景下，网络问政作为一种全新的公共管理模式应运而生。如今，面临民众不断增长的网络表达、网络监督等需求，网络问政的发展也面临着新的问题。本文通过分析网络问政十几年发展中模式变迁的特点，以期为其今后发展寻求经验。

关键词：网络问政；网络民意；网络沟通；公共管理

Network Politics: Awakening of Internet Public Opinion

Wang Li

Abstract: In the network age, new media bring more information to the public and the question of political agency is becoming increasingly troublesome. As a new type of public administration, network politics emerge as the times require. With the increasing requirement of the public about network expression and supervise, network politics meet new challenge. This paper intends to summarize the feature of network politics in each period, expects to find the experience for its development in the future.

Key words: Network Politics, Online Public Opinion, Network Communication, Public Administration

随着信息技术的发展和进步，互联网在中国的政治、经济和社会生活等公众领域中扮演着日益重要的角色。目前，我国互联网已经成为公众行使知情权、参与权、表达权和监督权的重要渠道。公众通过互联网关注社会现象、发表不同意见、参与公共事务的意识与热情空前高涨，其中，各地政府、企业、公众人物等往往成为网络舆论监督的焦点，而公共事务管理部门也充分意识到网络的力量，主动通过这种新型渠道探寻全新的公共管理模式。在此社会背景之下，网络问政应运而生。

网络问政，是现代政务模式的创新，其实质在于政府等公共事务管理部门与民众通过网络进行沟通，从而达到处理现实事务的作用。政府与公民的互动是网络问政生命力的保证。

一、网络问政的发展历程

中国网络问政的发展，与中国互联网的发展息息相关，密不可分。1987年9月，中国第一封电子邮件发送成功，标志着互联网正式登陆中国。1994年4月20日，中国实现了与Internet的全功能连接，此后互联网在我国的发展速度惊人。互联网在中国的扎根为网络问政的诞生提供了技术与渠道的铺垫。1999年，中国“政府上网工程”启动，标志着电子政务建设正式成体系，为网络问政兴起搭建了基本的平台。在此之前，由于公众大多通过互联网被动接受政务信息，双方互动的特性尚未显现，因此只能算作是网络问政兴起的准备期。在此之后，经过数十年的实践探索，网络问政才逐渐走上正轨。通过分析和归纳，可见我国网络问政的发展历程大致如下：

（一）第一阶段：萌芽期（1999－2003年）

1999年5月，北约轰炸中国驻南斯拉夫大使馆，人民网迅速开设“抗议论坛”（强国论坛前身），为公众提供了一个公开自由的网络表达场所，此举开启了中国官方设立论坛、鼓励公众积极议政的先河，也成为网络问政萌芽期的开端。这一阶段，互联网的快速发展和政府网络意识的发端，为网络问政的发展打下了基础。2001年初，全国宣传部长会议上，中央高层首次明确提出重视互联网的作用，江泽民指出：“要高度重视互联网的舆论，积极发展、充分利用、加强管理、趋利避害，不断增强网上宣传的影响力和战斗力，使之成为思想工作的新阵地，对外宣传的新渠道。”[2] 2001年7月11日，中共中央在中南海怀仁堂举办了如何运用法律手段保障和促进信息网络健康发展的法制讲座，标志着我国高层领导关于网络发展制度化、法治化的意识的逐渐形成。同时，这一阶段国内互联网飞速发展，网络媒体市场化的步伐进一步加快，为公民网络表达、网络监督提供了广阔的空间。

（二）第二阶段：蓬勃期（2003－2008年）

2003年3月20日，湖北青年孙志刚在广州被收容并遭殴打致死。该事件被我国传统媒体曝光后，各大网络媒体纷纷介入，引起社会广泛关注；6月20日，国务院发布《城市生活无着的流浪乞讨人员救助管理办法》，同时废止《城市流浪乞讨人员收容遣送办法》[3]。该事件中，互联网发挥了强大的舆论监督作用，这一年也被公认为中国的网络舆论年，成为政府正视网络舆论作用、网络问政得以蓬勃发展的源头。2004年前后，反对日本首相参拜靖国神社、抵制日货活动等“网络民族主义运动”数次爆发，公众从参与线上网络舆论到发起线下游行示威活动，充分表达了其维护国家利益的政治热情，这种网络表达使网络问政提升至更为广阔的层面。此外，2006年1月1日，中华人民共和国中央人民政府门户（www. gov. cn）正式开通，该网站是国务院和国务院各部门，以及各省、自治区、直辖市人民政府在国际互联网上发布政务信息和提供在线服务的综合平台，标志着电子政务、网络问政已在中国政府高层中逐渐铺开。

值得一提的是，这一阶段中，在2003年的“SARS事件”、2007年的厦门“PX事件”、2008年的“3·14事件”等重大突发事件中，互联网扮演着重要的角色，网民积极发声并通过网络舆论影响事件进程。这既是网络民意畅通的体现，也促使政府更加积极主动地面对公众的网络表达，促进了网络问政的蓬勃发展。

（三）第三阶段：成型期（2008年至今）

2008年，是不少媒体及学者公认的中国“网络问政元年”。这一年6月20日，胡锦涛总书记通过人民网与网友在线交流、倾听民意，并指出“网友们提出的一些建议、意见，我们是非常关注的……通过互联网来了解民情、汇聚民智，也是一个重要的渠道。”总书记的行动让广大网民看到了中共最高层网络问政的曙光。而此后2009年以及2010年“两会”前夕，温家宝总理连续两年亲临中国政府网、新华网与网民在线交流，掀起了高层与民众网络互动的讨论热潮。从地方上看，以广东省为代表的省级政府也由其主政官员带领，以发表《致网民的信》、与网友在线交流、邀请网民代表面对面交流等形式，积极开展网络问政工作。2008 年 7 月，人民网专门推出“地方领导留言板”，为各级党委政府领导提供与网民沟通的平台。

进入 2009 年，“两会”的召开继续使网络问政成为舆论关注的热点。新华网、人民网、腾讯网等门户网站和地方网站纷纷推出“向总理提问建言”、“有话网上说”、“鲜花献提案”等专栏，搭建起了网友对话高层领导的平台。同年，河南洛阳网友“老牛”被推选为洛阳市人大代表，被誉为中国“网民代表第一人”。2010 年“两会”期间，“网络民主”、“网络问政”仍是不少省市的重要议题。2010 年 9 月于人民网开辟的“直通中南海”栏目，更是体现了网络民意与高层互通的趋势。

尽管迄今为止，国家层面尚未出台与网络问政直接相关的正式法案，但各部委或各地方政府机构针对电子政务实施、互联网建设、信息公开、信息安全、网络监测等方面制定的法规为网络问政搭出了框架。且经过多年来的发展，尤其是历年“两会”的重点关注，“网络问政”在中国已逐渐成形。

二、网络问政变迁中呈现的特点

网络问政，不仅丰富了政府与民沟通的渠道，而且有益于政府将庞杂的网络民意疏导为现代社会公民的理性表达。近年来，中国网络问政的发展变迁大致呈现以下特点。

（一）问政主体：自下而上与自上而下结合

伴随着互联网的普及，网络问政的主体也越来越广泛，并呈现出“自下而上与自上而下相结合”的特点，从中央到基层，越来越多的公共事务管理部门加入到问政队伍中来。

首先，中国互联网的发展，培养了公民的网络表达意愿与习惯。公民网络参政议政的积极性，促使政府正视这一公众需求。2003 年“SARS 事件”中，互联网在信息传播中发挥了重要作用，使公众通过网络了解疫情、发表意见，并形成一阵阵舆论热潮。同期，新华社首次披露了中央高层领导对网络的重视：胡锦涛总书记在广东视察时，对一位参与防治非典的一线医生说：“你的建议非常好，我在网上已经看到了。”温家宝总理到北京大学慰问时也说：“我在网上看到同学们在留言中表达了同全国人民一起抗击非典的决心,令人感动。"这些看似微小的事情,间接反映出公众的声音能够通过网络传递到领导耳中,也发出了积极信号——中央正视民意需求、对网络舆论逐渐重视。

与此同时,自上而下的普及,也是网络问政发展的必然路径:基层官员是公共事务管理方最大的群体,网络问政要深入,必定要深入到基层。而网络问政发展初期,由于技术限制、官员意识不到位等因素,这一群体往往被忽略。随着技术的普及,以及中国自上而下的制度化力量助推,网络问政的主体正由中央、省市一级,往基层不断深入。2010 年"两会",湖南、安徽两省已将"网络问政"、"网络民意"明确写入《政府工作报告》,旨在将这项工作落实、做深。而据报道称,人民网开设的"地方领导留言板"栏目则计划将把问政对象扩大到全国 2200 个县的县级干部,已经开放的地市级领导直接回复留言的通道也将进一步完善,给网友和领导干部以更大的互动平台[4]。

(二) 问政渠道:从跟风到常态,不断适应民众之所需

可以说,电子政务的兴起,为网络问政的诞生提供了必备的土壤。回溯其发展轨迹,大致经历了"留言板/BBS——官员/部门信箱——官员/部门博客——官员/部门微博"几个阶段,由被动由技术带着走,到逐渐形成具有制度保障的常态化行为。

1999 年,中国"政府上网工程"启动,各地各部门开始规划建设官方网站,将便民服务延伸至网络,互动方面的探索尚有不足。这是网络问政兴起的最初阶段,公众往往通过留言板、各类论坛或是在线咨询等方式表达民意,但引起重视并得到有效反馈的比例十分有限。随着电子政务的不断完善,政府网站的功能不断丰富,"书记信箱"、"市长/县长信箱"等开始出现,但部分信箱仍存在不回复或是无实质内容回复的情况。进入新世纪,博客兴起,不少政府也意欲通过这种媒介以亲民的姿态与公众沟通,一度涌现出官员开博客的热潮。但撰写博文、维护博客需要耗费一定精力,时间一长,很多"官员博客"沦为"空壳博客"或"文件博客",长期无更新或仅粘贴讲话内容工作汇报等,极度缺乏互动。近两年来,微博作为一种便捷的沟通渠道,以精炼的表达方式深受网民喜爱。在不少官员以个人名义开设微博的同时,网上也逐渐出现了政府部门官方微博的身影。例如云南省委宣传部副部长伍皓,不仅以实名在多家网站开设微博,发言踊跃,还主导创立了被

称为"中国第一家政府微博"的"微博云南",积极公开信息。

问政渠道的多元化,体现了政府为不断适应公众需要的交流沟通方式所做出的努力,但从少有回复的官员信箱或"空壳博客"可以看出,网络问政的各类渠道仍需要制度化的保障。而许多地方已经开始了网络问政的制度化尝试,如山西、安徽、广东等 13 个省市区,政府以"红头文件"的形式,建立起回复处理网民留言的固定工作机制[5]。

(三)问政方式:从被动反馈到主动设置

由于网络问政缘起于公众的网络表达需求,在网络问政兴起初期,政府往往仅限于被动回应公众在网上提出的质疑、意见或建议,虽有一定效果,但问政方式单一,所涉及的内容面仍极为有限。例如 2001 年,署名为"城山村人"的网友在人民网强国论坛发帖反映自己在重庆火车站购票时的不快,严厉批评该车站在售票管理上存在的不正之风。铁道部有关人士在网上看到此消息后,十分重视,立即转发给重庆铁路分局,问题很快得到反馈。重庆铁路分局重庆车站不仅就网帖给予回复,传达了事件处理意见,还向该网友表达了歉意。这是中国网络问政兴起初期较为典型的案例,也代表了很长一段时间网络问政"发帖—搜集—处理—回复"的被动模式。

伴随着从"应对"到"运用"的态度转变,网络问政的方式趋于主动,内容也不断丰富起来。例如 2007 年 11 月,国家发展改革委委托新华网、人民网等多家网站,就国家法定节假日调整方案有关内容公开并开展网上问卷调查,此举引发了网友的强烈反响。据初步统计,大约 155 万网民参加了此项调查[6]。又如 2010 年 3 月,四川省巴中市出现的"全裸乡政府",主动将政务支出公开透明地公布在网上,邀请公众监督,此举一度引发公众对政府信息公开及廉政方面话题的热议。不得不说,从被动到主动,不仅拓展了网络问政的内容范畴,也是问政方式的进步。

(四)问政效果:解决微观问题到促进公民社会发育

网络问政在内容不断丰富、方式更为主动地同时,其效果也正逐渐由表层转向深入。对网络问政近年来的发展历程进行梳理,可以看到,"网络问政"的概念外延正在扩大。这种与时俱进的工作方式,正从单纯微观层面解决网民实际问题,到形成良好的网络民主氛围,促进着公民社会的发育。

网络问政，除了为公众提供更低成本的“上访”渠道外，管理部门更多的是希望借此获取更多更深入的民情信息。因此，问政不仅止步于“线上”，越来越多的公共事务管理部门正在经历着一个“线上—线下—线上”的过程，即从通过网络回复答疑、到组织网民线下交流、再到更广泛的网络民意汲取。某种程度上讲，网络问政降低了公民参政议政的门槛，越来越多的人能发出声音。而要在众多的声音中脱颖而出，必将考验公民的议政能力，这也培养了更多公民积极讨论、甚至亲自参与公共事务的能力。因此，在网络问政平台的逐渐完善中，政府执政水平在不断提升，公民参与公共事务的自觉性主动性也在不断进步。可以说，网络民主的实践经验，亦为公民社会的建设提供了借鉴意义。

三、网络问政面临问题及发展走向

（一）面临问题

1. 网络资源分布不均，民意难以真实体现

伴随着中国网民群体的扩大，网络参政议政的参与主体也在逐步扩大。但是，目前看来，网络民意并不能完全代表实际民意。我国人口基数大，绝大多数身处社会底层的民众，仍无法采用网络等新媒体方式表达民意。同时，据 CNNIC 报告显示，受制于经济社会发展水平滞后、互联网接入条件不足、硬件设备落后等因素，近半年来，农村地区网民的增长仍显得较为缓慢，增幅小于城镇地区。职业分布上，学生、个体户/自由职业者、农林牧渔劳动者等群体占比上升较快，无业/下岗/失业、农村外出务工人员、产业服务业工人等职业占比在下降[7]。网民通过互联网参政议政大多仅从个人角度出发，带有一定的主观性与局限性，一定程度上影响了民意信息的科学性。

2. 网民素质参差不齐，“群体极化”难以避免

古斯塔夫·勒庞在《乌合之众》一书中认为“受众群体”“在智力上总是低于孤立的个人”，“所有的群体无疑总是急躁而冲动的”，并且个人的意见在群体中还会“易受暗示和轻信”，在情绪上也会显得“夸张”和“单纯”，在行为上还会“偏执、专横和保守”[8]。网络时代的信息传递减少了复杂的把关

人控制，但与此同时，信息的真实性也难以保证，尤其是在政府方信息透明度相对匮乏的情况下。并且，网民素质参差不齐，难以保证网民个体的判断力和理性。若政府不及时通过网络渠道与公众沟通，则极易生成谣言并在网民群体中由蝴蝶效应造成更大范围的集体不理性，从而引发难以控制的舆论危机。

3. 制度保障尚不健全，问政效果难以评估

网络问政在中国的发展历史不过十几年，政府与公众都在相互磨合中探索前进，由于经验有限、少有借鉴，目前与其相关的一系列制度尚不完备。制度的缺失使得网络问政少了必要的约束力，导致部分行为仅流于形式。例如很多部门尽管在其官方网站开辟了信箱、留言板等板块，或是以官方名义开博客、微博等，但往往相关配置跟不上，比如人员、资金、操作规则等缺乏明确合理的组织方式，难以长久维系。

另外，我国政府与公众之间在信息发布、获取能力上远不均等，双方在事件沟通、问题解决、效果反馈等方面并未达到有序合理的对接。尤其是针对网络问政效果的考核评估极为欠缺。再加上一些官员个人言行不妥或是政府对某些事件处理不当，对政府公信力造成了一定损伤，在网络问政实施中如何重树政府公信力，或如何在政府公信力缺失的情况下达到较好的问政效果，成为网络问政发展中面临的最大问题。

（二）发展走向

尽管网络问政发展中面临着种种现实问题，一定程度上限制了其有效性，但可以预见，在转型期的中国时代语境下，网络问政的发展走向，仍是积极且乐观的。

首先，网络问政将在技术的推动下不断完善。技术的进步一定程度上促进着社会的进步。随着网络技术的发展，一方面，电子政务工具正逐渐丰富，以往网络问政面临的技术性问题将会逐步解决；另一方面，手机上网、无线上网的互联网移动化趋势使得越来越多的公众能以更低成本、及时地利用网络，资源的均衡性、民意的广泛性都将有条件实现；再者，公众获取信息的便捷性越来越强，对政府信息公开的要求也日渐迫切，公众通过网络对政府、官员进行监督的力度将越来越大，公众表达、参与的热情与政府理性、谨慎对待网络的态度相结合，必将促使网络问政日益完善。

其次，网络问政的制度化趋势为其发展提供了稳定的空间。网络民主是民主进程的重要一环，今后很长一段时间内网络问政则将在其中扮演重要角色。公众与政府就网络民主在意识上达成的共识，将是网络问政形成制度化保障的基础。而目前我们也能见到不少政府在为此作出努力。

因此，在网络问政积极的发展态势下，其主体政府部门应当注意提升政务人员的网络服务意识，提高各级政府网络运用水平。在遇到较大突发事件或恶性网络舆情时，善于良性疏导网络民意，倡导网民理性表达。网络问政形式也应在实践中不断得以创新，各地需结合实际情况，积极思考以制度来保障问政的规范化与常态化。

四、结语

网络问政如何发展，各级政府仍在实践中一步步探索，面对其不完善及目前存在的风险，我们应当更为理性地看待这种网络表达形式。互联网作为表达民意、监督公权的一种渠道或是工具，只是对现行制度的补充，是大众参政的一种途径，而非法律框架内的参政形式。网络作为一个开放的平台，应当形成具有常态化制度保障的舆论广场，使公众享有合理的发言权并且保障其声音能被有效传递，进而促进问题在现实中得以解决。

（作者系上海交通大学人文艺术研究院博士生）

参考文献

[1] 图表来源：《第26次中国互联网络发展状况统计报告》（中国互联网信息中心，2010年7月）

[2] 秦杰，刘振英，武卫政. 全国宣传部长会议在京召开[N]. 人民日报，2001-1-11(1).

[3] 中国互联网络信息中心. 中国互联网发展大事记（1987-2007）[EB-OL]. http://www.cnnic.net.cn/html/Dir/2003/10/22/1001.htm，2008-7.

[4] 李鹤，张静雯. 41位党政“高官”公开回复人民网地方领导“留言板”[N]. 人民日报，2010-8-3.

[5] 方可成. 给总书记留言[N]. 南方周末,2010-9-16.
[6] 周英峰,张毅. 法定节假日调整方案网上调查 15 日结束[EB-OL]. 新华网. http://news.xinhuanet.com/newscenter/2007-11/15/content_7083578.htm, 2007-11-15.
[7] 本段分析基于《第 26 次中国互联网络发展状况统计报告》(中国互联网信息中心,2010 年 7 月)
[8] (法)勒庞,冯克利译. 乌合之众[M]. 北京:中央编译出版社. 2004. 45-77.

新媒体环境下突发事件的新闻发布和管理研究

徐　颖　谢耘耕

摘要：新世纪以来，我国进入到一个危机频发的时期，新媒体环境下突发事件的新闻发布和管理体现出日益重要的作用。本文记述了近年来我国突发事件信息传播中体现出新的特征，进而分析我国政府在突发事件新闻发布中体现出诸多不足，包括信源可信度不足，信息质量差，新媒体渠道运用的缺乏等问题。由此提出建议——优化信源管理，提高信息质量，拓展信息传播渠道。

关键词：新媒体环境；突发事件；新闻发布与管理

Research of News Issue and Management in Emergencies under the New Media Environment

Xu Ying, Xie Yungeng

Abstract: Since the new century comes ,China has enter into a particular period with highly more Emergencies than usual, which emphasizes the significance of news release and management in emergencies in the new media environment. This paper starts with depicting the new features of information communication in emergencies under the new media environment, and analysis its main three problems . In conclusion , this paper offers relevant proposals, including advance the management of news sources, improve the quality of information, and widen the channels of news issue.

Key Words: New Media Environment　Emergencies　News issue and management

新世纪以来，我国进入到一个危机频发的时期，各种突发事件成为各界关注的焦点。突发事件是指突然发生，造成或者可能造成严重社会危害，需要采取应急处置措施予以应对的自然灾害、事故灾难、公共卫生事件和社会安全事件[1]。近年来，新媒体带来网络舆论的升温，使突发事件的负面效果被进一步扩大。

随着社会的发展和媒介技术的进步，新媒体已成为大众传播媒介的重要组成部分。新媒体环境下，我国大众传播的受众在社会公众事务中的参与程度显著提高。中国互联网络信息中心(CNNIC)在2011年1月发布的《第27次中国互联网络发展状况统计报告》中，以“互动参与指数”反映网民的社会参与程度，我国网民2010年的互动参与指数为50.8，高于2009年的49.0和2008年的47.0[2]。这一特征在网络舆论和突发事件中表现得更为明显，同时也为突发事件的应对和处理带来了新的挑战，因此，新媒体环境下突发事件的新闻发布和管理显得尤为重要。

一、新媒体时代突发事件传播的特征

1. 突发事件中信源趋于多元化

1981年，传播学者麦奎尔完整地阐发了他的传播劝服矩阵，提出影响传播效果的自变量，包括信源、信息、信道、信宿和目标五个主要要素。[3]麦奎尔特别强调，劝服研究的重点是“谁”在传递信息？由此可见，信源作为整个突发事件传播行为的引发者，对其传播效果有着决定性的影响。

近年来，我国的突发事件传播的信源虽然以媒体、专家、政府等群体和组织为主，但公民个人的角色也逐渐由传统的大众传播受众转变为信源。根据人民网发布的《2009年中国互联网舆情分析报告》，2009年77件影响力较大的社会热点事件中，由网络爆料而引发公众关注的有23件，约占全部事件的30%[4]。并且，这一特征呈现出增高的趋势——上海交通大学舆情研究实验室的数据显示，2011年前三季度大部分舆情事件的首次曝光媒体都是网络媒体，150起舆论事件中，由网络媒体曝光的事件有96件，占64%，传统媒体曝光出来的仅有54起，占36%。由此可见，在我国突发事件中，公民个人作为信源引发网络舆论热潮已经普遍存在，从而使突发事件中的信源趋于多元化。

新媒体具有使用便捷、即时性和交互性的特点，使公民个人能够通过网络媒体和移动新媒体及时有效地发布信息，成为突发事件传播的信息来源。

目前，公民个人参与突发事件传播的主要途径包括互联网的论坛/BBS、网络社区、即时通信、电子邮件、博客等应用，以及手机媒体的上网、短信、视频等功能。

2. 逐步形成新的传播过程模式

传播学研究中，众多学者采取构建模式的方法对传播过程进行研究，从而更加直观、深刻地揭示传播过程的结构和性质。对于突发事件传播的研究，属于“危机传播”的范畴，传统的危机传播所遵循的直线型传播模式，曾在突发事件传播中得到充分体现。但是，随着新媒体的出现和普及，突发事件传播过程的直线型模式正在逐渐被改变，并呈现出去一种新的基本传播模式。

如下图1所示，即为当前新媒体环境中，在暂不考虑冗余信息的噪音影响、信息在传播过程中的细微变化、宏观外部环境作用的前提下，突发事件传播过程的基本模式。

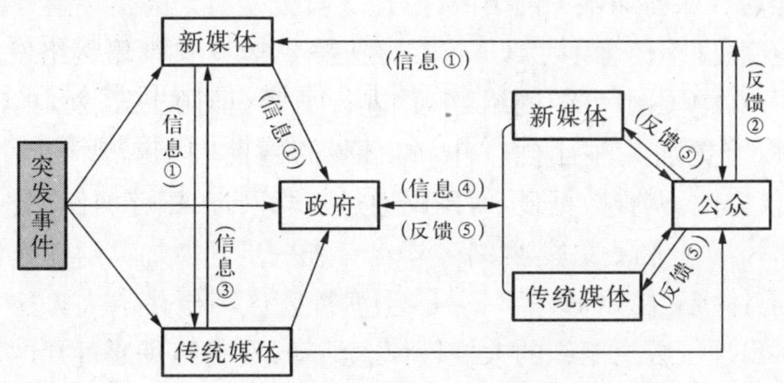

图1　新媒体时代的突发事件传播模式

图中，信息①代表关于突发事件的未经处理的原始信息，图中上方的信息①代表事件当事人和目击者作为公众，借助互联网或手机媒体将信息①传播出去。图中左边的信息①表明突发事件的信息有3条主要的传播路径：一是新媒体、二是政府、三是传统媒体，3条路径依次对应的传播者为：公众和新媒体新闻工作人员、传统媒体新闻工作人员、政府部门工作人员；

反馈②是公众传递信息①获得的反馈；

信息③是由传统媒体专业新闻工作人员发布的信息，由于经过“把关”

其信息可信度和真实性较高，在广泛传播之后，能够起到遏制谣言蔓延，缓解公众不安情绪的积极作用；

信息④是由政府对公众发布的信息，通过新媒体和传统媒体2个渠道向公众传播，公众接收到信息④后，可以通过媒介发表意见，形成反馈⑤。

总的说来，这一传播模式与传统的突发事件传播模式存在较大差异，其中最显著的差异体现为以下两点：一是从宏观格局的角度，该模式体现了突发事件传播中去中心化的格局，以及突发事件传播所固有的结构性和序列性；二是从传受角色的角度，体现了不同社会群体和组织在整个突发事件传播中所担任的不同角色，及其传受角色随着突发事件进展的转变。无疑，而这些特征由新媒体所造成的。

3. 交互性引领公众舆论

新媒体的交互性加强了公民个人之间的互动，尤其是通过互联网进行的“网络互动”，从而加剧了网络舆论，造成对公众舆论的引导趋势。

中国互联网络信息中心(CNNIC)在《第24次中国互联网络发展状况统计报告》中，对中国网民的“网络互动”进行了调查研究，81.7%的网民表示上网以后以前更加关注社会事件，56.1%的网民表示经常在网上发表意见[5]。不仅如此，调查数据显示，网民通过互联网提高了对社会公众事务的参与程度，拓展了人际关系，网络分享也有进一步的增加。这在具体的突发事件中亦有体现：在2010年11·15上海静安区高层住宅大火这一重大突发事件中，出现了公众组织的大规模悼念活动，其中网民通过社区、论坛、博客、微博等新媒体方式进行充分的互动，发布活动的召集信息，并相约来到火灾现场进行悼念；在9月爆发的山西宜黄拆迁自焚事件中，题为“女厕攻防战”的视频在网络上迅速传播，引发了网民的广泛关注，并且对该事件展开各种讨论，推动了事件的升温；1月12日发生的贵州安顺枪击案中，1月20日下午，“天涯”、“凯迪”社区回复超过1000条的贴文分别达到了27篇和14篇[6]；躲猫猫事件中由网友组成的调查团发布信息，一定程度上引导了舆论。

此外，交互性也导致意见领袖在突发事件中作用的增大。河南考生李盟盟被落榜事件中，意见领袖梁树新将该事件的新闻转发到新浪微波上，短时间内引发了广泛的关注，甚至改变了事件的发展态势。数据显示，仅梁树新披露该事件的单条微博，原文转载量达到近10万条，评论数2万多条。不少评论指出，落榜考生李盟盟之所以能够重新获得上大学的机会，源自网络的力量、微博的力量。“钓鱼执法”事件中，青年作家韩寒运用其博客及时发布信息、与网民进行互动。2009年9月11日，韩寒在博客上发表《这一定是造谣(1)》，首次披露了“钓鱼执法”事件，随后才引起了公众和媒体的关注随后发表博文包括9月16日的《这个国家将迎来国庆，这个城市将迎来世博》、10月26日的《莫伸手，伸手必被捉》、11月13日的《一封信》，在整个事件的揭露、发展、推动、反思的过程中起到了重要作用[7]；同时，网上也出现网民的各种互动贴文，表达了网民对韩寒的肯定。

二、我国突发事件新闻发布和管理工作存在的问题

1. 信源可信度不足，政府应对不及时

信源的可信度包含四个层面：专业性、权威性、知名度和信源动机[8]。目前，我国的突发事件传播中，最主要的信源有四个——政府、专家、媒体、民众(含意见领袖)，其中政府占据主导地位。

近年来，我国突发事件中信源可信度带来的问题日益凸显，主要表现为以下两个方面：一是政府以“息事宁人”的动机来应对突发事件，导致信源的可信度不足，并且在一些突发事件中呈现出专业性知识不足、信息权威性缺乏的特点。二是对专家信源的忽视，如杭州飙车案突发之始，政府公布的肇事车辆时速“70码”的判定就没有经过权威专家证实；再如2009年甲型H1N1流感首次被确认时，因起源于墨西哥一家养猪场而被误称为“猪流感”，引起大范围的猪肉恐慌，直到专家解释的医学知识之后才逐渐平息。

突发事件中，占据信源主导地位的政府，在应对和处理突发事件过程中也表现出应对不及时、处理呈现滞后性的问题。政府在突发事件的介入时间存在明显的“滞后期”，如“天价烟事件”是11天，“躲猫猫事件”是7天，“周正龙事件”是9天，“售票员倒票视频事件”是4天[9]。其中，非常典型的例子是2009年河南杞县钴60泄漏事件，当地政府在事发之后采取三不政策：不通报情况、不接受采访、不允许报道，导致大量谣言迅速传播，大批群众外迁，造成巨大的负面影响。同样的问题在湖北石首群体事件中亦

有体现，2009 年 6 月 17 日，石首发生酒店厨师蹊跷坠楼身亡的事件，这本应是一起简单的案件，但当地政府在案件发生之后的 80 个小时中，没有做出有效的处理和回应，结果酿成群体事件。从 19 日到 21 日，当地聚集了大量群众与警察发生冲突，直到 23 日，石首市政府新闻发言人才对公众有了明确的回复，并且通过湖北省新闻网站荆楚网发布公告，才使事件逐渐平息下来。

2. 信息质量差，新闻真实性遭受质疑

信息质量在新闻中体现为真实性、客观性、覆盖全面等诸多方面，在突发事件中往往表现为传播信息的真实性、准确性、充分全面，其中第一位的是真实性。近年来，我国的突发事件中经由政府公开发布的信息，出现了真实性不足的问题，甚至成为突发事件爆发和恶化的源头。

近年来，"70 码"、"躲猫猫"、" 做俯卧撑"、"喝开水"等在突发事件中具有标志性意义的关键信息，暴露出事件中信息的质量问题。2009 年的杭州飙车案中，杭州市政府由于信息失实遭到公众的质疑和抨击。事件发生初始阶段，政府在公布的信息中将肇事车辆时速错误地认定为"70 码"。这些不真实、不确切的信息，不仅没有消减公众的质疑，而其适得其反地造成了事件的升级。直至 5 月 14 日，杭州市公安局新闻发言人宣布认定肇事车辆速度在 84.1～101.2 km/h 范围，才使事件逐渐平息。"70 码"这一错误信息，成为贯穿整个事件的关键线索和重要标志，而"70 码"、"欺实马"更是成为公众对于该事件的讽刺焦点。同样，"躲猫猫"事件中，政府发布突发事件信息的也存在问题。2009 年 2 月 12 日，李乔明看守所中死亡之后，当地公安部门在没有深入调查取证的情况下，公布了李荞明是在看守所中与狱友玩"躲猫猫"游戏时头部受伤，后经医院抢救无效死亡这一说法，短时间内引起了网民的强烈质疑和抨击，最终造成了事件的恶化。同样的问题，在更早的贵州瓮安事件中"做俯卧撑"一说亦有所体现。

3. 新闻发布和管理中，对新媒体渠道运用不足

目前，我国政府在应对突发事件时，主要通过传统媒体进行新闻的发布和管理，由于政府对网站采访权的限制促使网络媒体从传统媒体转载新闻，网络新闻内容也成为突发事件信息传播的重要部分。但是，新媒体的传播渠道往往被忽略，包括手机媒体的上网、短信传播渠道等，互联网的论坛/

BBS、网络社区、即时通信、电子邮件、博客等传播渠道。

近年来，手机作为移动新媒体，在突发事件中的重要影响日益凸显，尤其是手机短信的传播。其中，最具代表性的当属“柑蛆事件”和“厦门PX事件”。柑蛆事件中，虽然政府努力做了充分的沟通，但却收效甚微，其根源在于沟通渠道的“错位”——政府公开回应的新闻信息集中于传统媒体；而“蛆橘”的负面言论集中于手机短信。并且，整个事件进展中这两个渠道呈现出相对独立的特点，造成了政府与民众沟通的失效。而在厦门PX事件中，短信是百万厦门市民推动反PX运动的主要手段，其传播效力最终引起了其他媒体的注意，促使一个区域的、间断的民意表达成为全国瞩目的大事件。

博客作为web2.0的产物，是公民个人通过网络表达观点、意见的重要途径，在突发事件中的推动作用往往被忽略。杭州飙车案“70码”时速被质疑的过程中，青年作家韩寒的博客日志对网络舆论和案件进展起到了重要的推动作用；厦门PX事件中连岳通过博客声援厦门市民；姜岩事件中，姜岩的自杀正是通过博客得到网友的关注；2006富士康告记者案中，被起诉的两名记者专门为此事开通了个人博客，得到各界支持。除此之外，QQ信息、网络演播室等网络媒体应用也是重要的信息传播渠道。

三、改进突发事件新闻发布和管理工作的建议

1. 优化信源管理，提升政府发布信息的效果

信源作为突发事件信息的传播者，其优化一方面需要考虑到信源的整体构成，另一方面需要注重政府作为主导信源的作用。

一是引入专家看法作为突发事件的重要信源，发表独立见解。首先，必须强调专家立场的相对独立性，避免成为政府信源的传声筒，从而保证专家信源的权威性和可信度；并且，把专家作为突发事件重要信源的同时，注重其信源规模的扩大和信源差异度的增加，尤其是涉及案件调查、知识普及的突发事件。

二是设立网络新闻发言人。新闻发言人制度始于1983年，2009年出现的“网络新闻发言人”一度被称为“网络问政”、“QQ问政”的新举

措。2009 年，中国青年报社会调查中心通过北京益派市场调查公司进行的一项调查显示(3009 人参加)，80.3%的人希望自己所在省市设立网络新闻发言人；64.5%的人认为网络新闻发言人的设立表明政府对民意的重视[10]。政府部门“网络发言人”正在形成趋势，部分地方政府已经开始进行探索和尝试，虽然其角色定位、相关制度的完善、具体职能的明确尚未完全确定，但它对于突发事件新闻发布和管理是一项明智的举措。

三是完善网络新闻发布会。网络新闻发布会作为传统新闻发布会在网络媒体上的延伸，对突发事件中的信息澄清、网络舆论引导有着着重要的作用。2008 年 6 月 20 日，胡锦涛总书记在人民网《强国论坛》对话网民，起到了了解民情民意的重要作用；杭州飙车案中，浙江省委常委、杭州市委书记王国平通过网上恳谈活动有效回应了民众的疑问。此外，加强对政府网站上投诉信息的重视，有助于收集舆情、及时有效地处理一些案件，将有助于突发事件的预警。

2. 加强时效性，保证信息的真实和全面

新媒体时代，突发事件的信息传播是封不住的，争取时间快速发布真实、全面的信息才是制胜关键。

在突发事件发布的时效性上，官方处置突发事件有“黄金 24 小时”的传统法则，但如今已经无法应对新媒体环境。2010 年 2 月，人民网舆情监测室提出“黄金 4 小时媒体”概念，认为随着 QQ、BBS、微博客等新兴网络技术和应用的普及，政府发布信息、引导舆论的速度应该由 24 小时提升为 4 小时。

目前，我国已有不少突发事件新闻发布的成功典范，在突发事件信息的快速、真实、全面上值得借鉴，尤其是成都公交燃烧事件和 5·12 汶川地震。2009 年 6 月 5 日的成都公交燃烧事件中，成都市政府应对迅速，将最及时、真实、全面的信息呈现给民众，成功地引导了舆论。6 月 5 日 8 时 25 分许，成都发生公交燃烧事件；10 时 40 分，成都市政府新闻办召开第一场新闻发布会，公布事故的真实情况；下午 2 时 50 分，召开第二次新闻发布会，公布最新伤亡数据和救治情况；晚上 11 时，召开第三场新闻发布会，公布伤亡人数以及事故原因调查、安置赔偿情况；6 月 6 日，召开第四场新闻发布会，回应民众关于车上是否有安全锤、油箱柴油是否泄漏等重要疑问；6 月 7 日晚

11 时，召开第五次新闻发布会，认定事故为“有人携带易燃物品上车”，使舆论有恐慌和质疑转变为“呼吁知情人员积极主动向公安机关反映相关情况”[11]。

同样，在汶川地震中，新闻信息的快速发布、准确、全面令人称道。从时效性看来，2008 年 5 月 12 日 14 时 28 分地震发生，7 分钟后新华网发出新闻快讯，这标志着中国信息公开制度的巨大进步；地震发生 32 分钟后，中央电视台新闻频道首发新闻，其他各大网络媒体陆续展开全方位的地震报道[12]。从真实性、客观性看来，新闻媒体用真实的报道、客观的文字、生动的图片向公众展示了灾区的真实情况，尤其是大量的现场图片、网络视频直播、网络评论、大型网络专题、互动节目、网络专栏在网上形成了一股积极的舆论热潮。从新闻信息的全面看来，政府的有效应对促成各媒体联动，形成了内容全面、形式多样、表现方式丰富多彩信息局面，引导形成了“抗震救灾、众志成城”的强势舆论。

3. 进一步拓宽信息发布和管理渠道

从信息传播中传受关系的角度，政府的信息发布和管理的渠道应当尽可能覆盖受众接受信息的渠道，随着新媒体的发展而拓宽，有助于消除政府与公众在沟通渠道上的障碍。从某种角度来说，网民获取信息、进行沟通交流的途径，都可以成为政府拓宽信息发布和管理渠道的范围。

首先，政府要充分发挥报纸、广播电视等传统媒体的作用。虽然网络已经成为一个主流化的媒体，但其影响力相较传统媒体依然有限，因此政府最好通过影响力较大的传统媒体来实现基本信息的发布，同时加强传统媒体与网络媒体的互动。然后，进一步扩宽新媒体渠道，覆盖手机上网、手机短信、网络新闻、即时通信、搜索引擎、电子邮件、博客应用、论坛/BBS 等各种信息传播渠道，那么各级政府、公共事业单位可以通过这些传播渠道及时通告人民群众，稳定人民群众思想、情绪和舆论，及时安排好工作、生活，提高防灾抗灾、应对突发事件的效率。此外，还可以打造一个资源共享的公共信息平台，各地政府可以通过将各类气象、电力、交通(公路铁路民航等)等信息的资源共享与有效整合，打造一个公共信息综合查询平台，让人民群众在灾害时期拨打一个电话，进入一个网站就可以查询到所有公共应急信息

目前，西方发达国家的政府和媒体已经形成了一套较为成熟、有效的突

发事件传播机制，例如英国在应对突发事件时的快速反应能力、不限制媒体报道以保证信息的全面，美国在政府信息公开制度上的先进，以及日本在应对突发事件的成功经验等等，都值得借鉴。与此同时，长期看来，我国政府还需要强化舆情监测和研判，掌控网上舆情走势，才能积极有效地进行舆论引导，方能提高危机传播的综合能力。

新媒体环境下，我国政府在突发事件的新闻发布和管理上面临着众多挑战。近年来，中国突发事件频发使突发事件的新闻发布和管理研究提到了前所未有的高度。结合新媒体时代突发事件传播的特征，在充分认识我国突发事件新闻发布和管理工作存在的问题的基础上，建议政府在政府在突发事件的新闻发布和管理上，不仅通过优化信源管理，提升政府发布信息的效果，而且应当加强危机应对的时效性，保证信息的真实和全面。除此之外，还应进一步拓宽信息发布和管理渠道，强化舆情监测和研判，才能应对新媒体对突发事件的新闻发布和管理带来的挑战。

（作者徐颖系上海交通大学人文艺术研究院博士生；谢耘耕系上海交通大学人文艺术研究院副院长、博士生导师）

参考文献

[1] 中华人民共和国突发事件应对法. 2007-8-30

[2] 中国互联网络信息中心(CNNIC). 第27次中国互联网络发展状况统计报告, 2011-01

[3] W. J. Mcguire, Attitudes and attitude change. In G. Lindzey & E. Aronson (Eds), Handbook of social psychology. New York: Random House, Vol. 2

[4] 祝华新，单学刚，胡江春. 2009年中国互联网舆情分析报告[EB-OL], 2009-12-23, http://sh.people.com.cn/GB/138654/10632540.html

[5] 中国互联网络信息中心(CNNIC). 第24次中国互联网络发展状况统计报告, 2009-07

[6] 人民网舆情频道. 贵州安顺枪击案舆情报告

[7] 韩寒博客. http://blog.sina.com.cn/twocold, 2009年9月

[8] 申凡. 当代传播学. [M]华中理工大学出版社, 2000

[9] 喻国明.危机议题中的政府干预[J],《国际公关》2009(3)
[10] 80.3%网友希望所在省市设立网络新闻发言人[N].《中国青年报》,2009-09-15
[11] 吴成钢.从成都公交燃烧事件看政府的危机公关[J]四川党的建设(城市版),2009(7)
[12] 郄丽宁.新语境下公共危机传播中的媒体表现[D].兰州大学硕士学位论文,2009

博客舆论的传播机制与引导策略

陈 虹 刘淑云

摘要：博客营造出的网络公共空间已成为一种重要的媒体形式和舆论阵地。本文从博客舆论的产生过程、舆论特点、传播效果入手，探讨它对现实社会产生影响的内在规律，并根据这种规律提出策略，以促使博客舆论成为一种健康的监督力量。

关键词：博客舆论；传播机制；引导策略

On Communication Mechanism and Guidance Strategies of Blog Opinion

ChenHong, LiuShuyun

Abstract: Blog builds a network public space, which has become an important type of media and a public opinion front. This article begins with generation process, characteristics and communication effects of blog opinion, discusses its inherent laws of influence on reality, and on the basis of it, the article puts forward strategies to promote blog opinion become a kind of healthy supervision strength.

Key Words: Blog Opinion, Communication Mechanism, Guidance Strategies

博客是继 E-mail、BBS、即时通信之后的第四种网络交往方式，凭借传统媒体和网络上的其他沟通交流工具所无法比拟的优势，对人们生活产生的影响日益加深。中国互联网络信息中心（CNNIC）曾做过一份中国博客调查报告，统计数据表明，截至 2007 年 11 月底，中国博客空间达到 7282 万个，博客作者的规模已达到 4700 万，这意味着平均每 30 个中国人、每 4 个网民中就有一个博客作者[1]，自由开放共享的精神使博客营造出的网络公共空间越来越成为一种重要的媒体形式和舆论阵地，甚至涉及或影响现实社会的民主决策过程[2]。

一方面博客舆论正成为一股无法忽视的社会监督力量，使传统媒体环境下普通民众无法发出或者即使发了也传不出去的声音寻得了平台，人人都有了表达权益的技术保障，从而在一定程度上彰显了话语权的下放。博客实现了传统话语霸权的弱化但绝不是颠覆，构建起了新的话语权关系；另一方面在博客的管制环境中，更多的是一些非官方的自律规则，缺乏有实施力度的法律法规，因此各种观点可以在缺乏责任心的情况下自己“出版”，人们可以利用博客中伤他人，制造谣言，其病毒式的传播速度也增强了突发公共事件中博客舆论的噪音流。

本文试图从博客舆论的产生过程、舆论特点、传播效果入手，探讨它如何爆发其威力，影响到社会舆论，以及博客舆论对社会产生影响的内在规律，并根据这种规律提出策略以更好地对博客舆论进行引导。

一、博客舆论的生成机制

(一) 博客网主页栏目化推荐传播

各种传统的新闻门户网站，实际上就是一个汇集整合并且有分类的信息阅览窗口，这种分布集合方式更能突出重点，让人们在信息的汪洋大海中尽可能地快速阅读所需信息。博客网页亦是，先将分散的个人博客主页进行编辑整合，使众多的自媒体所创造的信息源进行合理化的分类，集体化的呈现，当然所呈现的并非博客的全部内容，但提纲挈领式的标题已能足够让读者判定这是否是其所需。如网易、新浪、搜狐等网站都采取这种“栏目化”的推介方式进行博客宣传。在突发公共事件火遍网络的时候，各大网站纷纷以大标题推荐，如传统媒体报道中的头版头条一样。

比如，2009 年 11 月 21 日上午 9 时许，昆明因螺蛳湾市场拆迁问题发生大规模群体事件。事件发生后约 5 个半小时，即 21 日 14 时 26 分，中国新闻网上发布了首条关于此事件的新闻，题为：“昆明螺蛳湾拆迁引发上千商户堵断城市主干道”。文章发布后，当日的转载量达 53 篇。包括新浪、搜狐、雅虎、网易、腾讯、南方报网、华商网、人民网、凤凰网、中华网等在内的众多著名网站都迅速转载该文。见表 1。

表 1　各大媒体转载中国新闻网昆明螺丝湾事件报道的时间

网络媒体	网易	搜狐	QQ	新浪	人民网	中国青年网	中华网	雅虎	凤凰网	环球网
转载时间	14:26	14:26	14:26	14:26	14:30	14:36	14:37	14:43	14:47	15:01

在百度新闻中以“螺蛳湾”为关键词进行搜索可得，21 日，关于螺蛳湾市场的新闻评报共有 108 篇。除上文中提到的 53 篇外，另有 48 篇转载自昆明市公安局新闻发言人办公室发布的稿件。在这两篇转载量较大的稿件中，前者较多引用了对螺蛳湾商户的采访，后者则为对事态发展及处理情况的官方报告。22 日，螺蛳湾事件的相关评论数量进一步上升；但媒体对事件的关注热情并未持续多久，如下图所示：

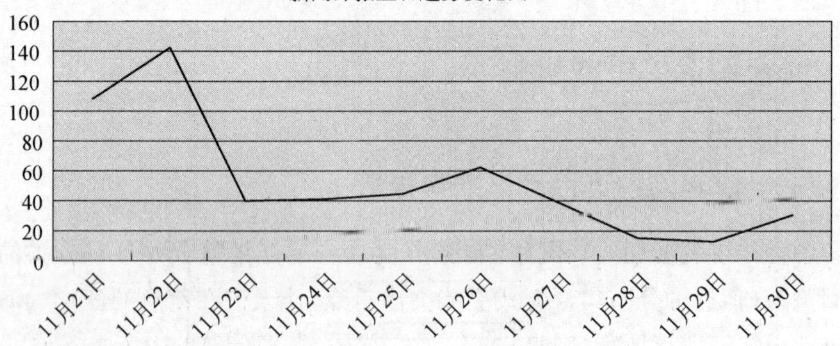

图 1　2009 年 11 月 21 日～11 月 30 日昆明螺丝湾事件新闻评论量变化图

11 月 21 日，云南省政府新闻办在新浪网开设国内首家政府微博——“微博云南”，这一举动也引起了媒体的关注。22 日，关于“微博云南”的新闻有 15 篇，约占当日新闻评报数量的三成；23 日，有相关新闻 30 篇，约占总数的 73%。云南省政府开设微博一事也成了螺蛳湾事件中热点话题之一。

（二）个人博客网页链接渗透式传播

现在众多网上浏览者的阅读习惯，极少有直接输入网址直达目的地的，往往都是通过链接逐层点击，如数据显示在博客作者中有 60%的作者加了别人的链接，而且 24%的博客是通过自己博客上的链接来阅读他人博客的，这也可能是网络之所以为网络的原因。虽然博客网站以其个性化而备受推崇，但博客也绝非仅仅是个性抒发私地，尽管很多的博客是以私人心情日记为主，但作者可以根据自己的需求决定阅读权限，是仅仅孤芳自赏还是朋友共赏或是世人皆赏，全凭自己决定，如果选择了公开，那么即使是隐私在博客里也变成了透明的秘密，而博客写作的动力往往来自不断有人来看的点击和互动性的留言，所以链接和传播成了博客们获得这一动力的不二法宝，正是这种能够留下痕迹的链接，使得人们可以知道谁看过自己的博客，并可以顺藤摸瓜地来到阅读者“家里”，这种并非新技术的链接使得博客成为真正开放的群体。网络之所以称得上“网”正是有众多的链接结构其骨架，但是这种链接往往限于网站内部的链接，实现的是主题、页面、内容之间的跳转，目前新浪、搜狐等众多门户网站采用的就是这种限制性链接。

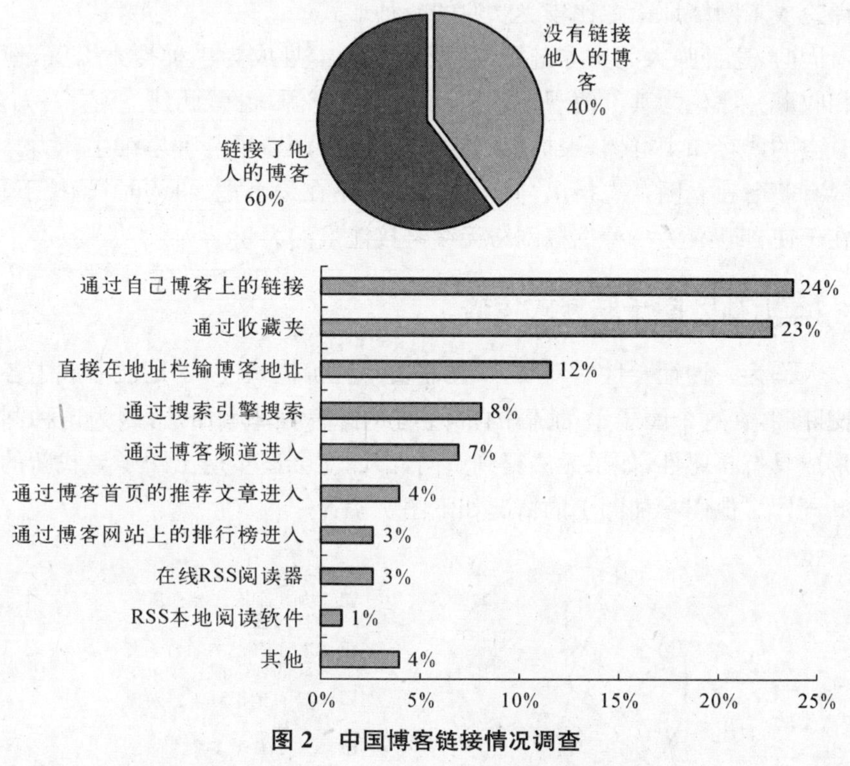

图 2　中国博客链接情况调查

（来源：中国互联网络信息中心《2008 年中国博客市场调查报告》）

而博客网站以内外皆可实现链接的方式实现了从内容到形式的开放，我们在浏览博客时可以发现许多博客根据个人爱好的不同，超链接与之风格类似的博客，这种类似接力棒式的链接逐步渗透至无边无际。一个博客网站，可以通过这种链接实现带有很强个人色彩重组的信息资源，这时就不仅仅限于博客而是整个互联网，扩展了博客个人传播的范围和所能涉及的领域，那些已经被链接的博客和网站皆为其传播领域，这种渗透式的链接方式很可能成为将来博客传播的主流方式之一。

如果说互联网改变了知识存在的形态，使其不再仅仅通过书本来表现，而逐渐扩散到电子空间，而博客则扩大了知识储备和容量，读者不仅能读到相关知识，更能看到他人的评论和评价，这种评论不断地纠正着相互之间的原本错误，从而也自发形成了某种意义上的知识纠正体系。浏览者及时快捷地从一个信息"蹦"到另一个信息，同时逐渐改变着人们的阅读习惯，使博客评论成了网络评论中比较受欢迎的一种形式。

同时，这种强大的文本链接，甚至让评论本身成为一种搜索引擎，他们互相收藏并评论为其价值观所认同的信息与资源，也就此建立起了一个跨越时空的博客知识群体，聚拢起网络智能成果，创造了一种思维生产力。美国曾有著名独立网杂志指出"博客的未来并不在是否把《纽约时报》拉下马，而在于使自己成为一种挖掘网络无线链接能量的力量。"[3]

（三）社区圈子联邦式传播

人作为一种社会性的动物，往往需要一种价值认同，于是便形成了各自的交际圈，在这个圈子里，他们的价值观或者信仰基本相仿，因为这种圈子的形成具有自愿性，如果无法得到认同，个体便会逐步退出圈子寻找新的价值共同体。他们参加圈子的情况如下图所示：

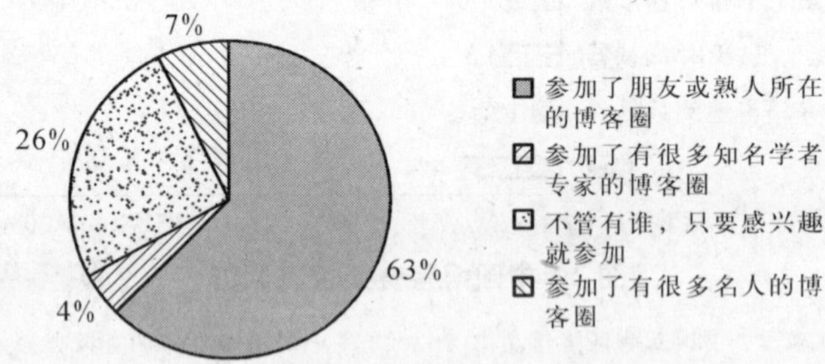

图3　网民加入博客圈子情况调查

（来源：中国互联网络信息中心《2008年中国博客市场调查报告》）

如当同一个圈子里的人看见对方在讨论某一突发公共事件时，便会自然地生出好奇并自动查其缘由，而在博客中“圈”的传播意识更加明显，其传播效果也更为显著，并超过了传统媒体和主流网络媒体，比如两家定位相似的报纸或者网络是不可能将你引荐到彼此的领地上的，因为他们的竞争关系大于了他们“圈”内的合作关系，而在博客中，这种圈则比比皆是。无论博客的点击率高低，在他们的页面中往往会有很多友情链接，这些“链接”连接起来的实际上是一个圈子，对于新近发生的突发公共事件，“圈”内人更倾向于到自己的“博客圈”寻找看法，此时的“博客圈”如同形成了一层无形的“防疫膜”，这层膜抵抗着圈外的主流媒体舆论，此时主流媒体的声音到达圈内后将大打折扣。

各个博客网站也抓住了博客们“圈”的需求，在博客首页便设置“圈”的概念，如网易博客，在首页的标题栏里边设置了社会、历史、电影、科学、读书、音乐、财经、IT、生活等各个社区，无论是对作者还是读者都可以各取所需，快速高效地进入自己的圈子。

在这个虚拟的网络社会中，不同博客群体自发地结为一体，但这个群体并非封闭性的小团体，其开放性依旧不减，欢迎新的个人或群体加入，也会与其他群体进行广泛的传播互动，如其中的成员往往会隶属于不同的圈子，多个圈子相互有交集，形成一个联邦制的网络共和国，贯彻着自己认可的原则和思想，对不同博客群体进行相互认同。

同时这种交流还不止仅仅局限于网上，有时还能转到线下，如在邓玉娇案中，网民并没有满足于网络上的“口水战”，一些网民纷纷走下互联网，企图在网下有所表达。2009 年 5 月 16 日，凯迪网友“屠夫”抵达巴东并将已经收到的来自全国各地网友的捐款 13000 元左右交到邓玉娇家人手中。之后，屠夫持续在巴东活动，并不断发回现场报道(包括照片、录音以及视频)。据屠夫 5 月 17 日在新浪博客上发表博文所述，邓玉娇的住院环境能够得到改善，邓玉娇家人最终同意聘请律师全都是在屠夫的苦口婆心之下才达成的，邓玉娇家人最初委托的夏霖、夏楠便是由屠夫联系的。这篇博文中还贴了当日现场的照片，这些邓玉娇在精神病院中的照片在网络上广为流传。16 日至 22 日期间，屠夫在巴东的行动不仅引起了网民的关注，也吸引了媒体的注意。由于信源的缺乏，屠夫及两个律师发布的消息和言论并成为了这段时间内网民和媒体获取信息的重要途径。

（四）博客文章转载传阅式传播

访问量是网民们撰写博客不可忽视的巨大动力，因为这是衡量博客是否成功是否被主流社会所认可的一个重要标志，除此之外还有博客的被转载次数和篇幅，当主流媒体或者主流网络将博文转载后，这无疑会扩大其展览平台，势必会加大博客本身的访问量，更重要的是，这种影响会延至线下，影响现实社会中事态的发展，借助传统媒介和主流网络转载来扩大影响力是博客舆论形成的主要形式之一。

如 2009 年 5 月发生的“真假罗彩霞事件”之所以以如此惊人的速度形成舆论，媒体转载功不可没。2009 年 5 月 8 日，罗彩霞注册了新浪博客，发博文《千古奇冤 谁来为我伸张正义》，阅读量达到 19285 条。她的博客和帖子便成了网络媒体的源头，随后传统媒体《中国青年报》在率先嗅到了新闻的价值后，乘胜追击，采访罗彩霞本人，之后随着各大主流媒体纷纷深入调查，这才使得最后事件的真相大白。如表 2 所示：

以上传播方式只是笔者对当前的博客传播形态做的一个概括，并不能涵盖所有的方式，而且各个方式的分类并不是绝对的，往往一个博客兼具几种传播方式，正如图 4 所示，博客舆论的形成往往是几种传播方式的交互综合，以此达到传播效果的最优化。

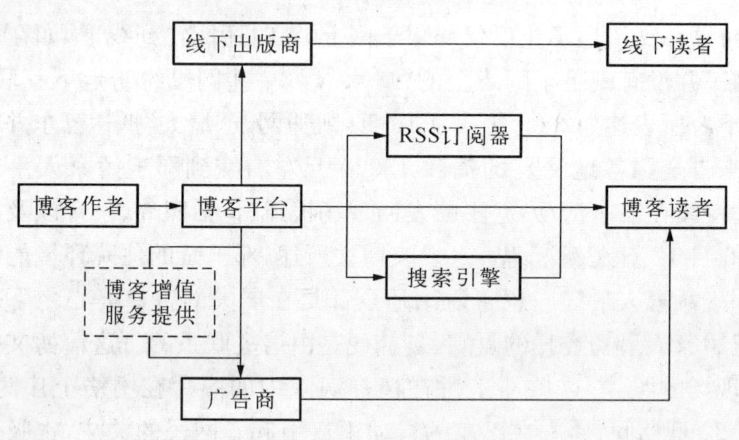

图 4　博客舆论形成方式

（来源：中国互联网络信息中心《2008 年中国博客市场调查报告》）

表 2　罗彩霞事件舆论演化图

舆论爆发阶段 5.5～5.11						
时间	网络媒体	关注度	帖子内容	传统媒体	内　容	互动效果
5.5	(1) 天涯杂谈 (2) 罗彩霞本人搜狐博客 (3) 各大网站转载《中国青年报》的报道	(1) 跟帖 3345 条 (2) 阅读量达 91690 (3) 网易当日转载跟帖量达到 19285 条	(1) 湖南隆回公安局政委女儿莫名顶替上大学。 (2) 支持罗彩霞穷追冒名者。 (3) 千古奇冤，谁来为我伸张正义、	(1)《中国青年报》独家报道 (2)《羊城晚报》《广州日报》等纷纷转载此报道	(1) 独家刊发《公安局政委女儿冒名顶替上大学》	在这短短的六天内，网络舆情集中爆发，同时由于传统媒体的及时介入，两者共同影响了事态的发展。而报道的方式与内容也随着事件发生起着变化。从最开始的揭露事实到后续追踪，仅 5 月 6 日一天便有超过 7 家报社从不同角度报道、评论此事件。
5.6	(1) 天涯杂谈 (2) 腾讯、新浪、搜狐等展开专题报道	天涯杂谈帖子数量达到 23 条。	(1) 罗彩霞事件中的溃败链条。 (2) 搜狐专题：是什么协助王佳俊冒名顶替读大学。	(1)《中国青年报》 (2)《重庆时报》等 (3) 中央人民广播电台报道了罗彩霞事件	(1) 莫非读书改变命运不如权利改变命运。 (2) 冒名顶替罗彩霞是权力的溃败。	
5.7	(1) 天涯杂谈 (2) 网站媒体开始结合传统媒体（报纸、电视）的资源，展开进一步调查与报道。	天涯杂谈帖子数为 18 条。	(1) 从罗彩霞被冒名顶替上大学看到深层问题。 (2) 假罗彩霞是怎么进贵师大的?	(1)《中国青年报》 (2)《信息时报》 (3)《法制日报》 (4)《潇湘晨报》 (5) 中央电视台今日观察节目	(1) 追踪报道贵州师大解释录取假罗彩霞始末。 (2) 教育局被查，已有重大突破。 (3) 冒名顶替者如何成了受害者。 (4) 当阳光考高遭遇特权。	

(续　表)

舆论爆发阶段 5.5～5.11						
时间	网络媒体	关注度	帖子内容	传统媒体	内　容	互动效果
5.8	(1) 天涯杂谈 (2) 罗彩霞新浪博客	当日帖子数量13条。	(1) 受到侵害的不只是个人利益 (2) 千古奇冤，谁来为我伸张正义。 (3) 感恩。	(1)《广州日报》 (2)《南方都市报》 (3)《成都商报》 (4)《每日新报》 (5)《新闻晨报》	(1) 假罗彩霞毕业证最快今日被注销 (2) 罗彩霞案受到侵害的不只是个人权益 (3) 真假罗彩霞案唯有法律能终止羞辱 (4) 罗彩霞事件迷雾渐散	5月8日，《中国青年报》特派记者和中央人民广播电台等4名记者来到贵州师大，找到了事件的关键人物—教授贵州师大历史与政治学院院长、教授唐昆雄 。其说法立刻遭到了网友的猛烈抨击和质疑。也正是传统媒体与网络媒体共同协力，抓出了贵州师大的唐教授。
5.9	(1) 天涯杂谈 (2) 新浪博客	帖子数量10条。	(1) 他们都是罗彩霞邵阳老乡。 (2) 带着希望前进。	(1)《广州日报》 (2)《新文化报》	(1) 假罗彩霞的大学四年 (2) 冒名上大学的王佳俊毕业证将注销	
5.10	天涯杂谈	帖子数量12条。	(1) 罗彩霞事件总设计师。	(1)《信息时报》	(1) 王峥嵘已被警方控制	

二、博客舆论的传播过程

在探究博客舆论形成流程以前，我们先看传统媒体环境下舆论形成的一般流程：

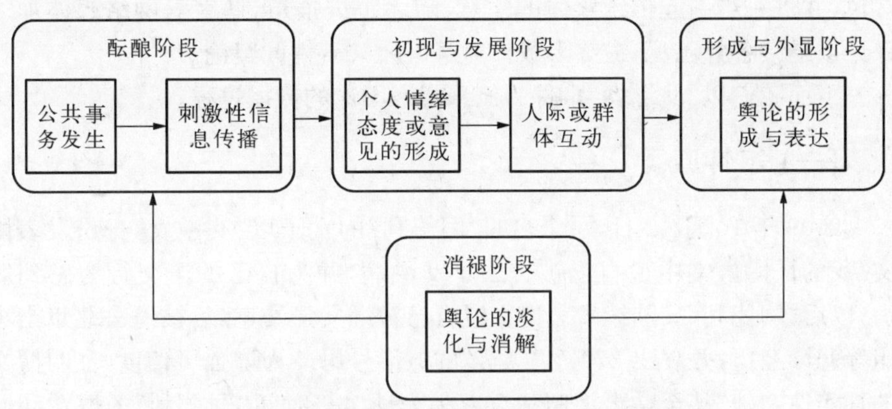

图 5　传统媒体环境下舆论形成的一般流程

（来源：刘津：《博客传播》，北京：清华大学出版社，2008 年 1 月）

首先，社会环境中因一件公共事务而引发某种信息刺激，这种信息刺激会引起公议机关及大众传媒的注意，并在他们的作用下迅速扩张，使更多的人感受到这种刺激，这是舆论的酝酿阶段；这种刺激激发了公众意见的萌发，这种意见起初带有强烈的个体特征，是一种个人的情绪态度或者意见的表达，但随着意见的整合，交互性的社会讨论，即人际间或群体见的互动，舆论出现并初步发展，最终各种意见经过相互说服、交锋、认同并融合，产生了针对某一公共事件的舆论，即舆论的形成与外显阶段，在一段时间过后，舆论会自动消解，而舆论主题会自动转向新产生的信息刺激，从而形成一个舆论的循环。

威廉·葛德文说："我们的一切知识，我们的一切观念，我们作为有理性的动物所具有的一切，都是从刺激产生的。"[4] 传统舆论如此，当突发公共事件发生时，博客舆论亦不例外。

首先是焦点事态的出现，"焦点事态"是博客舆论的客体，突发公共事件即是"焦点事态"，这些突发性事件可以是社会事件如"许霆案"，也可以是地震、雪灾等自然灾害，如 2008 年的雪灾和汶川地震，也可能是突发的新奇事件，或者普遍的社会现象，甚至是普通人的私人事务，如“王菲事件”。[5]

这里需要注意的是引发舆论的刺激客体不一定产生于博客也并不是仅仅在博客上传播争论，它可能是源于传统媒体的一次报道但并未引起关注，而博客的报道使其成了刺激性的信息，变成了“焦点事态”，引起整个网络的热议，并进一步引起传统媒体的注意，随之跟进报道，博客等网络媒体加之评论或继续各抒己见，最终形成针对某一公共事件的舆论。

下面我们以“艾滋女”事件为例看博客舆论的传播过程。

(一) 事件原委

2009 年 10 月 12 日，一个名叫“闫德利”的女子以“艾滋女”身份发表博文《我的忏悔》，文中说自己被查出了艾滋病，并为自己的滥交行为感到后悔，以后“闫德利”又陆续发表博文说自己被继父强暴，然后被逼去北京当小姐等悲惨经历，并曝出 279 个“嫖客”的电话号码。为增强可信度，证明博文的真实性，“她”甚至贴出艳照和全家福为证。一时间“闫德利”的博文和照片被各网站的狂热转载，“艾滋女”也成为网上被谩骂的焦点。

10 月 16 日，华东一家报纸联系上“闫德利”对其进行采访，在一个多小时的线上交谈中，“闫德利”道出这样做“是为寻找未婚夫”的想法。此文又成为各大媒体争相转载的“猛料”。

然而，17 日前往闫德利老家河北容城县贾光乡进行采访的记者爆料说，身在北京的闫德利接受电话采访时称自己并没有发布博客，此前也从未接受过媒体采访。后经证实，博文的发布者、最初接受报纸在线采访的人，并非闫德利本人，而是一个假冒“闫德利”之名对其进行恶意中伤的人。

18 日，闫德利回到老家派出所报案，并去体检，当日的 HIV 抗体检测证实她并未患艾滋病。此时，容城警方也展开调查，容城县政府以及公安、卫生、宣传等部门也高度重视。在官方的安排下，闫德利 19 日晚接受了新华社记者的采访，采访中她透漏怀疑诽谤者为其前男友杨某。20 日，容城警方以涉嫌传播淫秽物品立案，并于 21 日在北京将其抓获，以诽谤其刑拘。杨某承认，假冒“闫德利”的行为是为了报复闫德利跟他分手，要把她搞臭，而让她无法嫁人。至此，“艾滋女”事件终于真相大白。

此事件也被评为 2009 年十大社会舆论事件之一，由此也可看出博客舆论影响社会舆论之深。

(二)“艾滋女事件”的博客舆论形成

【第一阶段】问题出现(10月12日)

“闫德利”的博文自曝“艾滋病”,“艾滋病”本身就是大家都好奇甚至带有歧视的一种疾病,往往病人都会讳莫如深,而她却自己公布于天下,唯恐天下人不知,这足够引起大家的围观心理,而在后来的博文中又陆续口出惊人之语,将一些更为私人化也更为极端化的经历坦白告知,这时她出格行为的曝光已经形成焦点事态,也引起观者的强烈反感。

【第二阶段】网络意见表达交换,传统媒体介入(10月12日——16日)

他们在网上各抒己见,这时形式不只是博客更多的论坛,贴吧,聊天群也加入了进来,现以新浪博客为例选摘如下:

“一个人总是可以为自己犯下的罪行找出各种各样的理由,为自己开脱!”

“闫德利,明明自己染上艾滋病,还故意传染给200多人,其居心太险恶了!”

“这就是我们唾弃你的理由!”

“女子在博客中称,对自己的选择很骄傲。且不谈其行为颠覆道德与法律,这种美丑不辨的想法就让人感到费解。”

“不要求你以德报怨,至少你该为自己负点责任,自爱一点吧!”

此时网上的焦点已延至线下,引起了传统媒体的关注,在10月16日华东某报的记者对当事人进行了采访,被采访者的回答更是让人始料不及,“闫德利”道出“炒作是为寻找未婚夫”的想法,这篇文章也成为各大媒体争相转载的猛料,经大肆的媒体渲染和报道后,形成了一边倒的“恶骂”。

【第三阶段】第一次舆论形成

至此,大家达成共识,这时人们坚信不疑“闫德利”的伤风败俗,并沽名钓誉,以此炒作出名寻夫。

【第四阶段】媒体深入采访报道,新的问题出现(10月17日——18日)

10月17日,记者采访到另一个“闫德利”,她否定了前面所有的采访及报道,并声称自己没有写过博客,这时新的问题出现并形成了新的焦点事态,此前所形成的舆论开始动摇。最后证实文章的发布者、最初接受报纸在线采访的人并非闫德利本人，而是一个假冒“闫德利”之名对其进行恶意中伤的人，“闫德利”本人也是受害者。

【第五阶段】网络意见表达，与媒体跟踪报道（10 月 17 日——20 日）

18 日，闫德利回到老家派出所报案，并去体检证实她并未患艾滋病。此时，容城警方也展开调查，容城县政府以及公安、卫生、宣传等部门也高度重视。在官方的安排下，闫德利 19 日晚接受了新华社记者的采访，采访中她透漏怀疑诽谤者为其前男友杨某。20 日，杨某对罪行供认不讳。

【第六阶段】新的舆论形成

大家痛骂造假者，对“闫德利”表示同情，同时也对媒体表示失望、怀疑，各大媒体也开始进行反思。

“艾滋女”事件折射出媒体软肋——新浪网

吸取艾滋女事件教训 防止网络诽谤传播——人民网

“艾滋女”讽刺剧——网易

“艾滋女”事件余波未了，谁最该反思？——新华网

图 6 是笔者以新浪博客为例对 10 月 12～21 号的“艾滋女”闫德利事件撰文数量的统计，如图 6 所示，在短短 2 周时间，如剧情起伏跌宕的电影一样，过山车般地左右着中国网民的紧张神经，其中在 15 号和 19 号达到两个小高潮，而在上文的过程分析中我们发现这两天正好是事件报道的高峰时期，且都有传统媒体介入，可见博客舆论的主体数量会受到媒介报道的影响，当媒体尤其是传统媒体报道增多时，博客舆论主体会随之增多。

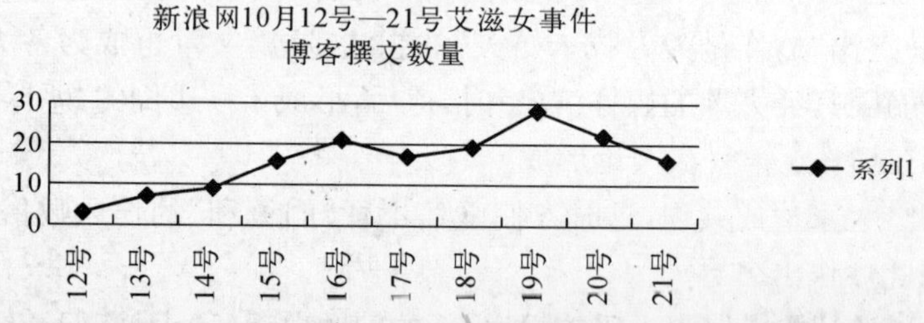

图 6　新浪网 2009 年 10 月 12～21 日艾滋女事件博文数量变化图

在分析完博客舆论的形成过程后，试着给博客舆论做一下概念总结。所谓博客舆论主要是依据其传播形式来区分的一种舆论类型，它隶属于网

络舆论，而网络舆论又是社会舆论的一种。关于舆论概念的各家之言，更倾向于陈力丹教授的概念定义，结合此概念，我们可以这样来定义博客舆论：博客舆论是针对博客上传播的一种焦点事态，所形成的具有一致性、强烈性和持续性的信念态度意见和情绪的总和。

应当加以说明的是，首先博客舆论是舆论的特殊形式，其产生和形成并发挥作用的载体是博客，但并不止于博客，这种态度信念意见和情绪往往会以爆炸式的速度通过各种网络形式加以表达宣泄，最终发展到线下，成为街头巷尾的舆论力量，影响事态的发展。其次，博客舆论同样是混杂着理智和非理智的成分的。

三、博客舆论的传播特点

在突发公共事件中所形成的博客舆论作为一种网络环境下诞生的新型舆论形态，是一种特殊的网络舆论，除了传统媒体舆论所具有的公众性、时新性、公开性和倾向性等共性特征外，还具有以下几个方面的个性特征：

（一）舆论主体的平民性

所有舆论的形成都有一个公众主体，这个主体具有“平民性”，在博客舆论中同样存在着这样一个公众群体，但这些公众与传统意义上的公众有很大的不同，因为他们是虚拟状态下的公众，具有隐匿性，加里·马克思曾提出过现实生活中个人身份识别的七大要素：合法姓名、有效住址、可追踪的假名、不可追踪的假名、行为方式、社会属性（比如性别、年龄、信仰、职业等）以及身份识别物[6]，而在网络上这七个身份认定的要素均有不同程度的隐匿，而在博客中如下图所示，人们标识的往往是性别，只有35%的人会说自己的真实姓名，而在这35%中占宣传作用的名人博客又占了很大的比例，正是这种网络技术的匿名性，使得人们在表达情绪或者态度时，不会因某种顾虑而掩饰过多。

正因如此，在“艾滋女”事件初期，才会有众多的民众纷纷痛骂“闫德利”，描述中的她确实应千夫所指，但如换在身份坐标明确的现实社会里，未必会有如此之多的人表达愤世嫉俗之情，而在网络社会里，人们的身份被隐藏带来的平民性使得网民在第一时间纷纷表达己见。

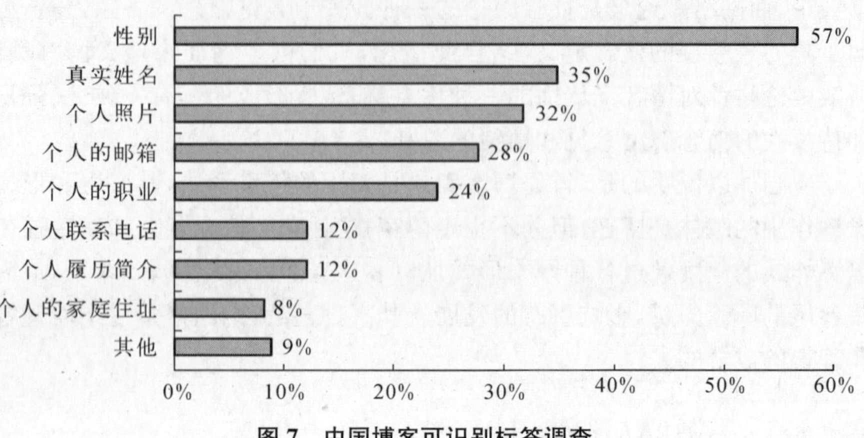

图 7 中国博客可识别标签调查

（来源：中国互联网络信息中心《2008 年中国博客市场调查报告》）

博客隐去了社会精英或是一介平民的社会背景（除非放弃匿名的权利自愿标出自己的真实身份），他们可以针对社会热点畅所欲言，唇枪舌剑，反驳相对观点，支持相同看法，正是这种出于平等地位的意见交流活动使得现实社会中长期以来被权威媒体、社会精英、或是领袖人物所独占的话语权被消解，舆论意见的表达主体实现下移，成为一种平民化舆论形式。

（二）传播权限的开放性

在传播发展史中，每一种新媒体的出现都会相应的扩大人们的言论自由度，而博客作为网络媒体中的一支强势力量，除了带来浩如烟海的信息资源，更是将传统媒体推出（push）信息的方式改为既是受众又是媒体的博客自由的拉出（pull）信息，这种方式既扩大了人们获得信息的自由度，同时也使得传者和受众的界限愈加模糊，为人们提供了发表言论的最大自由。[7]

“艾滋女”事件中，人们在第一时间作出迅速反应，博客刚刚发布不久，马上就有人留言，陆续有人回应，这是传统媒体环境中所不可能出现的反应速度，只因为博客作为自媒体比传统媒体有着不可比拟的开放性。

传统媒体的舆论生产经过层层把关，把关后的信息已经被新闻传播机构进行了分配，某些信息经过处理后扩大传播，而某些信息则被禁止传播，这时的舆论具有很大的封闭性。如 1998 年 1 月 17 日的《时代周刊》就将克林顿那件众所周知的“拉链门事件”拒之门外。而博客的“五零”标准（零体制、零编辑、零技术、零成本、零形式),使得任何有网络的人都可以“出版”新闻,而不受新闻出版部门的审批,也没有相应的登记许可制度,这种开放性使得博客使用者在理论上都能够成为“新闻发布者”。

除此之外,传统新闻的评论从某种意义上来说具有预设性,其目的就是要影响和引导社会大众的整体看法,而博客的链接技术使得浏览者不仅可以对一家之言进行点评,更能一点鼠标对相关主题的信息进行全开放式的阅读点评,从而使博客舆论更具开放性。也正是这种开放性增加了本身就难以控制的舆论传播的难度,使得博客舆论控制愈显复杂和难以操作。

(三) 博客受众的语言行为具有情绪性

“舆论的质量关键在于理性程度”[8],而博客舆论却具有极强的情绪性,究其原因,除了博客的技术基础使得情绪宣泄简单化外,还有别的原因。

我国目前处于社会转型期,社会结构的调整,社会运行机构的转变,利益群体的变动都直接影响着每个社会成员的切身利益和社会地位,而生活节奏加快、社会不平衡现象频现、竞争压力增大等等普遍问题使得社会成员产生诸多不满情绪,但是现实社会中往往缺乏这种宣泄渠道,网络的匿名性、博客的个性化为这种宣泄提供了平台,博客使得弗洛伊德“本我”式的情绪宣泄得以原生态的展现,甚至是扩大化的展现,我们常常看到言辞尖锐,甚至是侮辱和谩骂的语言,这时的宣泄带有很强的情绪化和非理性化。

“艾滋女”在事实澄清以前,在民众心中被误解的行为确实让人气愤,但其夸大其辞的情绪化的言辞将博客舆论的情绪化淋漓尽致地展现了出来。如“这种女人艾滋了也罢”、“没有尊严的动物”等话语在相关博客里比比皆是。有研究者认为,人们有一种借助媒介技术把自己后台行为[9]前移的倾向。[10]

美国芝加哥大学法学院讲座教授凯斯·桑斯坦在其网络传播研究时曾提出“群体极化”的概念。“群体极化的定义极其简单:团体成员已开始即有某些偏向,在商议后,人们朝偏向的方向继续移动,最后形成极端的观点。”“在网络和新的传播技术的领域里,志同道合的团体会彼此进行沟通讨论,到最后他们的想法和原先一样,只是形式上变得更极端了。”[11]甚至出现了博客状告博客的案例,如赛迪网上发布的一篇新闻“博客发布侮辱性文章 博客秦尘被判道歉”[12]诸如此类因情绪化宣泄而激起愤怒甚至是群怒的案例已不在少数。

博客极大地扩大了人们的言论自由度，而博客们如同在自家自留地上一样建造着“意见自由市场”，但是这种博客舆论是理性和非理性的结合体，当群体极化到一定程度形成规模式的情绪化舆论时，对于社会的影响将不可小觑。

(四) 舆论表达交互性

在报纸中我们也能找到对“艾滋女”事件的报道，但是我们无法以此为关键词找到类似的纸质媒体报道，但在如新浪博客以“艾滋女闫德利”为内容关键词搜出的博客即有 280718 篇，而其中都可相互链接，留言，评论。这些传统媒体中的信息流动方式是从点到面，传播者出于信息链条的主导位置，他们是“把关人”，挑拣组合信息传给受众，受众理所当然地出于被动接受的位置，既没有选择信息源和内容的权利，也难以将评价告知众人，这种单向传播使得反馈与“把关人”的力量对比悬殊而无法与之抗衡。这造成了一批已适应了被动信息接受的简单阅读者，知道了即结束了，这是一种没有反馈的单行线，同时也造成了大量受众与媒介的远离。

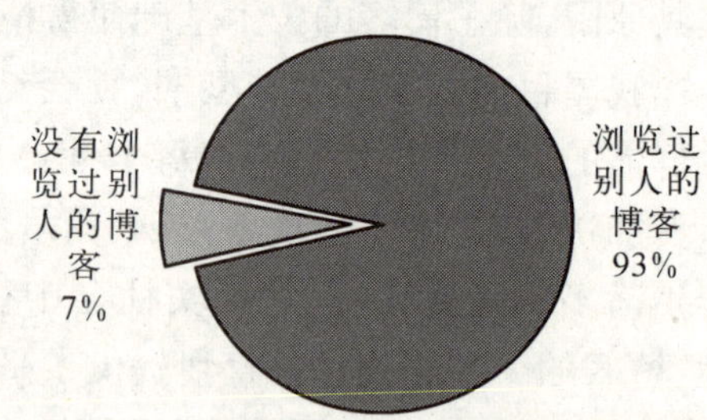

图 8　博主有无浏览过别人博客比例图

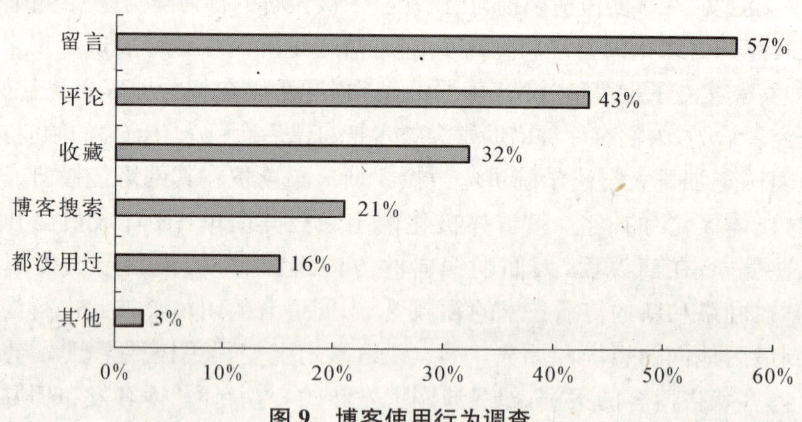

图 9　博客使用行为调查

(图表 8、9 均来源于中国互联网络信息中心《2008 年中国博客市场调查报告》)

而博客作为一种新媒体形式有着本身的技术优势，如其开放性，调查数据显示93％的人浏览过别人的博客，57％的人表示会在浏览博客时评论，而作者也可以就评论作出回复，使得阅读信息如同邻居家串门一样，并对邻居家的所陈所设指点评价，这种“点到点”乃至“网到网”的传播互动使个体的社会参与度大大提高。

(五) 弱权威性和多元化

“从众”是现实生活中常见的一种心理现象，也是在“沉默的螺旋”理论的重要依据。社会心理学研究表明，人在匿名状态下容易摆脱角色关系的束缚，彰显自己个性，在博客里，一个人的言论被攻击时，他往往不会采取现实中的消极从众态度，削减自己的锐角来保护自己，而是大胆反驳或是删除评论，再者可以转至其他博客寻找同盟。正是这种包容性使得人们更加注重个体意志和对个人言论自由的尊重，让更多人自愿充分地表达意见，而这种意见的多元化使得博客舆论并不是以千篇一律的面貌出现，而是呈现出多元化的样态。舆论的多元化直接造成舆论的弱权威性，并使得意见气候不明朗，在这种情况下，要形成具有统摄力量的权威性舆论就更非易事。

在此次沸沸扬扬的“艾滋女”事件中，到最后却发现是一场闹剧，可在事件初期，虽然有很多人提出了质疑，但还是有很多的人对此事件当事人的不齿行为深信不疑，众多媒体加入了这个舆论圈的扩展中，导致事件澄清后，人们对新闻媒体的真实性产生了怀疑，这也是博客舆论弱权威性的彰显，如果这种弱权威性得不到有效的控制，也将会影响到其他媒体的权威度。

(六) 博客舆论形成的迅速性

博客的种种技术特性使得舆论形成在时间和空间上都大大缩小，各种意见性信息在博客上以最短的时间最快的速度传阅并延伸至博客以外的网络传播方式，从而使得博客舆论具有速成性。

博客在新闻的信息传输方面省掉了报刊电视等传统媒体的编印录制环节而大大缩短制作周期，使得自媒体的新闻信息更具时效性，而时效性是博客舆论在时间上快速形成的一个重要前提。

加之博客的超强互动性，每条新闻或者信息都有即时回馈机制，针对任何一件事情，公众都可以在第一时间发表自己的言论，并允许读者评论而作者也可以对评论作出回复，从而实现一对多的信息互动，这就有利于公众意见与态度的说服与融和快速的形成。

从"艾滋女"博客2009年10月12号发表到10月16号，仅仅四天的时间只在新浪博客就有124篇，此时各大贴吧网站新闻纷纷在首页推出，形成反对舆论，当18日体检结束，19日接受新华社采访澄清事实后，各大博客纷纷倒戈，瞬时舆论逆转，这都显示了博客舆论形成之迅速。

四、博客舆论营造独特"舆论场"

"舆论场"是指"包括若干相互刺激因素，从而能使许多人形成共同意见的时空环境"[13]。传播学者刘建明指出"同一空间人们的相邻密度与交往频率较高，空间的开放度较大，空间的感染力或诱惑程度较强，便可能在这一空间形成'舆论场'"[14]。

当博客以吸引眼球的方式推荐出"艾滋女"博客后，博客的高密度大空间议论迅速的形成了一个"舆论场"，再如红遍网络甚至走出国门的"犀利哥"，之所以能以超出常人理解的速度闯进人们的视野并引起国外媒体的关注，也是因为博客所形成的高密度、高开放度的群体议论。

在突发公共事件中，关于事件报道的信息来源和途径日趋多元化，人们能够更加快捷而全面地了解焦点事态的始末，而这些焦点事件作为信息刺激，使有着不同的专业背景不同社会地位的博客写手们从各自角度立体式地解剖突发性事件。博客所营造出的"舆论场"实现了多方思想平等交锋，在思想交锋碰撞中，个人的意见、态度、情绪相互影响说服逐渐汇聚成为博客舆论，而且其传播范围呈现出"涟漪式"的意见扩散，迅速地形成强烈的"舆论圈"。

曾轰动全国的"许霆案"即在广州的打工青年许霆因利用银行自动柜员机出错，提取了不属于自己的17万余元，2007年11月29日被广州市中院以盗窃罪一审判处无期徒刑。事后众多博客纷纷撰稿替其鸣不平，其中不乏法律界的权威人士，他们的发声更加强了舆论场的吸引力，现选摘如下：

"如此严苛的判决似乎意在表明，任何人都不能在银行的漏洞面前心存非分之想，而对银行的警示作用几乎微乎其微。"

"一些官员贪污受贿几百万，几千万，所判刑罚还不如许霆重，社会正义何在？法律的公正何在？更何况银行也有过错。在现实的利益诱惑面前，又有几人能够抵挡得住？”

“如果公民许霆取款170，账户上被扣17万，不知道银行要负什么责任，属于盗窃罪吗？数额特别巨大吗？行长是不是也要被判无期，没收个人全部财产？”

“柜员机取出假钱——→银行无责 网上银行被盗——→储户责任

银行多给了钱——→储户义务归还 银行少给了钱——→离开柜台概不负责

柜员机出现故障少给钱——→用户负责 柜员机出现故障多给钱——→用户盗窃，被判无期”

我们不得不佩服舆论场所激起的人们意见和观点的多样性及说服力，这些人性化的意见表达弥补了法律的死板，从一定程度上也促进了中国法制化的完善，在这一片舆论声中，其判决最终改为有期徒刑五年。这时网上又有人提出在云南也存在着另一个“许霆”，只是他没有许霆这么幸运，他已在狱中待了8年，因为那时网络还不发达，更不用说可以畅所欲言的博客，因此少有人为其鸣冤申诉，他只能在围墙内终其一生，但他又是幸运的，在第8个年头上，博客已经成为独特的网络舆论场，有素不相识的众多博客们为其翻案，舆论最终延至线下，云南版“许霆”也于2010年走出围墙。

由此我们不难看出博客舆论对现实社会事件的影响力度和其“舆论场”的张力。博客舆论作为网络舆论的一种特殊形式，已经与传统的社会舆论有很大的不同，传统的社会舆论控制机制、旧的规范秩序、价值观念和言行模式已经被普遍否定或严重破坏，这种秩序规范已逐渐失去对舆论主体的约束力；而与网络环境相适应的新的控制机制、规范秩序、价值观念及言行模式尚未成熟，更没有成为整个网络环境下所默认并被普遍接受的约束规范，因此对新兴的网络舆论主体的有效约束力就很有限，而博客舆论以其更为灵活的特点更是缺乏就相应的成熟规范，从而出现了博客舆论规范真空或规范冲突的状态。

（一）博客舆论传播中的失范现象

失范（anomie，anomy）一词，本作为一个社会学概念，现已被广泛移植到其他学科领域。失范与社会规范总是相伴而生的，人类社会的秩序建立是一个无限循环的过程，这个过程即为规范建立——规范丧失或破坏——

规范再建立，周而复始、循环往复不断催生新的规范，实现秩序的更新。

1. 情绪型舆论蔓延

博客为人们提供了一个极为自由的宣泄平台，博客情绪型舆论正是处在这种更加开放、自由的虚拟平台上的一种情绪表达及其合成，而这种情绪往往在交流与传播过程中形成一种暴动，成为程序正义但情绪暴动的非理性舆论失范。

博客上的舆论多是处在潜舆论形态，是一种情绪性的宣泄。随着言论的开放，越来越多的“敏感话题”浮出水面，这些在传统媒体中罕见的信息事件，激发出了民众的集体正义感，博客的集群化宣泄更扩大了这种民意情绪的宣泄，即情绪型舆论的蔓延。具有典型情绪性非理性的博客舆论及反映出的其他问题有如下表现：

(1) 博客表达言语极端

在博客里，从某种程度上来说，语言就是个体的生存方式与存在手段。虽然有图片和音视频来辅助，但博客主要还是通过语言来传情达意。博客发表意见主要是为了表达自己对某一问题的观点，但同时也希望引起他人的注意并得到他人的支持来肯定自己的存在。中庸无奇的观点，平淡寻常的表达方式，往往无法取得注意，因此，极端的观点与言语方式便应运而生。在博客的互动交流中，往往采取更为极端的观点与言语方式，语不惊人死不休，挑战权威、消解神圣且屡试不爽。互动辩论强调个体表白，这种过度强调往往导致脱离原来的论题，引发人身攻击。

情绪化、非理性的言语，在众多博客中，比比皆是。2006 年，南京大学某老师状告其学生博客对其进行人格侵犯，因学生在其博客中撰写了《烂人烂教材》一文，文中用了诸如“烂人”、“萎缩人”、“简直就是流氓”等极端情绪化的字眼，对其老师直接攻击和辱骂，不料此博文被老师无意读到，随后老师致电博客的托管网站让其删掉该文而未果，遂诉至公堂，此案被称为“中国博客第一案”。这个案例最终判决托管网站“中国博客网”在首页刊登致歉声明并保留十天，同时赔偿该老师经济损失 1000 元，并被新华社列为“2006 年中国十大案例”之一。

有的博客发布各种有辱人格的小道消息，有的更是赤裸裸的人身谩骂。对于他人的不负责任的攻击更是屡见不鲜，这种攻击通常是以某一事件为起因，伴以非理性的指责非难并以讹传讹，加以肆意的攻击和谩骂乃至大打

"口水战",这种争论的目的绝非探讨、切磋问题或辨明是非的辩论,只是制造噱头,引起注意。如果有一些出于猎奇或追求轰动效应的人将一些未经证实的"小道消息"发布在博客上,伤害的是一个人或者几个人,但如若有人别有用心的利用博客来散布谣言,那伤害的就不只是几个个人而已了,妖言惑众,蛊惑人心所造成的可能是无法预计的灾难性后果。

如今博客已经面临一定程度的信任危机,如调查中显示有63%的人更信任新闻,这些新闻哪怕是网络新闻,我们无法彻底清除这些负向舆论,但至少可以有所作为,有所控制。

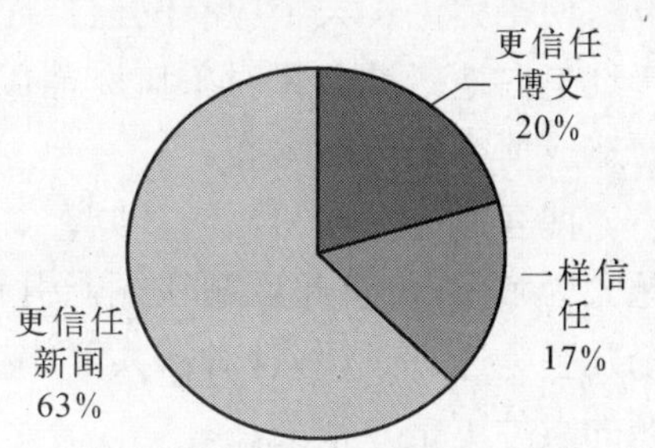

图 10 对更信任博客还是新闻的民众调查

(来源:中国互联网络信息中心《2008年中国博客市场调查报告》)

(2) 博客舆论更易群体冲动

受信息来源的限制,博客舆论与真相之间往往存在着一定的距离,有的新闻或者信息源受角度及空间的限制,常常断章取义,所报道传播的事件并不确切或有失偏颇,有些甚至是谣言,但很多博客读者面对这样的消息却极易轻信,表现出一种群体盲从与冲动。

比如中国和日本之间的关系因为历史的原因一直很敏感,因此便有人利用这种敏感在博客里扩大这种敏感,盲目煽动仇日情绪。再比如说某个专家表示新浪网的名字"SINA"在日文里是污辱我们"支那"的意思,并说新浪是由日本控股的公司,号召网民以后不要上新浪网,然而事实是无论新浪的名称还是股东与日本都没有联系,只要稍微查询一些新浪的历史就会知道,这只是一个无稽之谈。但为何这种看来漏洞百出的谣言会形成舆论并迅速传播呢?

虽然在多数情况下,大部分人都没有恶意来煽风点火,但不能排除如此次事件中的杨某一样隐藏着自己的动机。也许有些人确实需要通过在自家"客厅"里发泄在现实世界中积蓄的不满情绪,来释放压力,也有些人需要通过特定的意见表达来造成一定的舆论影响而赢得某些地位,更有如杨某者坏他人名声,报复打击,这时,意见表达就是一种手段一种途径而不是仅仅目的这么简单了。在这样一种各怀心事,群雄混战情况下,往往理智者也变得不理智了。

(3) 博客舆论监督“越位”

博客舆论具有舆论监督的功能，在其监督声中往往会形成社会各种权利之间的制约机制，从而使社会发展步入良性循环，然而博客舆论的“越位”，使得舆论丧失了应有的监督理性，对一些社会问题过度干涉，甚至不分青红皂白地对被监督对象口诛笔伐，将博客舆论的监督转变为舆论逼视，从而造成博客舆论的畸态。

博客舆论对涉“官”与涉“腐”、涉“富”或涉及社会“公平”和“正义”的话题尤为敏感，言及此话题往往能引起博客舆论一片征战且屡试不爽，博客舆论几乎是逢官必炒，且对富人群体存有一概而论的偏见，对涉及司法公正问题的案件更是异常关注。

如在2008年汶川地震中，“富人阶层”就集体经受着博客舆论的考验，网络中出现的“捐款排行榜”、“国际铁公鸡排行榜”，为博客提供了丰富的谈资，大多博客都将捐款视为一把考量“富人阶层”社会责任感和社会道德的标尺，甚至有人将以明星和企业老总为代表的富人阶层的收入与捐款数额列表对比，如果捐款数额与年收入不成比例，这些个人或者企业捐款人都将成为众矢之的。对此王老吉和万科应是深有感触，只是这种感触截然不同。

“要捐就捐 个亿，要喝就喝王老吉”。王老吉向四川灾区捐款1亿元后，引发了大范围的王老吉消费热，但2008年6月15日《华西都市报》报道一位内部人士透露，实际上王老吉请了一大批网络推手在推波助澜地进行市场营销，这样，王老吉捐款就染上了商业利益色彩，捐款就成了商业广告，因此也就有了忽悠公众真挚感情的嫌疑。然而出人意料的是众多博客依然撰文支持王老吉，如有人在网易博客发表博文《不管是否炒作，我们都支持王老吉》一边倒的支持声引发了舆论潮。但我们如果就此得出现在的博客们看问题更加理性、客观、宽容的结论的话，万科的老总王石绝对会拍案而起。

当万科的200万元捐款激起了众怒，被封为“为富不仁”、“冷血”、“ 奸商”、“ 吸血鬼”、“ 丑陋的地产商”等种种臭名后，王石迫于舆论压力不得不为自己不当的言行进行道歉，并追加了1亿元捐款，然后大众却并不领情并斥为“补上也是一个疤！”

再如人们你在“邓玉娇”这一案件中，对博客舆论监督力量的越界行为表示出担忧，发出舆论审判能否代替司法审判，舆论能否超越其他“三种权利”，凌驾于一切之上，舆论监督是不是多人暴政的疑问。有法律界人士认为，“邓玉娇”案的判决很大程度上是对社会集体情绪的一种“屈从”。博客舆论终究只是一种监督力量，而不能过于干涉，甚至出现舆论审判的局面，否则博客舆论最终会偏移正常轨道。

（二）博客舆论传播中的三种倾向

这个社会变幻莫测天天上演着各类故事，但并不是所有的事情都能引发舆论潮流，有学者分析在社会转型期的中国，有几类特定事件更容易成为焦点事态，引发博客舆论，它们分别是：对社会个体权利的保护（如“许霆案”、“躲猫猫”都体现出人们对个体权利的关注）；不同阶层间的冲突，（其中官民矛盾，贫富冲突，往往又是其中最突出的两个方面，如多起名车撞人案，邓玉娇案，）；中美关系；中日关系问题。

前两者体现出人们对自身权益的关注，而后两者则具有历史与现实的民族冲突或者文化价值冲突的意味。曾有研究者道，网络舆论热点隐藏复杂的社会背景，而博客舆论则为其一，主要表现为批判现实主义和极端民族主义，博客作者们在对我国内政外交事务关注过程中，口诛笔伐，带着情绪展开论战。

1. 博客舆论具有批判现实主义倾向

在网民对众多社会事件态度的背后，隐含了他们对官员腐败、钱权交易、公权操作等诸多社会问题的态度。

瑞典心理学家荣格说：“通常，当集体无意识在更大的社会团体内聚集起来，结果便是疯狂，这是一种可能导致革命、战争或类似事物的精神瘟疫。这样一些运动极富感染力——差不多是压倒一切的，因为当集体无意识被激活时，你就不是原来的那个你了。……”[15]

这种倾向也存在于引起轩然大波的“河北官二代校园撞人”事件的博客舆论之中，在一定程度上反映了各个社会阶层的现状和因贫富差距的悬殊而引发的社会矛盾。在“河北官二代校园撞人”事件中，“王子犯法，能否与庶民同罪”这种中国千百年来传承下来的疑问再次上演，人们希望能彰显理想正义，在撞到此类少数为富不仁、仗势欺人、权钱交易的现实阴影时，人们这种积攒已久的情绪便喷发出来，形成了诸多的非理性舆论。

我们承认现实社会中的不公和矛盾，但这些不公和矛盾的解决需要一个过程，而有些博客夸大这种矛盾，并一厢情愿地拒绝别的声音，从而导致博客舆论进入另一种专制。

2. 博客舆论的极端民族主义倾向

要说博客舆论，我们得先看一下网络民族主义声音，这最早出现在1999年“五八事件”，特别是“9.11事件”后的论坛上，随后在2003年，在中日关系的网络讨论中，“网络民族主义”的概念被提出。

有学者指出：“所谓的网民族主义仍具有诸多的政治冲动和不成熟的表现，诸如言论失之于幼稚偏激，大量的伪民族主义言论也充斥于网络言论平台。情感的抒发和宣泄，无法促使言论的系统化和理论化，加上在目前媒体的政治生态环境下，也无法获得更多的舆论的参与讨论。因此，他给外界造成的印象并不是理性的思考，而是带有若干失控形式的鲁莽情绪。”[16]

而博客舆论的民族主义作为网络民族主义的一个分支，目前也呈现出泛化和极端化的倾向。他们通常扛着“爱国主义”大旗，稍不顺心就喊打喊杀的极左翼“愤青”们，在网络时代初期就获得了“爱国贼”的封号，如在与日关系上，很多博客经常会在事件初期就开始毫无由头地大批特批日本，这几乎是在帮国家的倒忙，因而非常对得起“爱国贼”这个称号。这种极端化会使民族主义剑走偏锋，于事无补。

3. 博客舆论中的权力再分配倾向

博客教父方兴东在《Blog：个人日记挑战传媒巨头》中言道“任何一个人都可以成为专栏作家”“第一次实现了所有人面对所有人传播的人类理想”，他认为“在博客里面没有什么精英、草根之分，精英也有博客的权利，草根也有博客的机会。”因为在他看来：“2.0最大的特点就是以个人为中心，你的博客，你的主权是你自己的，所有的内容、所有的文章、所有的读者是你自己的，你在上面发表也好、仓储也好，都是你自己主动做的，主权是你自己的。”[17]博客技术的确产生了这种理想境况的可能性，博客舆论的传播有多种形式，万变不离其宗的是博客们都在竭力地提高其点击率，而所从属的网站也会竭尽所能地帮博客们实行推广策划，这时的博客实际上已不是最初的自然状态，而是作为一种公共媒体存在。

博客们拥有了信息发布和生产知识的自主权，但在博客舆论场里，我们不得不关注博客作为公共平台的话语权问题，“话语意味着一个社会团体依据某些成规将其意义传播于社会中，以此确立其社会地位，并为其他团体所认识的过程[18]”由此可见话语权并非博客技术所能提供的自言自语式的表达和展示权，而是在公共领域内，有多少声音能被听见，能被多少人听见，听见后能否引起共鸣并对社会有一定的影响的问题。

我们以博客的排行榜为例来看是不是所有人的话语权是平等的。

社会网络的分析方法有助于我们从结构的层面认识博客世界的权力关系。社会网络的分析方法指出，一个社会网络中的行动者，如果与很多他者有直接的关系，该行动者就居于中心地位，从而拥有较大的权力。[19]博客的点击率就如电视的收视率一样，成为衡量一个博客流行度与话语权的一个量化指标，深圳大学传媒与发展研究中心曾对 2006 年 9 月 23 日“新浪博客总流量排行榜”TOP100 排名的统计，表 3 为数据分析。

表 3 “新浪博客总流量排行榜”TOP100 排名统计分析

职业身份	演艺人员	媒介从业人员	作家	专家学者	企业名人	团体	草根	总计
人数(人)	36	29	9	6	5	4	11	100

表 4 为 2010 年 3 月 25 日新浪博客总排行榜。

表 4 新浪博客总排行榜

1	2	3	4	5	6	7	8	9	10
韩寒	徐静蕾	Acosta	当年明月	李承鹏	郭敬明	马未都	三峡在线	洪晃找乐	董路

从表中我们可以看出，排名前百名中的演艺人员多达 36 人，他们大都是我们在现实社会中所熟知的演员、歌星、模特；其次是媒介从业人员包括记者、主持人和自由撰稿人共计 29 人，除此之外还有作家 9 人、6 名专家学者、5 位企业名人、4 个团体博客而只有 11 人出身草根。

再看笔者统计的前十名列表中，我们发现只有 Acosta 和三峡在线属于平民草根阶层，而其余皆为社会名人。在名人博客上虽然也有来自草根的经典评论和犀利观点，但总体来看，精英往往是表演者与演讲者，而草根则是前来倾听或观看的“看客”，这些看客甚至是慕名前来，可见博客技术并没有改变草根的旁观者身份。而在如今的娱乐偶像时代，很多名人博客上的草根往往纯粹为了留下足迹而留言，这并非真正意义上的交流者和评论者。

如韩寒在2006年9月的一篇博客里，通篇只有一个句号("。")，就在这没有任何信息含量的博客后面竟引来5万多的点击，评论更是多达1027条，而很多留言评论的信息量也是几乎为零。如"沙发"、"这么靠前""头一次第一页"、"顶"、"沙发还是板凳，先占位，稍后评论"之类的抢位式留言，真是这些留言和粉丝们另类的行为使得博客舞台上，再现那些已经占据传统公共空间资源高地的偶像明星们的得意势头。所以，博客虽然有分权的作用，但这并不意味着权力的平等，在博客世界，将出现新的权力关系[20]。

五、博客舆论引导策略

(一)培养博客舆论中的"意见领袖"

美国学者拉扎斯菲尔德认为大众传播中所传递的信息并不是直接到达普通受众那里，而是由"人际交流圈"中的意见领袖来"传导"影响。"意见领袖"就是某一人际交流圈中较多或者首先接触大众媒介并将经过自己再加工后的信息传播给其他人的人。当有事件发生后，因"意见领袖"之所以成为意见领袖的优势，通常他们先了解了事件，然后再由他们去影响"交流圈"内的人。

在网络时代，人们不是信息饥饿而是信息过剩，"这个世界的信息仿佛是太充盈了，以至于公民都丧失了判断力"[21]。因为每个人的知识背景和信息处理能力不同，传统的大众传播时代遗留下来人们对权威的信赖仍将在博客传播中发挥作用，人们其海量的信息无所适从，在主动选择信息时通常遵循一种"权威法则"。因为博客虚假信息的泛滥，此时他们更依赖于权威意见，仍然需要意见领袖为自己指路解惑，这就为博客舆论引导中培养意见领袖提供了现实基础。

就如前几年新浪网络推出的名人博客"专门频道"，其实这个"频道"所起的就是某种意义上"意见领袖"的作用，网民们自愿并持续性地阅读他们的博客，并争相留言与他们进行互动交流，自发地形成了以博客为轴心和"主心骨"的"粉丝博客圈"。如在北京奥运会上，刘翔退赛造成了强大的舆论焦点，社会上很多知名人士马上登博阐述自己的观点，发挥了意见领袖的作用，引导了舆论的正常发展。

网络舆论的形成可以被视为一种集体行为，在舆论活动期间，集体中意见领袖的观点、言论、情绪和态度往往会起到引导舆论的作用。传播者的社会身份、知名度决定了其在网络舆论中的影响力。例如盛大林、韩寒，他们的言论往往更容易得到其他网友的信任，传播范围广，产生传播效果也更为显著。

2009年5月7日晚8时许，杭州富家子弟胡斌驾驶一辆三菱跑车于闹市街头飙车，不慎将正在过斑马线的25岁杭州市民谭卓撞飞致死。9日，胡斌被当地公安机关刑事拘留。7月15日，杭州市西湖区人民法院对胡斌飙车案正式开庭审理，并于7月20日作出一审判决，判处胡斌有期徒刑三年。根据武汉晚报的报道，第一个已知的胡斌替身帖7月21日发表于百度WOW吧，帖子的内容为："众神相信法庭上的那个胡斌是本人么?"以及与此相关的五张图片。此外，7月21日上午，天涯论坛、猫扑上也发表了怀疑出庭受审的胡斌是否为其本人的帖子，而熊忠俊的《荒唐，受审的飙车案主犯"胡斌"竟是替身》一文也是出现当天上午。

胡斌"替身"的说法传出后，7月30日凌晨1点，韩寒便在新浪博客上发表博文言明自己的态度，文章名为《胡斌进去，胡彦斌出来》。通过文章可以推断，韩寒对于出庭受审的胡斌的身份持怀疑态度，这在标题中已显露无遗。与熊忠俊不同，韩寒仅表达了自己的看法，而不是利用各种信息为自己预设的结论制造证据，将主观猜想当做事实真相发表。尽管如此，由于韩寒作为名人的特殊身份，他的"一家之辞"终究没有只停留在个人观点的表达上。博文发表后被网友广为转帖，成了"替身说"的"有力"证据之一。包括天涯、猫扑、西祠胡同、百度贴吧、19楼空间、ChinaRen社区、新浪、网易、搜狐、腾讯等在内纷纷转载了这篇文章。在韩寒的新浪博客上，截至2009年12月21日，该文的回帖数量共计4535条，其中30日有2330条，31日有1195条。这种号召力实际上可以转化为意见领袖的权威力，而这种权威甚至有一呼百应的强大魔力，由如此意见领袖来影响圈内人必将事半功倍。

(二)与传统媒体互动，实现立体式引导

中国互联网络信息中心(CNNIC)首次提出了"互动参与指数"以反映网民的社会参与程度。报告显示，我国网民2009年的互动参与指数为49.0，高于2008年的47.0，也高于美国的45.8[22]。这一特征在各种突发

公共事件中突出表现为公众在公共领域中参与程度的提高。

由于形成了公共领域的话语权，普通网民可以一起加入进来参政议政，民意得到了尊重和贴近。在以“受众”为中心的网络传播中，网络媒体这个“意见的自由市场”成为反映民意的晴雨表，传统媒体新闻报道借助网络媒体中丰富的新闻源和新闻话题，形成网络媒体与传统媒体议程良性互动，帮助传统新闻媒体以“受众”视角多报道贴近民意的新闻，可以提升传统媒体议程设置的权威性和影响力[23]。以2010年9月发生的江苏新沂“宝马碾男童”案为例，当相继两则《我是宝马车主的女儿，我为爸爸喊冤!!!》、《我是宝马车的父亲，请大家放了我儿子吧!》的帖子在网上出现后，一系列抨击、怒骂的声音直指这两则帖子。网友对此极具反逻辑的现象的质疑与批评的帖子、文章也立刻如潮水般涌来，如《宝马碾死幼童，铺天盖地的危机公关，未免太猖狂了》。另外还有一位自称和肇事司机开同样车型宝马的网友在网上发图，称倒车雷达可以清楚看到后面的东西，不可能发现不了孩子，以此来驳斥所谓的司机并非故意撞死小孩的不可能性。甚至还有网友人肉出了车主的身份，系新沂市草桥镇古墩村“党支部书记”张某，将其个人情况张贴在网上。这些成为热帖的议题尽管并非全部真实，但多数言语和内容都为网民情绪和意见的表述。在民意的诉求下，传统媒体发表报道《宝马多次碾男童 新沂称严惩凶手》、《宝马碾死男童肇事司机刑拘》，使民愤得以宣泄和纾解，从而缓解网民与政府的紧张关系，避免群体性暴力事件的发生。

（三）加强博客道德自律

博客因其无上的自由和宽容而备受宠爱，但过多的自由反而桎梏了自由，成了自由的枷锁，这个社会是容许价值多元的，但这绝非意味着这个社会没有价值标准，也不会因为宽容而丧失价值判断的勇气。我们一直在强调博客舆论对生活和社会的影响，所以保持宽容而不是纵容让博客有所约束的“自律宣泄”。博客可以畅快地宣泄情感，但这必须在道德的约束范围内，有人比喻这为高速公路对汽车的“限速”，为的是司机更是所有人的安全。

博客教父方兴东曾在《博客：倡行自律的宣泄》中提及“作为一名负责任的博客，应该自觉遵守以下的道德规范：诚实和公正原则、承担责任原则、伤害最小化原则”[24]。

诚实和公正原则即为当博客在收集报道信息时应诚实，公正并鉴别链接信息来源，对主观评论的信息和客观事实的信息应当明晰区分，而不应曲解事实。

担当责任原则就是博客在发现信息失实时应该勇于承认错误，并能及时纠正，对于因报道的失误引起的以讹传讹必须尽快讲清事实予以澄清，对那些可能会造成社会动荡的信息更应该予以斟酌鉴别。

而伤害最小化则是博客应尊重所报道的博客，除非特殊情况需要公开透明，否则不能侵犯他人的隐私，体现出一个负责任的博客应该有的良好品味和格调。

除了博客教父所强调的原则，笔者认为身为博客也不能只扫自家门前雪，不管他人瓦上霜，不仅对自己的行为负责，也要对所处的博客“生态环境”负责，当舆论失范时，固然不能火上浇油，推波助澜，但坐视不管冷眼旁观的态度也非可取，该开口时就开口，监督而互监。

（四）完善博客行为相关法律

互联网在中国的快速发展直接催生了各种关于网络管理网络安全的一系列法律法规及条例。这些法律法规中有诸多要求，其中最核心的一项规定是开展电子公告服务要向电信管理部门提出专门申请或者备案，并举起规定了开展电子公告服务的条件，并从九个方面明确规定不得在电子公告服务系统中所发布的信息内容。

虽然这都是关于网络方面的一些法律法规列举，但博客作为后来兴起的网络中的强劲势力，也能按照其中的条例执行或者也能为博客立法提供一种思路，于是在 2007 年 8 月 21 日公布了中国互联网协会起草的共有四章 19 条的《博客服务自律公约》，该公约分别对博客服务者和使用者提出了要求和规定，同时也对他们各自责任、权力进行划分，在某种意义上该公约的出台标志着“对博客服务提供者和使用者的要求和规定”自此由民间走向了政府，从自律走向他律。

2010 年全国两会上有人大代表提出“网络法律秩序和网络道德规范提案”，这表明网络法律法规的健全已纳入国家稳定的大局中，而博客作为网络中的一支强劲势力也必须有法律法规的约束才能更加健康的发展，有所制约的自由才是长久的自由，博客舆论自由也是有不可逾越的底线的，这些法律法规设定了这个“度”，但这个度只是一道栅栏墙，而不是罩一个紧箍咒，只有如此才能让博客在合理合法的空间任意驰骋。博客自由的边界将是法律。2010 年 4 月，河北保定容城“艾滋女”事件始作俑者，闫德利前男友、北京籍男子杨勇猛因利用互联网等侮辱、诽谤他人被容城县法院判处有期徒刑 3 年。

频繁发生的突发公共事件让我们感受到了博客舆论的力量。平凡的人拥有了强大的话语工具，但这种工具需要善用。我们必须尊重并了解博客舆论的本质与规律，在此基础上，提出相应对策，以促使博客舆论成为一种健康的监督力量。

（作者陈虹系华东师范大学传播学院广播电视学系主任，刘淑云系华东师范大学传播学院硕士研究生。华东师范大学传播学院硕士研究生沈申奕、孙华艳对本文案例分析有贡献。）

参考文献

[1] 杜庆杰. 博客初探[M]. 合肥：安徽教育出版社，2008. 180.

[2] 胡春阳. 博客现状与亟待研究的议题[J]. 新闻记者. 2006(3)

[3] 黄锫坚. 商业化诱惑 业余精神的源流 博客：大众消费品[N]. 经济观察报. 2005-01-27

[4] 威廉. 葛德文治. 正义论[M]. 第一卷. 北京：商务印书馆，1980. 64.

[5] http://www. slis. indiana. edu/TIS/readers/full-text/15-2%20kling. pdf. 1999-2-9, p5

[6] Kling. R. Assessing Anonymous Communication on the Internet: Policy Deliberations
http://www. slis. indiana. edu/TIS/readers/full-text/15-2%20kling. pdf. 1999-2-9, p5

[7] 尼葛洛庞蒂. 数字化生存[M]. 海口：海南出版社，1996. 103.

[8] 陈力丹. 舆论学——舆论导向研究[M]. 北京：中国广播电视出版社，1999. 22.

[9] 美国社会学家欧文·戈夫曼的“拟剧理论”认为人们表演的区域有前台和后台之分。前台是人们正在进行表演的地方，后台则是为前台表演作准备的、不想让观众看到的地方。人们在前台的行为举止与后台是不一样的。

[10] 师海玲，范燕宁. 社会生态系统理论阐释下的人类行为与社会环境——2004 年查

尔斯·扎斯特罗关于人类行为与社会环境的新探讨[J]. 首都师范大学学报. 2005(4)

[11] 凯斯·桑斯坦. 网络共和国——网络社会中的民主问题[M]. 上海：上海出版集团，2003. 47.

[12] 朱燕. 博客发布侮辱性文章 博客秦尘被判道歉. http://news. ccidnet. com/art/1032/20060912/897603_1. html。

[13] 陈力丹. 舆论学——舆论导向研究[M]. 中国广播电视出版社，1999.

[14] 刘建明. 舆论传播[M]. 北京：清华大学出版社，2001.

[15] 王扩建. 网络群体性事件：一种新型危机形态的考量[EB/OL]. http://www.chinaelections. org/newsinfo. asp? newsid=177065

[16] 王朝丽. 博客传播的解读与思考[D]. 暨南大学硕士论文. 2006. 38.

[17] 方兴东，孙坚华. Blog：个人日记挑战传媒巨头[N]. 南方周末. 2002-09-05.

[18] 孟静. 安替：博客不能让草根成为精英[EB/OL]. http://tech. sina. com. cn/i/2005-11-10/1106762229. shtml.

[19] 刘军. 社会网络分析导论[M]北京：. 社会科学文献出版社，2004. 116.

[20] 彭兰. 传播者、受众、渠道：博客传播的深层机制[J]. 上海师范大学学报. 2007(6)

[21] [英] 约翰·基恩. 媒体与民主[M]. 北京：社会科学文献出版社，2003. 163.

[22] 中国互联网络信息中心(CNNIC). 第 25 次中国互联网络发展状况统计报告. 2010-01。

[23] 方甜. "犀利哥"事件的议程设置分析[EB/OL]. http://www. gotoread. com/mag/3294/contribution143085. html。

[24] 方兴东. 博客：倡行自律的宣泄[EB/OL]. http://www. blogchina. com/new/display/23838

意见领袖

意见领袖在网络突发公共事件舆论中的作用

——以韩寒为例

刘　锐

摘要：近年来，意见领袖在网络突发公共事件中的地位日渐引起人们的关注。其中韩寒在不少网络突发公共事件中的表现尤为引人瞩目。其在突发公共事件舆论的形成期、扩散期、转折期和消退期都发挥了不可小觑的作用。而其之所以能够在网络突发公共事件中起到意见领袖的作用，源于其“名人、车手、叛逆者”的多重身份效应；博文发布总是抢占舆论的第一落点；文章内容剑指公权力，思维框架上奉行官民对立的框架；评论论证方式上既有逻辑推理，又有有理有据的分析；行文语言“语不惊人死不休”的风格等。分析意见领袖的作用机制对我国政府的舆论引导具有启发意义。

关键词：意见领袖；网络突发公共事件；韩寒

on the opinion leader's function in the opinion of network public emergencies

— Take the Sample of HanHan

liu Rui

Abstract: In recent years, the influence of opinion leaders in the network public emergencies is growing in public events, and Hanhan's performance is particularly impressive in many network public events. He plays the role not to be ignored at the beginning, in the spreading, transition, and fading period. Hanhan play as the role of the opinion leader, which is due to multiple roles such as “the celebrity, the rider and the traitor”. His articles always grab the first impacting point of the public opinion, point to the power of the authority, and carry out the frame that the officials and people oppose. His articles both have the logic reasoning and well-founded analysis. His language style drafts “language does not startle”. The opinion leader's function mechanism is of inspiring significance to the network public opinion guidance of the government.

Key Words: Opinion Leader, Network Public Emergencies, HanHan

近些年,网络突发公共事件频频发生,互联网犹如无形的导火索,引爆了一颗颗舆论炸弹,让人们切身感受到了网络舆论的威力。在网络突发公共事件的发生演变过程中,一种新兴的角色逐渐浮出水面,跃入人们的眼帘,这就是网络意见领袖。意见领袖是网民这一"新意见阶层的核心人群"[1],其正以愈来愈重要的影响力在网络突发公共事件中发挥着巨大的作用,他们或草根,或精英,在各类网络事件中激扬文字,指点江山,评断是非,极大地影响了网络舆论的进程和走向。其中,80 后作家韩寒在上海钓鱼执法、杭州"七十码"等众多网络突发公共事件中的突出表现,尤为引人瞩目。也正因为此,他被评为《亚洲周刊》2009 年风云人物、《南方周末》2009 年度人物、"中国最具社会责任感的 100 位知识分子",美国《时代》周刊公布的 2010 年入围"全球最具影响力人物"200 位候选人名单中,韩寒以高居第二位的网民投票数顺利入榜。美国著名杂志《外交政策》公布 2010 年度"全球百大思想家"的排名,80 后中国作家韩寒也榜上有名。中国人民大学教授张鸣放言:"现在的中国大学教授加起来对公众的影响力,赶不上一个韩寒。"[2] 如今,他的新浪博客浏览量已经超过 4.5 亿,与中国网民人数基本等同。我们不禁要问,韩寒为什么能够在网络突发公共事件中起到如此巨大的影响?其在网络突发公共事件中到底发挥了什么样的作用?发挥意见领袖作用的机制到底如何?本文将以韩寒为典型个案,来详加剖析意见领袖在网络突发公共事件中的作用机制问题,以期为新时期我国政府的网络舆论引导提供些许启发。

一、韩寒作为意见领袖在网络突发公共事件舆论中的作用

意见领袖理论认为,媒介传达的意见信息并不能直接说服受众,而是要通过意见领袖这一环节间接作用于受众,由于"在影响人们如何作出他们的决定上,个人影响比其他任何因素都远为有效"[3],因此,意见领袖在影响舆论方面的作用是相当大的。对于韩寒参与的这些网络突发公共事件而言,

韩寒在各种不同类型的事件中，扮演着不同的角色，发挥了不同的作用。按照舆论形成发展的不同阶段，笔者将其划分为：舆论形成期、舆论扩散期、舆论转折期和舆论消退期。其中舆论转折期一般出现于政府干预时期，政府干预得当，则会造成舆论的逐渐消退；政府干预不当，则会又诱发新一轮的舆论狂潮。因此，这里将舆论转折期作为一个独立的阶段提出来，以凸显政府力量介入后意见领袖与政府力量之间的博弈关系。而在舆论演化的实际过程中，舆论转折期可能与舆论形成期或舆论扩散期的某一个阶段是重合的。因此，这里的划分只是为了分析问题的方便，而不具有实际的指导意义。由此，从韩寒介入网络突发公共事件的时间以及当时的舆论情况看(见表1、表2)，我们可以发现韩寒既有在舆论形成时期和舆论扩散时期影响舆论的，又有在舆论转折时期以及舆论消退时期介入舆论发展进程的。由于韩寒在事件发展过程中往往发几篇博文，而这些博文对事件的影响和作用并不都是一致的，因此，要从韩寒发表的每一篇博文的作用来谈韩寒在主要网络突发公共事件中的作用。

表1　韩寒介入网络突发公共事件的时间以及当时的舆论情况表

参与的突发公共事件	韩寒博文	博文发表时间	网络突发公共事件的发生时间	与之相临近的事件(尤指政府干预)发生时间	博文发表时间与事件发生(发现)时间相隔	博文发表时间与临近事件(尤指政府干预)时间相隔	博文发表之前的舆论情况[4]
上海大火事件	十一月大火的过程	(2010-11-16 00:47	2010-11-15	2010-11-15	1天	1天	舆论初形成
	2010年，上海大火	2010-11-16 00:08	2010-11-15	2010-11-15	1天	1天	舆论初形成

（续　表）

参与的突发公共事件	韩寒博文	博文发表时间	网络突发公共事件的发生时间	与之相临近的事件(尤指政府干预)发生时间	博文发表时间与事件发生(发现)时间相隔	博文发表时间与临近事件(尤指政府干预)时间相隔	博文发表之前的舆论情况[4]
钓鱼岛事件	保住非法字符	2010-09-13 04:58	2010-09-07	2010年9月7日，中国外交部发言人姜瑜在当天例行记者会上就此事件表明中方立场	6天	6天	舆论已形成
广西烟草局长日记事件	韩峰是个好干部	2010-03-04 10:58	2010-2月27日15时14分，网友“含仙子”在天涯论坛发帖，公布了广西某烟草局局长韩峰利用职务之便，与多名女性发生关系，并公布了韩峰部分个人日记		5天		舆论已形成
	我去哪里找，像你那么好	2010-03-14 01:17		广西“日记门”主角韩峰3月13日以涉嫌受贿犯罪被广西检方逮捕		1天	舆论已形成

（续　表）

参与的突发公共事件	韩寒博文	博文发表时间	网络突发公共事件的发生时间	与之相临近的事件(尤指政府干预)发生时间	博文发表时间与事件发生(发现)时间相隔	博文发表时间与临近事件(尤指政府干预)时间相隔	博文发表之前的舆论情况[4]
上海一女户主燃烧瓶抵制暴力拆迁事件	这些狗真麻烦	2009-11-24 03:57	2009年11月21日央视《经济半小时》首先报道2008年12月6日上海发生的一起一女户主用燃烧瓶抵制暴力拆迁事件			3天	舆论已形成
上海钓鱼执法事件	这一定是造谣(1)	2009-09-11 03:11:23	2009年9月10日23:00，张晖以“善良的被骗”为名在爱卡上海论坛上发帖，讲述了自己9月8日被钓鱼执法的经历		1天		舆论未形成
	这个国家将迎来国庆，这个城市将迎来世博	2009-09-16 05:11:38	传统媒体《东方早报》、《南方都市报》9月15日开始介入上海钓鱼执法报道		1天		舆论已形成

(续　表)

参与的突发公共事件	韩寒博文	博文发表时间	网络突发公共事件的发生时间	与之相临近的事件(尤指政府干预)发生时间	博文发表时间与事件发生(发现)时间相隔	博文发表时间与临近事件(尤指政府干预)时间相隔	博文发表之前的舆论情况[4]
上海钓鱼执法事件	莫伸手,伸手必被捉	2009-10-26 14:10:25		10月26日上海市政府召开常务会议透露,浦东新区将终结孙中界“钓鱼”式执法案并向公众公开道歉;闵行区张晖事件执法取证不正当,区政府将依法撤销原处罚决定。		当天	
	一封信	2009-11-13 00:38		11月12日15:38张晖在“天涯社区”发表《我家人被钩头威胁,为何要如此苦苦相逼》的帖子,他在帖子中称收到一封恐吓信,信中称掌握张家信息,要求他罢手撤诉。		1天	舆论已形成

（续　表）

参与的突发公共事件	韩寒博文	博文发表时间	网络突发公共事件的发生时间	与之相临近的事件(尤指政府干预)发生时间	博文发表时间与事件发生(发现)时间相隔	博文发表时间与临近事件(尤指政府干预)时间相隔	博文发表之前的舆论情况[4]
湖北荆州大学生救人事件	一条船上的人	2009-11-05 05:13:52	2009年10月24日湖北荆州大学生冒死救人,多人牺牲		12天		舆论已形成
上海高速公路换牌事件	G8高速公路	2009-10-13 04:28:05	10月12日《新闻晚报》报道,上海市公安局交通警察总队副队长左天福透露,为配合编号调整,上海将有约5000块指路牌需要调整、更换		1天		舆论未形成
	这是一个庞大而复杂的工程	2009-10-15 02:44:40		10月14日上海市相关部门通过媒体解释:此次斥资2亿元更换的不仅仅是韩寒所理解的5000块指示牌,那只占所有更换量的五分之一。也就是总体要更换25000块各种路牌,是一个庞大而复杂的系统工程		1天	

（续　表）

参与的突发公共事件	韩寒博文	博文发表时间	网络突发公共事件的发生时间	与之相临近的事件（尤指政府干预）发生时间	博文发表时间与事件发生（发现）时间相隔	博文发表时间与临近事件（尤指政府干预）时间相隔	博文发表之前的舆论情况[4]
	2009年05月11日	2009-05-11 03:04:01	2009年5月7日杭州飙车事件	5月8日下午2点，西湖区交警大队召开了事故通报会。警方公布自己的初步调查结果称，根据当事人胡某及相关证人陈述，案发时肇事车辆速度为70公里/小时左右。	4天	3天	舆论已形成
	该关心的和不该关心的	2009-05-12 15:16:31	2009年5月7日杭州飙车事件		5天		舆论已形成
	胡斌进去，胡彦斌出来	2009-07-30 01:00:35	2009年5月7日杭州飙车事件	针对部分网民关于"5·7"交通肇事案被告人胡斌系替身的质疑，杭州市西湖区人民检察院7月29日晚表示，出庭受审的胡斌就是"5·7"交通肇事案肇事者胡斌		1天	舆论已形成

（续 表）

参与的突发公共事件	韩寒博文	博文发表时间	网络突发公共事件的发生时间	与之相临近的事件(尤指政府干预)发生时间	博文发表时间与事件发生(发现)时间相隔	博文发表时间与临近事件(尤指政府干预)时间相隔	博文发表之前的舆论情况[4]
上海楼脆脆事件	上海大楼倒塌处理方案(内参)	2009-07-03 12:57:55	6月27日5时30分左右,上海市莲花南路莲花河畔小区一幢在建的13层楼房倒塌	7月3日,上海“在建楼房倒塌事件”调查结果公布	6天	当天	
宜宾国税分局局长卢玉敏嫖宿幼女案	嫖娼启示录(第二季)	2009-06-08 16:38	2009年5月7日17时14分,一位网民在零距离网络发出题为《宜宾县白花国税局局长嫖宿幼女》的帖子。		32天		舆论已消退
株洲高架桥坍塌事件	已通过专家论证,周边居民无需担心安全	2009-05-17 19:42	2009年5月7日下午五时左右,湖南株洲市区红旗路一高架桥发生坍塌		当天		舆论未形成
	不出意外,出意外了	2009-05-19 20:50:23		5月19日株洲市政府第3次新闻发布会		当天	

（续　表）

参与的突发公共事件	韩寒博文	博文发表时间	网络突发公共事件的发生时间	与之相临近的事件（尤指政府干预）发生时间	博文发表时间与事件发生（发现）时间相隔	博文发表时间与临近事件（尤指政府干预）时间相隔	博文发表之前的舆论情况[4]
央视大火事件	央视大火有感	2009-02-10	2月9日晚央视大火		1天		舆论已形成
	趁火打劫央视	2009-02-11		2月10日北京市政府新闻办公室负责人表示，经有关部门初步调查，央视新址火灾系违规燃放烟花引起，具体的事故原因还在进一步调查	1天		舆论已形成
北川灾后采购豪华越野车事件	灾区政府采购忙，北川出手最大方	2009-01-21 05:04	1月19日，网易博友“平常”以《看看北川政府的坐骑：110万哦，地震后该享受了》为题，在博文中转发北川政府采购中心1月12日发布的《北川BCZC询(2009)02号采购工作用车中标公告》中有一辆是价值110万元的兰德酷路泽，随后华商论坛等也有零星的相关帖子		2天		舆论未形成

（续　表）

参与的突发公共事件	韩寒博文	博文发表时间	网络突发公共事件的发生时间	与之相临近的事件(尤指政府干预)发生时间	博文发表时间与事件发生(发现)时间相隔	博文发表时间与临近事件(尤指政府干预)时间相隔	博文发表之前的舆论情况[4]
北川灾后采购豪华越野车事件	活着的人要更好的活下去	2009-01-22 05:05:33		1月21日，北川县县长经大忠接受采访时表示，豪华越野车根本不是领导座驾，而是抢险应急指挥车	1天		
	北川政府继续说谎	2009-01-23 18:17:48		1月22日，北川公安局长张德溥回应“豪车门”事件，并向记者展示了制定于2008年10月份的《北川县公局通信车技术方案》，里面详细阐述了北川公安装备该车的必要性和该车的计划配置情况	1天		

(续 表)

参与的突发公共事件	韩寒博文	博文发表时间	网络突发公共事件的发生时间	与之相临近的事件(尤指政府干预)发生时间	博文发表时间与事件发生(发现)时间相隔	博文发表时间与临近事件(尤指政府干预)时间相隔	博文发表之前的舆论情况[4]
三鹿奶粉事件	特选无毒奶品供出口和奥运会	2008-09-17 00:41:56		9月16日国家质检总局发布消息,三鹿、伊利、蒙牛、雅士利等22家奶粉中检出三聚氰胺,其中三鹿奶粉含量最高。		1天	
瓮安事件	说点风花雪月	2008-07-04 14:11:21	2008年6月28日瓮安事件	7月4日,贵州省委和黔南州委对瓮安县党政主要负责人作出调整决定,县委书记王勤、县长王海平被免职	6天	当天	
华南虎事件	国家林业局5个小时后的记者发布会的现场记录	2007-12-04 04:44:44		2007年12月4日:国家林业局召开新闻发布会,发布华南虎调查结果,称虎照真假不能断定是否存在野生华南虎,不会越位对虎照进行鉴定	当天		

(续　表)

参与的突发公共事件	韩寒博文	博文发表时间	网络突发公共事件的发生时间	与之相临近的事件(尤指政府干预)发生时间	博文发表时间与事件发生(发现)时间相隔	博文发表时间与临近事件(尤指政府干预)时间相隔	博文发表之前的舆论情况[4]
华南虎事件	华南虎还是灭绝了吧	2007-11-28	11月14日,陕西省省长袁纯清就华南虎有关问题接受采访说,考察华南虎的踪迹,比辨认华南虎照片真伪更为重要[5]		14天		舆论已形成

表2　韩寒介入突发公共事件舆论所属时期表

韩寒参与的网络突发公共事件	所属舆论演化阶段
华南虎事件	舆论扩散期、舆论转折期
三鹿奶粉事件	舆论转折期
瓮安事件	舆论转折期
北川灾后采购豪华越野车事件	舆论形成期、转折期
央视大火	舆论扩散期
株洲高架桥坍塌事件	舆论形成期,舆论转折期
宜宾国税局分局长卢玉敏嫖宿幼女案	舆论消退期
上海楼脆脆事件	舆论转折期
杭州飙车案	舆论扩散期、舆论转折期

（续 表）

韩寒参与的网络突发公共事件	所属舆论演化阶段
荆州大学生救人事件	舆论扩散期
上海高速公路换牌事件	舆论形成期、舆论转折期
上海钓鱼执法事件	舆论形成期、舆论扩散期、舆论转折期
上海一女户主抵制暴力拆迁事件	舆论扩散期
广西局长日记事件	舆论扩散期、舆论转折期
钓鱼岛事件	舆论扩散期
上海大火事件	舆论扩散期

1. 舆论形成期：汇聚舆论

在互联网上，每天发表的各种帖子、博文等不计其数，但只有数量极少的帖子、博文等会在海量的信息和意见里浮出水面，成为舆论关注的焦点。这固然与帖子或博文内容本身的吸引力和关注度有关，但意见领袖在其中所起的作用更是不可忽视。相同主题的文章由不同的人发表，会产生的不同的效果，有的也许湮没无闻，有的也许如彗星划过天空，转瞬即逝，有的则会成为一个重磅炸弹，凝聚众人关注的目光。在韩寒参与的这些网络突发公共事件中，不乏转载他人的帖子，或他人已经发表过类似主题的帖子，但原帖发表之初实际上并未引起太大的关注，而由于韩寒的转载或提及，在名人效应的刺激下，一时间该事件成为舆论关注的焦点。这里主要以上海钓鱼执法案和北川灾后采购豪华越野车事件为例来说明这一问题。

上海钓鱼执法案。9 月 10 日 23:00，张晖以“善良的被骗”为名在爱卡上海论坛上发帖，讲述了自己 9 月 8 日因好心搭乘一位自称胃疼的“病人”，被上海时闵行区交通行政执法大队认定为非法营运，处以 1 万元的行政罚款，交付罚款 10 天后可取回扣押车辆的经历，帖子发表后即有人跟帖发表评论，至韩寒转载这篇帖子以《这一定是造谣(1)》为题发表时（2009 - 09 - 11 03:11:23）止，已有 63 个跟帖，由于是夜间，该贴至第二天早上 5:48 分才有人继续跟帖。然而，韩寒的博文 03:11 分发表后，至 5:48 分已有 264 个跟帖，数量上已远远超过张晖原帖文章的跟帖数。该贴迅即被国内各大论坛转载，天涯来吧当日 17:23 转载后，短期内即有七万多人次点击[6]。9 月

15 日，传统媒体开始介入“钓鱼执法”事件。《东方早报》以《白领好心载客被倒钩 执法部门称谈钱就是黑车》为题进行相关新闻报道，在这篇报道中，韩寒的博客被作为由头和消息源使用，记者还采访了事件的当事人张军以及闵行区城市建设和交通委员会，同时，报道中写道，“早报记者 9 月 12 日致电韩寒，他向记者表示，帖子出自某汽车网站(爱卡汽车网)的上海论坛，发帖者并不认识。由于事情未经证实，他本人无法排除造假的可能性。”[7]韩寒本人也出现在新闻中。《南方都市报》9 月 15 日以《私家车主好心帮人遭遇钓鱼被罚 1 万》为题在 A32 版整版刊发钓鱼执法相关报道，文章由张军的帖子切入主题，并提到：他的帖子被韩寒在博客里以《这一定是造谣》为题转载，引发更为广泛的关注。“在韩寒转载这篇帖子之后，该帖(应为韩寒的博文——笔者注)的阅读量超过了 20 万，网友评论 4000 多条。”[8] 而此时，张军原帖跟帖也达到 800 多条。紧接着，韩寒于 9 月 16 日凌晨 5 时又再次就此事件发表博文《这个国家将迎来国庆，这个城市将迎来世博》，对钓鱼执法进行评点，该文的点击量迅速达到几十万次，当天留言 2452 条，并推动了更多的媒体参与到钓鱼执法事件的报道中，引发舆论更为广泛的关注。韩寒在博文中表达的观点如“闵行区交管部门做的事情说简单点，就是将这些单纯的好人从茫茫车海中分辨出来，拘押下车然后罚款一万”等更是被传统媒体与各大论坛、博客等广为引用。上海钓鱼执法案件逐渐成为全国性的舆论事件。

北川灾后采购豪华越野车事件。在韩寒的博文《灾区政府采购忙，北川出手最大方》发表之前，已有一些零星的帖子出现。如 1 月 19 日，网易博友“平常”以《看看北川政府的坐骑：110 万哦，地震后该享受了》为题，在博文中转发北川政府采购中心发布 1 月 12 日发布的 1 个采购工作用车公告《北川 BCZC 询 (2009)02 号采购工作用车中标公告》，其中有一辆是价值 110 万元的兰德酷路泽。1 月 20 日，《地震后的北川政府采购价值 110 万的坐骑》的帖子分别在凯迪社区之猫眼看人板块以及华商论坛中发表，帖子公布了 3 个北川采购中心发布的采购公告，并链接有北川政府采购中心的网址。但这些帖子的影响力都不大。一年后的 2010 年 4 月 15 日 20:00，《看看北川政府的坐骑：110 万哦，地震后该享受了》也才有 250 人次阅读，两人发表评论。《地震后的北川政府采购价值 110 万的坐骑》一文凯迪社区版有6458 人点击，109 人回复，华商论坛只有 1731 人查看，48 人回复。而韩寒的《灾区政府采购忙，北川出手最大方》一文仅1月21日发表当日就有1646人发表评论，博文发表后，至1月22日已有700多人全文转载，发表在网络各大论坛上。1月22日《重庆商报》以《韩寒质疑为何买110万豪车 北川政府表示已放弃》为题，报道了此事件的经过，文章由网络发帖和韩寒博客里的质疑文章切入，通过采访北川政府采购中心的一位负责人，传达出豪车已经放弃购买这一信息（此信息后来被证明是虚假的）。传统媒体开始介入北川采购越野车事件，此文迅即被中新网和新浪网等转载，进一步扩大了影响。

可以看出，在舆论的形成阶段，韩寒的言论起到了汇聚舆论、凝聚众人注意的作用，对舆论形成起到了至关重要的作用，同时，一定意义上，韩寒作为网络意见领袖还起到了设置传统媒体议程的作用。在上海钓鱼执法事件、上海大火、北川采购豪华越野车等事件中，我们可以看到韩寒的博文和言论一再被传统媒体作为消息源使用，进一步扩大了韩寒作为意见领袖在传统媒体上的影响。

2. 舆论扩散期：放大舆论与扭转舆论

当网络舆论初步形成后，在各种因素的催化下，舆论开始呈现扩散蔓延之势。在此过程中，舆论如同天气一样，不断改变着发展的方向。虽然舆论的走势是一系列因素的制衡和相互博弈的结果，但意见领袖在其中所起的作用仍然是相当大的。他们或者推波助澜，起着放大舆论的作用，或者提出新的思考问题的角度，对影响舆论走向作用甚大。对于韩寒而言，前者表现在央视大火事件、上海大火事件件等网络突发公共事件中，后者表现在广西局长日记、湖北荆州大学生救人等事件中。

央视大火事件。2009年2月9日晚，央视新址发生大火，最早报道这场火灾的，是一位名叫“加盐的手磨咖啡”的网民，当晚8点20分的时候她就发现TVCC楼顶冒起浓浓黑烟，当即用手机拍下照片并很快上传至天涯社区，由于帖子一时没有通过，延迟至9点04分才得以发布。她后来在博客中写道，即使被天涯延迟了发布，但也是最快的报道了。此帖子在发布后12小时内，这批照片的访问量超过37万次，跟帖1700多个。21点至22点之间，又有不少网友发出央视大火的帖子。《环球时报》记者通过环球网在21:44进行了简短报道，22点之后，网友用手机拍摄的视频，陆续上传至优酷、土豆网等视频分享网站，以及搜狐等门户网站的视频或播客频道，甚至上传到 YouTube 和 CNN iReport。新华网 22 : 07 时也发出快讯。[9]然而，央视却迟迟未发布详尽的报道，仅仅在《晚间新闻》里播发了一则 33 秒的口播新闻，互联网上对此啧有烦言，网络舆论初步形成。2 月 10 日凌晨 01:26:15 韩寒发表博文《央视大火有感》，对央视在此次大火事件的表现进行强烈的批判，这篇文章虽然后来因言辞过于激烈被删除，然而却被不少论坛、博客转载，其潜在的影响力仍在。据笔者 2010 年 4 月 22 日在百度中搜索《央视大火有感》，有 4420 个相关网页转载或提及了此篇文章(后在舆论转折期，韩寒又发表了《趁火打劫央视》的文章，博文亦被删，但网络影响仍在，检索《趁火打劫央视》，其被约 5270 个相关网页转载或提及。)

上海大火事件。2010 年 11 月 15 日上海胶州路高楼发生特大火灾，“下午 14 时许，尚在大火燃烧之时，周边或途经的网民向新浪微博、腾讯微博、上海宽带山论坛等平台上传实时图片，播报现场状况，并获得广泛转发、跟帖关注。上海本地的电视媒体中，新闻综合频道于下午 16 时《新闻快报》节目中播报火灾消息，并自 16 时 38 分起中断正常节目，连线前方记者，推出直播报道。第一财经频道在下午 15 时 30 分许即播出字幕消息，而后跟进现场视频连线。新民网亦提供了长时间的前线视频网络直播。”[10]此时网络上对此次大火中消防能力、大楼搭建脚手架开展工程的必要性等零星言论已经出现，网络舆论初步形成，但是直到韩寒接受采访的视频和博文在网络上流传开来，并被传统媒体广泛转载、摘录之后，才“引领出本次火灾的第一波危机舆情”。[11]事发当时，韩寒正巧路过那里，并被优酷网的记者看到，韩寒于是接受采访，发表了对火灾的看法。当日夜晚午夜韩寒在新浪博客中也发表了其对上海大火的意见，他批评了以下几点：① 消防专业器具到来较晚；② 高楼消防能力欠佳；③ 大楼搭建脚手架开展工程的必要性。这些观点和文字引发网友广泛关注、转发，并获得中国媒体的广泛引用。至此网络舆论形成上海大火的第一场舆论波。

除了放大舆论外，韩寒在舆论扩散阶段有时还会起到扭转网络舆论的作用，这方面的典型例子，较为突出的是广西局长日记事件和湖北荆州大学生救人事件。当然，在这两起事件中，韩寒起到的作用并不完全一致。比如在广西局长日记事件中，韩寒起到的是完全逆转网络舆论走向的作用，湖北荆州大学生救人事件中起到的则是深化舆论、引导舆论进一步走向深入的作用。

广西烟草局长日记事件。2月27日15时14分，网友“含仙子”在天涯论坛发帖，公布了广西某烟草局局长韩峰的部分个人日记，日记里记录有韩峰在任广西来宾烟草专卖局局长时曾与多个女下属有不正当男女关系，同时还有贪污受贿的事实。此帖发出后立即成为网络热点，至4月18日，该贴已经被浏览达1565520次，6025人次回复，至韩寒发表博文《韩峰是个好干部》时(2010-3-04 10:58)止，已有4760人回复，同时，该帖迅速被人民网、新浪、搜狐等国内网站的论坛疯狂转发，并引来无数网友的热议。舆论此时的指向是痛斥官员腐败。尽管此时已有网友为韩寒喊冤，认为韩峰是个好同志，但是并不占主导地位。譬如3月1日网络上就流传出《关于〈烟草专卖局韩峰局长日记〉的读后感》的帖子(在大旗网点击数为22153)，文章认为韩峰“是个好人，是个好领导，只是运气不太好”而已，该文至3月4日共收到141个回帖，其中肯定这篇帖子的有39人，仅占27.66%，而天涯杂谈的转载专区《〈烟草专卖局韩峰局长日记〉的读后感》尽管有一千多人点击，但无一人回复。另通过一个点击量超80万的帖子《韩局长香艳日记十大猜想(完整版)》的跟帖统计，至3月4日韩寒发文时止，有449个跟帖，其中只有77个对韩峰表示肯定，只占跟帖数的17.15%，然而，3月4日韩寒发表博文《韩峰是个好干部》以后，舆论迅速发生逆转，据次日《潇湘晨报》的报道，“在6万多人参与的调查(韩寒在博文后附加的一个在线调查，笔者注)中，有97%以上的网友赞成韩峰是个‘好干部’，认为应该留在岗位上，只有3%的人认为是个坏干部，‘希望依法严加处置’。”[12]，至4月18日，已有三十余万人参与到此项调查中，其中96%的人对韩峰是个好干部表示赞同(见下图)，舆论依然坚定地站在韩峰的一边，尽管“有人是真情流露的觉得韩峰在官员中已经算是个人修养比较高的，有人是起哄的，有人是反讽的”[13]。该博文也迅速被各大论坛转载，被媒体报道出来，笔者以“韩寒 韩峰是个好干部 转”为关键词进行检索，找到相关网页约403000篇。而类似《韩寒称日记门男主角是“好干部” 9成网友赞成》的文章也大量地出现在传统媒体以及网络报道中，4月18日百度的搜索结果，找到相关网页约79500篇。这之后虽然也有人对韩寒的意见表示强烈反对，比如天涯论坛里一网民2010年3月5日20:21发帖《韩峰明明是个贪官，韩寒却在文章中说他是个好干部，还有比这更扯淡的事情吗?》，该文至笔者写作时共被访问50032人次，收到回复帖子692条，据笔者对帖子进行的抽样统计(每隔五个帖子抽取一贴)发现,80.63%的网友不认同发帖人的观点,力挺韩寒。韩寒在舆论上依然占据意见领袖的地位。

图1 韩寒博客对韩峰是否是个好干部的在线调查

湖北荆州大学生救人案。2009年10月24日湖北荆州长江大学的几名学生因救人溺水身亡的事情曝光后,网上舆论可谓一波三折。最初网络舆论的重心在于讴歌大学生的见义勇为精神,并对大学生见义勇为是否值得进行讨论,舆情到10月27日发生一次转向,因一篇网络发帖,引发对见死不救者的谴责,而到了11月3日《华商报》调查文章《大学生救人溺亡,捞尸者手牵绑尸绳谈价》及打捞者"绑尸要价"的照片第一次公之于众之后,再次引爆网络舆论。《华商报》的报道被人民网等各大网站转载后,在网络论坛上掀起新一轮的讨论风暴,笔者以点击量较大的发表在宽带山社区的一则帖子《大学生救人溺亡 捞尸者手牵绑尸绳谈价》(至2010年4月18日点击数41474)为例为说明。该帖自2009年11月3日14:25:32发布以来至韩寒发表博文《一条船上的人》11月5日13:52,共有687个跟帖,其中舆论的主流是怒斥没有人性、亵渎生命的捞尸者,感叹人心不古。据笔者每隔五个帖子对687个帖子进行的抽样统计,发现这样的舆论占到总贴数的78.10%,而韩寒认为的捞尸者与政府某些部门勾结捞取经济利益的观点此时在网络论坛上微乎其微。11月5日,韩寒发表《一条船上的人》,严重怀疑捞尸船与公安、救护、消防部门等某些政府部门存在官商勾结的行为,舆论始从对捞尸者本人的道德法律谴责转移到对背后可能存在的与捞尸者相互勾结的某些政府部门上面。据笔者对13000多条留言每50条进行的抽样，共得到268个样本，其中219个跟帖对韩寒的观点表示赞同，赞同贴占到了跟帖数的81.72%。韩寒的文章更成为网上各大论坛的热帖。天涯论坛在韩寒文章发表的同一天三次转载韩寒的博文，前两次的点击量都超过了上万次，评论都达到了两百多条，意见仍以赞同为主。这里，舆论对荆州大学生救人案的探讨从单纯的道德追问、社会风气的探讨到更深入层面的捞尸公司与政府部门是否存在利益瓜葛，逐步走向深入，韩寒起到了不容忽视的引导作用。

3. 舆论转折期：再掀波澜

从韩寒介入舆情的时间看，不少博文是在政府干预后的第一时间发布的。如上海钓鱼执法、上海楼脆脆事件、株洲高架桥坍塌事件是在政府干预的当天发表的，广西局长日记事件、北川灾后采购豪华车事件、瓮安事件、三鹿奶粉事件、杭州飙车案之替身疑云、上海高速公路换牌事件、上海大火事件是在政府干预的次日发布的，杭州飙车案之70码的质疑属于较晚的，是在政府干预的3天后出现的。其中饶有兴味的是华南虎事件的博文，是在政府新闻发布会前的五个小时发表的，因为博文针对的是5个小时后发布的新闻发布会的质疑，因此，我们也将其划归为舆论转折期。在舆论的转折期，由于政府部门的干预，按常理，本来相关舆论该是逐渐消退、风平浪静的时期，但是由于网络意见领袖常常以对政府不信任的态度发表意见，往往又会掀起新一轮的风浪（当然在舆论转折阶段，韩寒的言论并非都是直接针对政府干预行为本身，有时候是对媒体相关报道进行解读，从媒体报道中发现一些蹊跷之处，由此延伸开来，发表议论，但文章最终的落脚点依然是政府行为），当然这未必是坏事，它可以起到对有关政府部门进行监督的作用，有时候确实能够抓出一些隐藏的问题，但有时候也会延缓政府处置效率、影响处置效果，加深人民群众对政府的不信任。

在舆论转折期韩寒参与的这些事件中，以杭州飙车案最为典型。从韩寒发表博文的时间看，韩寒每篇文章的出炉都与政府干预有着密切关系，都是在每一次政府干预之后参与到舆论进程中的。

2009年5月8日下午，杭州交警部门就5月7日晚一富家子胡斌在闹市区飙车撞死一大学生事件举行首次通报会，通报称："根据当事人胡某及相关证人陈述，案发时肇事车辆速度为70公里/小时左右，而肇事发生地路段限速50公里/小时。”这一结论当时即引起现场媒体及当事人同事的质疑，新闻报道出来后，更是引起众网民的集体讨伐，矛头直指警方有包庇肇事者之嫌疑。几乎没有人相信警方通报的车速为70码的说法，在网络的各大论坛，对70码的质疑不断升级。类似于“为了你我的生命安全，请大家以70码的速度顶贴顶起5米高20米远”的网络流行语迅速流行于网络。而“欺实马”（即“70码”）这个网络新物种也随之流传开来。正当网民为当时车速寻找证据之时，5月11日晚，韩寒发表博文《2009年05月11日》，以赛车手的专业身份，认为当时的车速应该在每小时120公里左右。韩寒的这一说法迅即被媒体报道出去，在百度新闻里以“韩寒 70码”为关键词进行检索，找到相关新闻503条（2010年4月16日搜索结果）。其中韩寒的博文被作为质疑杭州交警70码的论据被反复引用。网络发帖中不少人也引用韩寒的说法质疑杭州警方的说法（具体条数不可考），迫使杭州警方在舆论的压力下重新勘定飙车车主的车速问题，以给广大网民一个交代。

5月12日，杭州市公安局通报说，他们已委托浙江蓝箭产品质量司法鉴定事务所进行鉴定。从吉林、上海、浙江等地聘请的汽车、内燃机、机械等领域的专家、教授，已于5月11日陆续抵达杭州。正当网友认为事情正在往好的方向发展之时，当日下午韩寒又发表另外一篇文章《该关心的和不该关心的》，认为人们不应该反复纠缠于肇事者的富家子身份和死者的大学生身份和肇事者朋友的冷漠问题，而应该把关注的焦点放在杭州媒体一度失声、杭州警方为什么能够迅速得出70码的结论的原因和幕后推手上，认为可以把思路拓宽到肇事者的朋友身上。由于此前已有“和胡斌一起飙车的翁振华，为杭州市一位翁姓市委常委的儿子”这样的传言，韩寒的博文发表以后，更使人们认为此消息确定无疑，关于“翁振华是市委常委儿子”的帖子5月12日以后在各大论坛被广泛转发，为此，针对舆论对飙车案同伴背景的猜测，杭州市政府5月13日作出新闻回应，“经核实，肇事者同伴翁振华与杭州市领导没有任何的亲属关系，其父为一家企业的负责人。”

7月20日，杭州“5·7”交通肇事案一审判决，消息报道后，肇事者胡斌是替身的舆论又再次点燃，7月21日一网名为“刘逸明”的网民在网上发布《荒唐，受审的飙车案主犯“胡斌”竟是替身》帖子，帖子迅即被各大网站论坛疯狂转发，胡斌是否为替身一时成为讨论的热点，据笔者以“胡斌”二字为关键词在天涯杂谈进行的检索发现，共有27个原创帖以此为主题，而超过上万点击量的帖子就有 8 个，其中网友“乱杀一妖枪”发布的帖子《杭州飙车案胡斌替身真相（技术帖）》点击量甚至超过了 38 万次。在舆论严重质疑司法是否公正的背景下，7 月 29 日晚，杭州市西湖区人民检察院表示，出庭受审的胡斌确是“5 · 7”交通肇事案肇事者胡斌，然而，舆论并未消散，特别是在韩寒发表《胡斌进去，胡彦斌出来》以后，更加剧了网民对胡斌是替身的怀疑，虽然韩寒并没有确切的证据证明胡斌是替身，但其博文标题（胡彦斌有“胡赝斌”之义）以及文章中带有调侃的话语已经暗含了其倾向于认为“替身说”所言不虚。博文发表后，据笔者对韩寒博文后的网友评论每隔 50 个帖子进行的抽样统计，56.99％网友对韩寒的观点持赞成态度，舆论对司法公正的质疑再次升级。天涯杂谈转载韩寒的帖子短期内点击量迅速超过 40 万次，4029 人跟帖，网民意见以赞同为主。虽然后来韩寒求教于杭州一起与肇事者赛过车的朋友，于 8 月 1 日再次发表博文《居然真的是他》，确信胡斌非替身，但是舆论并未平息，网民甚至还怀疑其是否被“和谐”了才发的补救贴。直至 8 月 21 日湖北、浙江两省公安机关将利用网络捏造、散布杭州“5 · 7”交通肇事案出庭被告人胡斌是“替身”谣言的湖北省鄂州市无业人员熊忠俊抓获，并依法作出行政拘留处罚之后，“胡斌替身”之舆论才慢慢消退。

可以看出，在政府第一次干预的过程中，韩寒以一个专业车手的素养对杭州交警发布的 70 码的说法表示严重质疑，起到了对政府行为进行舆论监督的作用，顺应了社情民意，对于事情真相的最后暴露和政府行为的进步起到了重要作用。而在之后的两次介入中，韩寒则剑走偏锋，在官民对立、矛盾不可调和这样的思维框架下，每一次的政府干预行为都被怀疑为对百姓权益的侵害、对政府官员自身利益及相关者的维护，即使政府的正确行为也被贴上了别有用心的标签，如此，在韩寒之类舆论领袖的影响下，反而不利于政府工作的开展，加剧政府和人民之间的矛盾，加大官员和百姓之间的裂痕。

4. 舆论消退期：作用有限

犹如潮起潮落，某一突发公共事件的舆论在演化过程中也会经历一个衰退的过程。在各种因素的相互作用下，网民的视线逐渐从这件事情上移开，又开始了新的舆论聚集。而在舆论消退过程中，尽管网民对意见领袖的文章仍然追捧，但由于关注重心已经转移，其在舆论衰退期所起的引导作用也是有限的。在韩寒参与的网络突发公共事件中，只有宜宾国税局分局长卢玉敏嫖宿幼女案是在舆论的消退期介入的。

2009年5月7日17时14分，一位网民在零距离网络发出题为《宜宾县白花国税局局长嫖宿幼女》的帖子。发帖者以知情人的身份讲述：宜宾县国税局白花分局局长卢某某嫖宿幼女，之后花了60万元买通关系得以获释。一时间，该帖凭借上万的浏览量和几百名网友的回复在零距离网络被置顶。5月9日，在宜宾县公安局举行的新闻通气会上，"真相"开始逐步浮出水面：宜宾县国税局白花分局原局长卢玉敏与一名13岁中学生小何发生性关系，6名涉案人已受到处理。在这次通气会上，宜宾县警方公布了调查后的结论：卢玉敏事前并不知道小何未满14周岁，因此，卢玉敏"不构成犯罪"，决定对其处以罚款5000元，行政拘留15天。新闻通气会上的结果，被全国各大媒体和网站纷纷转载，对卢玉敏一案的评论也铺天盖地。5月11日，宜宾市国税局党组召开专题会，依据《行政机关公务员处分条例》有关规定，决定给予卢玉敏开除公职处分。5月13日，中共宜宾县纪委常委会研究决定，根据《中国共产党纪律处分条例》，给予卢玉敏开除党籍处分。

在此期间，网络舆论在5月10日至12日最为高涨，据笔者以"国税局长 幼女"为关键词在天涯杂谈检索结果，共找到8条帖子，其中5月10日的有4条，5月12日、5月16日、7月7日、8月5日发表的各一条，而点击量较高的三个帖子则分别发表于5月10日和5月12日。6月份关于卢玉敏嫖宿幼女案的帖子检索结果为零。其原因在于5月13日卢玉敏已被开除党籍，事情基本已经尘埃落定，网民对此的关注度自然有所降低，所以韩寒6月18日发表《嫖娼启示录(第二季)》时，网民的注意力早已从卢玉敏嫖宿幼女案这个事件转移，该文虽然获得了50余万的点击量和3000多条评论，大部分网民对该文观点亦呈赞同态度，卢玉敏事件又暂时引起网民的一时关注，但其在舆论引导中所起的作用有限。虽然百度收录有关此文的网页331篇，但从当时的转载情况下，转载网站和跟帖数均不高，据笔者搜索到的几个当日转载的论坛来看，华商论坛2009年6月8日21:21转载后至今只有292人阅读，4条回复，虎扑论坛2009年6月8日17:38转载后至今只有484人浏览，11条回复，爱名网论坛当日转载后浏览数稍微高一些，迄今有2548人阅读，但是回复数为0。全国影响力较大的几大论坛如天涯杂谈、强国论坛、新浪论坛等并无转载。

正所谓“此一时，彼一时”，从博文内容来看，韩寒的言辞之犀利、对某些政府官员的冷嘲热讽同前一个阶段相比毫不逊色，文章将嫖宿幼女称之为“爱国的表现，这是一种爱屋及乌，是爱祖国，更爱祖国的花朵……”，可以想象，如果在舆论扩散期或舆论转折期发表此文，定会激起无数网民的热捧，被广为转发，可惜，“流水落花春去也，换了人间”，在舆论的消退期，纵是韩寒之辈也回天乏力。

二、韩寒在网络突发公共事件舆论中发挥意见领袖作用的手段和方式

以上可以看出，除舆论消退期外，韩寒作为意见领袖在网络突发公共事件舆论形成发展的各个阶段都起到了相当大的作用，我们不禁要问，究竟是什么原因使韩寒能够成为意见领袖，其发挥意见领袖的手段和方式究竟是什么？

1. 多重身份效应：名人身份、车手身份、叛逆者

韩寒能够发挥意见领袖的作用，首先应该归功于其名人身份。名人身份本身就是一张最惹人眼球的名片，特别是文艺界的名人，无论对于网下的民众还是网民来说，都具有极大的吸引力。从除股票分析师外排名前四位的新浪博客访问量来看，韩寒、徐静蕾、李承鹏、当年明月无不是文艺圈名人，而且这些名人本身的言行又往往成为新闻素材的来源。本身的影响力，再加上众多媒体为之助阵，无疑又提升了其对舆论的号召力。比如韩寒在上海钓鱼执法、北川灾后采购豪华越野车事件、上海高速公路换牌事件中的言论立刻就被网络舆论放大，并被传统媒体作为消息源反复引用，就是证明。

但是，仅仅是名人身份并不能保证其在网络舆论引导中的意见领袖地位。中国的名人并不少，然而其在现实世界上的影响并不会自然地延伸到网络世界。因此，必然还有另外的因素在发挥作用。除名人身份外，韩寒还具有两大身份标签，一个是车手身份，另外一个是叛逆者的身份。

作为车手，他是中国职业赛车史上唯一一位场地和拉力的双料年度总冠军，同时拥有象征中国职业赛车两项赛事最高荣誉的冠军奖杯。名作家＋名车手，两个似乎是八竿子打不着的圈子，韩寒都在其中玩得转，而且成

绩斐然，这就更加增加了他的神秘性和人们对他的兴趣。同时，赛车手韩寒还不失时机地利用其赛车手的职业身份，对在网络突发公共事件中涉及车辆、车速方面的问题进行专业的分析评点，如杭州飙车案中对70码车速的质疑，对北川采购豪华越野车是否真的是为抗震救灾服务的质疑等，韩寒都显示了其作为一个职业赛车手，对车辆和车速等问题的谙熟，对民众的说服力大大增加。由传统媒体对其报道的重点来看，无不都强调其赛车手的专业身份，以说明韩寒的质疑是有根据的。

作为人们眼中的叛逆者，韩寒的不少举动与社会传统格格不入。新概念作文大赛获得一等奖之后，他由于期末考试七科不及格而留级并选择自动退学，后又拒绝了复旦大学的保送邀请；近些年，韩寒更是“肆无忌惮”，“大放厥词”，对名人的揶揄、对权威的嘲讽，引发了一场场网络论战，韩寒更是被贴上了叛逆的标签，成为叛逆的代名词。而从其发表的博文内容来看，对当今政治及政府官员的冷嘲热讽，对传统价值观的怀疑，对社会正统的谩骂，也都让人们从一个侧面坚信韩寒江山未改、叛逆依旧。在现实社会，这种叛逆可能遭到各种社会的约束，而在网络社会，这种叛逆却与网民的心理特征相符合，容易赢得无数网民的共鸣，“在日常生活中，网民对生存危机、分配差距等问题的不满情绪和现实压抑感以及对传统媒体长期以来灌输式宣传的逆反心理，很容易使一些人借助网络，故意和正面宣传唱反调，形成一种以逆反性味特征的网络舆论。”[14] 而这正与韩寒对问题和事务的一向态度和看法是一致的。这也就不难理解为什么众网民将韩寒视为知音，乐于接受其在网络世界中的言论，并引为自己的代言人。

2. 博文发布时间：争抢舆论第一落点

网络意见领袖的确立是多种因素作用的结果，韩寒的身份固然是其能够成为网络意见领袖的一个主要因素，但单单具有这样的身份并不能使其成为意见领袖。其成为意见领袖还与其发表言论的时机、内容等有着密切的关系。其中时机因素至关重要。选择在何时进入舆论场，是意见领袖能够引导舆论的一个关键要素。

截止2010年12月，从韩寒就突发公共事件发表的28篇博文的时间看，在事件或政府干预当天发表的有6篇，次日发表的有14篇（考虑到韩寒夜间写作的习惯，实际上相隔时间一般不到24小时），相隔两天发表的博文1篇（由于是在舆论未形成之时转载的他人帖子，因此也可算作第一时间介入),三者合计20篇,占全部博文的75%。而舆论转折期即政府干预期发表的博文都是第一时间发布的。由此可以看出,当网络舆论形成之时,谁能够第一时间抢占舆论的制高点,谁就在某种意义上占据了舆论引导的主动权。社会心理学中的"首因效应"原理认为,在总体印象形成上最初获得的信息比后来获得的信息具有更大的影响,第一印象对于后来获得信息的理解和组织有着强烈的定向作用。人们对于后来信息的理解,常常是根据第一印象来完成的。因此,意见领袖第一时间的言论,往往能够在网民心中产生先入为主的印象。

从韩寒在网络突发公共事件发生(发现)以及政府干预3天以后介入网络舆论、发表的博文来看,1篇是在网络舆论的消退期,另外6篇是在舆论的扩散期。在舆论的消退期,由于介入时间的延迟,极大地影响了韩寒发挥意见领袖作用的效力,导致其作用严重受限;而在另外6篇舆论扩散的阶段,其中3篇是在第3天介入的,也属介入较早型,起到了放大舆论的作用,另外两篇《韩峰是个好干部》、《一条船上的人》、《保住非法字符》介入时间较晚,但由于提供了新的思考问题的角度,也对网络舆情的转向也发挥了较大的作用。

3. 内容、思维框架:剑指公权力;官民对立

从韩寒发表的博文来看,内容都与公权力的运用有关。其参与的上海钓鱼执法、上海一女户主抵制暴力拆迁事件、广西局长日记事件、上海高速公路换牌事件、荆州大学生救人事件、杭州飙车案、上海楼脆脆事件、央视大火、北川灾后采购豪华越野车事件、瓮安事件、三鹿奶粉事件、华南虎事件、株洲高架桥坍塌事件、宜宾国税局分局长卢玉敏嫖宿幼女案等网络突发公共事件,几乎都有公权力的使用不当、缺位等在内。即使未发现有公权力运用问题的,韩寒也会从相关信息的分析中,得出政府相关部门或官员可能存在的问题。如上海高速公路换牌事件中是否有铺张浪费之嫌、湖北荆州大学生救人事件中是否存在官商利益勾结等。而在互联网上,公权力的运用是网民最为关注的焦点。据《2009中国网络舆情报告》对2009年排名前100名的中国网络舆情事件进行分类统计发现,政府管理类事件最受网民关注,另一个特色是网友开始关注"官员言行"。[15] 韩寒抓住大众关心的公权力问题,就涉及公权力的网络突发事件中发表议论,无疑契合了网民的心声,容易产生一呼百应的效果。

对于公权力，韩寒的文章中总是抱着“官民对立”的思维框架，每一次的政府行为都被怀疑为对百姓权益的侵害、对政府官员自身利益及相关者的维护，即使政府的正确行为也被贴上了别有用心的标签。文章表现出对公权力的严重不信任。从韩寒博文中对公权力发表的一些评论即可看出：“因为这事太黑了，黑到连黑社会都会被雷住，所以一定是我执法机构办的事。”“宪法的第一条是，说你有罪，你就有罪。这里，我们了解到这一条的补充条款，那就是说你没罪，你就没罪。”“我们正式进入了一个几乎无官不贪，只分好的贪官和坏的贪官的年代。”尽管我们不能否认，这可能是韩寒博文吸引大家关注的一种策略。犹如踩钢丝，他的博文几乎总能够很好地把握钢丝绳上平衡的技巧，较少触犯红线和雷区。但抛开他的动机不论，他的官民对立的思维框架确实激起了网友的共鸣。这种对公权力严重不信任的背后，有着深厚的历史和现实土壤。人们基于个人长期的生活体验以及历史经验之积淀，已经积累了对一些行政机关、司法机关等公权力部门的不信任。而对公权力的传统监督机制效果欠佳乃至失灵又会使人们寻找另外一种替代途径发泄自己的怨愤，网络恰恰为人们提供了一个重要的宣泄平台。因此，韩寒这种“官民对立，官商勾结，官逼民反”之类的思维极易得到众网民的响应，起到激发舆论的作用。

4. 评论论证方式：逻辑推测；有理有据

中国网络意见领袖多为较具“草根”的一群，他们“在表达意见时的特点多为‘有主张，少论据’，即他们的意见多是基于共时态的‘冰山一角’，而对于‘冰山下的十分之九’他们知之甚少，多以想象和推测逻辑上的完成。”[16] 韩寒虽然不是“草根”，但这点在韩寒身上也有所表现。比如其在评论杭州飙车案的两篇博文《该关心的和不该关心的》、《胡斌进去，胡彦斌出来》，关于上海钓鱼执法案的博文《一封信》、关于荆州大学生救人案的博文《一条船上的人》中，运用的主要就是逻辑推理的方法。韩寒从一些常人未曾思考到的角度思考问题，条分缕析地解剖事件背后可能存在的情况，其思维之细致甚至到了连标点符号都不放过的地步。比如在张军收到钓钩威胁信后，韩寒发表的博文《一封信》就从威胁信的句式、标点出发得出这封信并非出自钓头之手的观点。这种貌似强大的逻辑思维能力常常使众多网友叹服，韩寒博文下面的跟帖中就有不少是对其逻辑思维能力的欣赏的。另外，韩寒还通过猜测的方式，表达对网络突发事件的看法，如《上海大楼倒塌处理方案(内参)》、《国家林业局5个小时后的记者发布会的现场记录》两篇博文,前者表达的是对上海楼脆脆事件背后政府可能存在宣传策划的猜想,而后者则是对五个小时以后政府记者招待会的预测,猜测为什么能够得到大家认可?一个原因是因为韩寒在文中表达的不无一定道理的“奇思妙想”。比如《上海大楼倒塌处理方案(内参)》中对楼脆脆的调侃,在近乎荒唐的揶揄话语中,压力差的说法不攻自破;《国家林业局5个小时后的记者发布会的现场记录》从参加记者会的几个出席者的名字入手,解析既然名字就有假大空之嫌,发布会更有为造假者辩护嫌疑。如此猜想自然让观者看到文章后大笑之余展开对深层问题的思考。

与一些草根型的意见领袖表达意见时“有主张,少论据”的特点有所不同的是,韩寒对网络突发公共事件的评判很多时候并非直接单刀直入地表明自己的观点,而是运用各种途径为自己的观点提供论据,如相关新闻报道材料、自己的亲身经历、政府网站的信息、对数据进行定量分析等。其中,支撑韩寒论证的材料绝大部分仍是传统媒体新闻报道的内容,这些新闻报道一方面是作为韩寒报道的信源使用的,比如关于广西局长日记的博文《我去哪里找,像你那么好》引用的消息来源是《新世纪周刊》,上海一女户主燃烧瓶抵制暴力拆迁的消息来源是中央电视台,关于株洲垮桥案的博文《已通过专家论证,周边居民无需担心安全》转载的是《株洲日报》的消息,另一篇博文《不出意外,出意外了》发表之前,《广州日报》、《京华时报》等多家媒体有过相关报道。关于北川采购豪华越野车的博文《活着的人要更好的活下去》、《北川政府继续说谎》消息来源则是传统媒体对北川县长和公安局长的访问。其他诸如上海高速公路换牌、上海钓鱼执法、华南虎等事件中,也都可见传统媒体的身影。另一方面,有的新闻报道中某些自相矛盾或可疑之处又成为韩寒发表意见的切入口。韩寒的不少博文就是针对这些蹊跷之处开展议论的。比如博文《已通过专家论证,周边居民无需担心安全》转载的是《株洲日报》的消息《红旗路高架桥今日上午试爆》,消息内容是在试爆之前对居民和出行者的提醒,但消息中引用的一句话“此次试爆已通过专家论证,周边居民无需担心安全”后来却成为最大的讽刺,韩寒在文中还特意在这句话下面加了下划线加以嘲讽。在北川采购豪华越野车事件、上海高速公路换牌、楼脆脆、三鹿奶粉事件等报道中也有类似的情况出现。

由于传统媒体的新闻报道较网络上的帖子、博客等具有较大的公信力,这就使得韩寒在分析评价网络突发公共事件时具有了较为坚实的立足点和较强的说服力。较之一些“草根”意见领袖，具有更加长远的影响力和更高的可信度。

5. 行文语言风格：语不惊人死不休

韩寒作为作家，本身是运用语言的高手，其在文学创作使用的一些话语至今仍被不少人奉为经典。据笔者 2010 年 4 月 30 日在百度里搜索“韩寒经典语录”，可以找到相关网页约 4390000 篇。在博文写作中，韩寒充分发挥了其语言运用的优势，几乎每篇博文都有一些经典的语录出现并广为流传。而这些经典语录的一个特点就是，“语不惊人死不休”，或妙用反语，或幽默调侃，或言辞激烈，或暗含寓意，引人遐思，惹人回味。如关于上海楼脆脆事件的评论：“1：经过鉴定，该楼属于自杀，于政府相关部门没有关系。2：该楼自杀的原因是两侧压力太大，也就是说，该楼生活压力太大。3：经过鉴定，该楼建筑符合要求，也就是说，该楼生理过关，心理不过关。”关于杭州飙车案中胡斌是否是替身的评论：“如果是真胡斌，那我真是爱死这个国家了，关了两个月就这么胖了。看守所比外面的世界更养育人，胡斌进去，胡彦斌出来。如果是假胡斌，那我也爱死这个国家了，真的一切都可以的，童话的王国。”等等。这些形象生动、个性鲜明的语言适应了网络世界“求新”、“求异”的特点，扩大了韩寒博文的传播效果，受到诸多网友的追捧。

同时，韩寒博文的标题也独具匠心，别出心裁，显示了其运用语言的功力。如巧妙运用谐音的《胡斌进去，胡彦斌出来》(彦是赝的谐音，暗含胡斌是替身之意；而胡彦斌本身也是一个明星)，使用反语的《这一定是造谣》、《已通过专家论证，周边居民无需担心安全》，直接引用他人的《这是一个庞大而复杂的工程》，言辞激烈的《华南虎还是灭绝了吧》、《趁火打劫央视》、《这些狗真麻烦》，意味深长的《不出意外，出意外了》、《说点风花雪月》等等。

三、结语：意见领袖作用机制对政府舆论引导的启示

由韩寒作为意见领袖在突发公共事件中对于网络舆情的作用和影响以及发挥作用的手段和方式，反观我们的政府舆论引导工作，我们将会得到许多有益的启示。

1. 高度重视网络意见领袖的作用，努力培养自己的意见领袖

韩寒作为网络意见领袖的一个典型代表，其参与了舆论形成发展的各个阶段，在每一个阶段都发挥了不容忽视的作用，除在舆论的消退期作用有限外，在其舆论形成期、蔓延期和转折期都对民意都起到了相当大的影响，意见领袖在网络突发公共事件中作用巨大。因此，政府舆论引导一定要高度重视意见领袖的作用，认真研究和跟踪意见领袖在舆论演化过程中的动态情况，并制定相应的科学的舆论引导策略。对待意见领袖，不能抱着视而不见、熟视无睹、围追堵截的态度，要注意吸取意见领袖意见的合理之处，防范其极端言辞对网民的煽动性影响，秉着"有则改之，无则加勉"的态度，努力改进政府工作，以给广大网民包括意见领袖一个满意的答复。就像上海市长韩正在回答媒体关于如何看待韩寒的批评的采访时所说的，"我们的态度是闻过则喜，欢迎大家对政府提很多意见，甚至尖锐的批评意见，这对政府工作也是一种监督。"[17]这应该成为各级政府部门对待意见领袖的科学态度。

同时，政府要努力培养自己的意见领袖，以有效引导网络舆论。意见领袖不同于政府新闻发言人，其立场不能是官方立场，而应站在公众利益一方对有损于人民利益的各种行为特别是政府行为进行监督。在现代社会，意见领袖越来越不可能是全能型意见领袖，而更可能是专业型的意见领袖，比如在杭州飙车案以及北川灾后采购豪华越野车事件中，韩寒之所以能够起到意见领袖的作用，不单单因为其名人的身份，更是因其赛车手的专业身份。因此，政府在培养意见领袖时应注意从对公众影响力较大的专家兼名人中进行选择，让每一个领域都有若干个"一呼百应"的意见领袖。

筛选出的意见领袖在引导舆论时要注意使用网民所喜闻乐见的语言，借鉴韩寒在网络突发事件中的行文风格，风趣幽默，生动活泼，但要避免与政府对立的思维，要努力将网络舆论引导到理性思考的方向。不可否认，网络舆论具有逆反性，但网民又不是完全不讲道理的，因此，意见领袖要在如何引导网民的不良情绪上多费思量，做到善于引导、有效引导网络舆论。

培养自己的意见领袖，绝不意味着排斥现有的意见领袖，能否利用现有意见领袖的作用，与现有意见领袖展开互动交流，引导其言论和行为，甚至转化现有意见领袖为我所用，也应是政府在培养意见领袖时应考虑的一个问题。

2. 政府干预一定要及时有效，充分满足民众的信息需求

由韩寒博文发表时间及其在舆论形成各阶段所起的作用可知，其发表

言论的时机多选在网络突发公共事件发生(发现)或政府干预启动后的第一时间。韩寒之所以能够起到意见领袖的作用,与其发表议论的时间选择息息相关。因此,借鉴以往经验教训,政府在启动突发公共事件的干预时,首先一定要及时,力争在舆论刚刚形成的4小时之内这样的"黄金时间"发出声音,抢占舆论制高点。

另一个值得注意的问题是韩寒发表言论相当多的是在舆论转折期,即政府干预期启动之后,而言论基调是对政府行为的严重质疑,综合运用逻辑推理、想象猜测等各种方法来增加网民对政府的不信任,这固然与其"官逼民反、官民对立"的思维定势有关,但很多时候也是政府干预本身的问题造成的。

比如,杭州飙车案中第一次新闻发布会的"70码"车速的说明,由于采用的是根据肇事者及其同伴的说法,当时即引发了现场记者和听众的质疑。而在后续的"胡斌替身"事件中,网络舆论早已闹成了一锅粥,却迟迟不见政府部门针对网友的疑问发布针对性的消息。从胡斌替身的帖子第一次出现在网络上(2009年7月21日)引起热议到7月29日杭州市西湖区人民检察院作出澄清,虽然之间政府做过两次简短说明,但都未充分回答网民的疑问。因此,通报会之后,网民的疑虑依然没有消除。29日晚,有网友发帖声称找到了庭审时出现的胡斌替身,一时间该贴又成为网友关注的热点,而韩寒30日凌晨发表的博文《胡斌进去,胡彦斌出来》更加深了网民的怀疑。

除外,在北川灾后采购豪华越野车、上海楼脆脆、上海高速公路换牌、三鹿奶粉、华南虎、株洲跨桥等事件中,舆论的引爆与政府部门或者相关官员言论出现漏洞、不能自圆其说,甚至前后不一有着密切的关系;瓮安事件中,韩寒发表博文大肆批判则与一开始政府相关部门迟迟未能给公众一个明确的说法有关。

因此,政府干预还要做到信息公开透明,针对民众关注的所有问题,作出充分的情况说明,避免顾左右而言他、对相关信息遮遮掩掩、缺斤少两这样的情况出现,为陷入又一轮舆论漩涡提供口实。

3. 网络舆情不能轻易采用"堵"的办法,要善于因势利导,同时也要注意传统媒体管理,防范传统媒体报道的负面效果

对待突发公共事件的网络舆情,如对待传统媒体那样采取"堵"的方法,在现代社会已经一再被事实证明不再适用。韩寒被删的几篇博文《央视大火有感》、《趁火打劫央视》、《华南虎还是灭绝了吧》虽然在其博客上难觅踪

迹，但转载和评价防不胜防，文章依然在网络上广为流传，甚至还有网民以搜集转载韩寒被删的博文为乐。笔者2010年4月30日以“韩寒被删博文”为关键词进行检索，共找到相关网页约2140000篇，即为明证。越是被禁的越带有诱惑性，越会激起人们对其的好奇心。在“禁果效应”的刺激下，反而扩大了它的影响。因此，网络时代，政府部门不宜再简单采用删帖等“堵”的方式引导舆论，而应该因势利导，采取正确科学的方法疏导舆论，既让网络作为一个发泄渠道，舒缓民众的情绪，又能够引导网络舆论走向正确的轨道。

不可忽视的是，传统媒体的作用在互联网时代依然重要。从韩寒发表博文的信息源可以看出，不少仍是依托于传统媒体的。尽管新闻报道后来可能被网络媒体转载，但传统媒体作为消息源是不容置疑的，传统媒体在网络时代依然影响广泛，因此，网络舆论的引导绝不可忽视传统媒体在其中的作用。首先，当网络突发公共事件发生之时，政府管理部门要利用传统媒体第一时间发出信息，否则任由网络舆论评说，政府舆论将会失去对网络舆论引导的主导权。韩寒对瓮安事件中传统媒体一度失声的批判即由此而来。而作为媒体本身，更应该有此意识，即使是自报家丑，也要勇于承担信息发布的责任。央视大火事件中，央视在事情前期的无所作为，立刻引来舆论的炮轰，韩寒博文中更讥讽央视为“全球第一大太监媒体”，就是极其深刻的教训。其次，传统媒体报道时，要密切注意信息中可能会诱发负面舆论的内容。当然，我们不能把责任完全归咎于传统媒体身上，很多时候传统媒体也是引用消息来源的观点，但不应忘记的是，媒体负有把关人和环境监测的职责，应时刻注意并反省自己的报道对公众可能产生的负面影响，对消息来源的相关说法保持清醒的头脑，真正发挥媒体舆论监督的优势，在这方面，媒体不能缺位，更不能被消息来源牵着鼻子走。

网络时代，严峻的舆论引导形势向我们的政府部门提出了新的要求，作为政府部门应尽快转变传统思维方式，熟悉网络舆论形成规律，掌握意见领袖在其中的作用，以现代化的理念、开放的眼光对待网络舆情，牢牢把握网络舆论引导主动权，开创新形势下舆论引导的新局面！

（作者系上海交通大学人文艺术研究院博士后）

注释

[1] 祝华新,单学刚,胡江春. 2008 年中国互联网舆情分析报告[EB/OL]. http://www.china.com.cn/aboutchina/zhuanti/09zgshxs/content_17100922.htm.

[2] 尹文娟. 人大教授:中国教授的影响力赶不上韩寒[EB/OL]. http://dhhn.china.com.cn/jiaoyu/2010-03-25/683.html

[3] [英] 奥利弗·博伊德-巴雷特(Oliver Boyd-Barrett)、克里斯·纽博尔德编(Chris Newbold). 媒介研究的进路[M]. 北京:新华出版社,2004. 154.

[4] 主要区分舆论形成期和舆论扩散期,根据论坛发帖情况、点击跟帖情况、网页收录数、是否已经被传统媒体大规模报道等几个指标判断。

[5] 由于不是有意识地干预,因此不算做政府干预期

[6] sonyife. 这一定是造谣(1)[EB/OL]. 2009-09-11http://laiba.tianya.cn/laiba/CommMsgs? cmm=12198&tid=2690014871643898508&utm_source=exp_control&utm_medium=control&utm_campaign=control

[7] 顾文剑,杨静. 白领好心载客被倒钩 执法部门称谈钱就是黑车[N]. 东方早报. 2009-09-15.

[8] 谭人伟. 私家车主好心帮人 遭遇钓鱼被罚 1 万[N]. 南方都市报. 2009-09-15.

[9] 闵大洪. 央视大火的公民报道与全民传播[EB/OL]. 2009-06-29http://china.zjol.com.cn/05zjjx/system/2009/06/29/015630769.shtml

[10] 徐达内. 上海火灾舆情七日记[EB/OL]. http://www.ftchinese.com/story/001035655? page=1

[11] 徐达内. 上海火灾舆情七日记[EB/OL]. http://www.ftchinese.com/story/001035655? page=1

[12] 耿红仁,向帅. 韩寒说韩峰是个好干部又掀波澜[N]. 潇湘晨报. 2010-03-05.

[13] 韩寒. 我去哪里找,像你那么好. 新浪博客,2010-03-14

[14] 刘天骄,王芳菲,王珑锟. 危机事件中的网络舆论及其应对——以 512 地震后"万元帐篷"事件为例[EB/OL]. http://media.people.com.cn/GB/22114/150608/150615/10621949.html

[15] 杨章怀. 09 网络舆情报告发布 政府管理类事件最受关注[N]. 南方都市报. 2010-04-19

[16] 喻国明,李彪. 舆情热点中政府危机干预的特点及借鉴意义[EB/OL]. 人民网传媒频道,2009-07-07

[17] 韩正谈韩寒:欢迎提尖锐的批评[N]. 中国青年报. 2010-03-08

地方舆情

突发公共事件中公众议题的嬗变

——以“李刚门”为例分析

梁俊民

摘要：随着新媒体的发展与普及，在突发公共事件中，越来越多的公众通过互联网等新媒体手段参与公共舆论。本文以2010年引起舆论广泛关注的“李刚门”为例，通过分析“李刚门”发展进程中的公众议题及其嬗变，重点剖析公共议题嬗变的原因，并由此探讨我国政府在突发公共事件中如何对公共议题进行有效的引导。

关键词：“李刚门”；公众议程；议题嬗变；议题引导

The Evolution of Public Issues in Public Emergencies

——Taking “Li gang Case” for Example

Liang Jun-min

Abstract: With the development and popularization of new media, more and more people have participated in pubic opinions through internet and other new media means in public emergencies. This thesis takes “Li gang case” for example, which emphasizes the causes of the evolution of public issues by analyzing its evolution in the process of “Li gang case”, and discusses how our government guides the public issues effectively in public emergencies.

Key Words: “Li gang case”, Public Issues, Evolution of Issues, Guidance of Issues

2010年10月，河北大学校园内发生一起交通肇事案件，肇事司机李启铭在被拦下后竟然高呼“我爸是李刚”，他口中的父亲“李刚”被证实是保定市北市区公安局副局长，而此次事件也被网友们称为“李刚门”。随后，公众舆论对这一言行进行一致声讨，将当事人推向了舆论的风口浪尖，使这场交通肇事事件迅速扩展成全民聚焦的突发公共事件。该事件中，公众通过新媒体主动参与议程设置，甚至形成“公众议程”这一现象，尤为值得关注。

公众议程是指“一个众人参与讨论与问题不断扩展的过程，其形成往往是一个问题从与其有密切联系的群体逐渐引起更多人的关注，再到社会公众普遍关注的过程。公众议程的决策目标是自下而上形成的，本质上属于讨论议程。”[1]公众议程的主体是普通民众，其形成有三个必备条件：一是问题的存在，是公众议程形成的基础；二是公众参与的数量和力度，是其形成的关键；三是媒体的关注，是形成的必要条件[2]。

新媒体环境下，互联网成为我国公众议程形成的重要载体。CNNIC报告显示，截至2011年6月底，中国网民规模达到4.85亿，互联网普及率攀升至36.2%[3]。目前，公众在运用互联网等新媒体时，已经从单纯的信息接受者变成了信息的提供者，互动性明显提高，参与公共事件舆论的人数显著增多。并且，人们通过新媒体广泛发声，不仅积极提供和传递可靠信息，使公众及时获取事件进程和真相，而且带来舆论监督力度和公共意见影响力的增强。而这些条件，都促成了公共事件中公众议程的形成。

一、“李刚门”中公众议题的嬗变

纵观“李刚门”整个事件的发展过程，其公众议题的演化路径十分明显。其中，公众舆论的关注点不断发生变化——从“我爸是李刚”到“造句门”、“封口门”、“抄袭门”、“豪宅们”、“测速门”、“剖尸门”，多个议题持续吸引着公众的眼球。

本文通过对“李刚门”整个事件发展的不同阶段进行分析，归纳出该事件中六个主要的公众议题，如图1所示。其中，“造句门”是指网络上对于肇事者口中“我爸是李刚”这句话进行了各式各样的改写，衍生出诗词版、儿歌版等不同版本的改编网贴；“封口门”指受害者所在的河北大学在事故发生后，面对外界采访，师生均表现出三缄其口的态度；“抄袭门”则指在事件发展过程中，有网友曝光河北大学校长曾因论文抄袭求助李刚的消息，而网络卫士方舟子也证实了校长博士论文抄袭的事实；“豪宅门”讨论的是网友曝光的李刚父子在保定的五套房产；“测速门”指公安局给受害者家属下达了一份《鉴定结论通知书》，而鉴定书上的车速在事实上、理论上根本不会把人撞飞；“剖尸门”指有关部门在事故半月后仍要求对受害者进行尸体检查或者解剖。

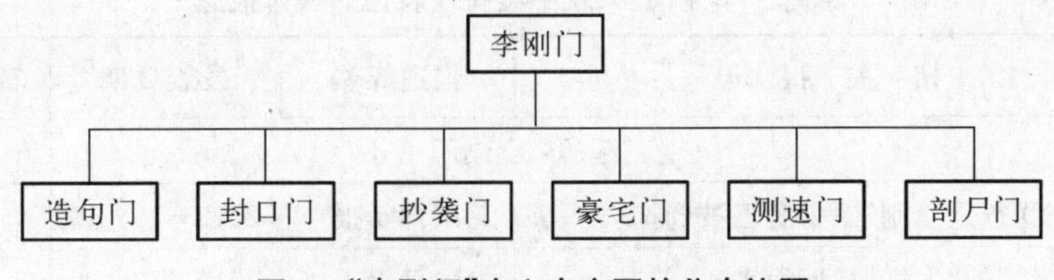

图1 “李刚门”中六个主要的公众议题

在“李刚门”公众议题的演化路径中，呈现出明显的“公众自我议程设置”特征，公众有力推动了该事件公众议题的嬗变。公众的自我议程设置是指“社会公众利用网络陈述事实或发表意见，以各种不同的传播形式，引起社会舆论广泛关注。”[4]在“李刚门”中，公众不仅进行自我议程设置，甚至还影响了媒体议程。一方面，由于网友的积极参与，信息的曝光主体已经由媒体更多地转向普通网民，经过网络的聚焦和放大事件引起媒体注意，进而引起了媒体议程的变化；另一方面，信息曝光的广度和强度得以加大，并持续刺激着公众的眼球，掀起了舆论关注的狂潮，引起媒体的持续跟进报道。例如，事故发生的当天晚上，就有网友在天涯社区和人人网等网站上把信息曝光出来，影响最大的是网友“河大义工”于事故次日在“天涯杂谈”以“惊!!!河北大学富二代校内醉驾撞飞两名河大新区女生‘有本事你们告去，我爸是李刚’”为题发布的帖子，引起了公众舆论和媒体注意。至12月6日，该帖子的访问量已经达到657811次。10月24日，网络论坛出现一篇名为《河北大学校长因“论文抄袭”曾求助于李刚》的帖子将河北大学集体沉默与校长抄袭联系起来，有网友戏称为“王投桃报李”。当天，又有猫扑网友爆料，李刚父子在保定拥有5套房产，并明确指出了所在位置。这些爆料都迅速引发舆论关注，形成公众议程和媒体议程。

于是，本文选取了“李刚门”中具有代表性的四个议题进行深入分析——“造句门”、“封口门”、“”抄袭门、“豪宅门”。笔者将每个议题中具有代表性的媒体报道梳理出来(如表1所示)后发现，这些媒体报道具备以下两个特点：一是选取的是每个议题中转载量或关注量最多的报道，体现了在“李刚门”发展的不同阶段媒体对相关议题的关注度；二是这些媒体报道大多是在网民积极参与、曝光信息后引起舆论广泛关注，甚至形成公众议题之后才跟进的，间接体现了公众议程的设置。

表1 “李刚门”议题中具有代表性的媒体报道

相　关　报　道	报道媒体	发表日期	转载量
起源：李刚门			
叫嚣“我爸是李刚”肇事者已被刑拘	北京青年报	2010－10－19	713
“官二代”的“牛气”从何而来	中国日报	2010－10－20	93
河北成立工作组处理校园撞车事件省长称将严处	新京报	2010－10－26	165
一、造句门			
网络造句大赛：36 万条网贴调侃“我爸是李刚”	法制晚报	2010－10－21	20
网友调侃黑色幽默：“窗前明月光我爸是李刚”	成都商报	2010－10－21	11
河北“官二代”撞人案引发网络造句潮	山东商报	2010－10－21	13
河北大学肇事者雷语“我爸是李刚”被恶搞造句	人民网	2010－10－22	13
二、封口门			
河北大学车祸目击者集体沉默学生称怕学校处分	广州日报	2010－10－21	259
目击者站出来让犯罪得到法律严惩	南方都市报	2010－10－21	21
毛建国：“我校沉默”比“我爸李刚”寒心	新京报	2010－10－21	30
官二代撞人事件目击者集体沉默	广州日报	2010－10－21	43
王石川：“李刚事件”升级涉事人不应沉默	广州日报	2010－10－25	24
三、抄袭门			
河北大学车祸“李刚门”牵出“校长论文剽窃门”	晶报	2010－10－24	86
官二代撞人事件牵扯出河北大学校长“抄袭门”	天府早报	2010－10－25	30
河北大学车祸追踪：校长曾因论文剽窃被调查	晶报	2010－10－25	60

(续　表)

相　关　报　道	报道媒体	发表日期	转载量
三、抄袭门			
评论:“抄袭门”和“李刚门”权力互庇到何时	检察日报	2010-10-26	34
河北大学校长博士学位论文约有2.7万字涉嫌抄袭	东方早报	2010-10-27	52
四、豪宅门			
网帖称河北大学车祸肇事者父子有多套房产	山东商报	2010-10-24	176
对李刚父子5套房产的说法确需较真	新华每日电讯	2010-10-25	27
李刚父子的5套房如何征税	京华时报	2010-10-27	54

由此可见,从事件的最初曝光到事件发展过程中不同议题的出现,网民作为个体在发布信息中都表现了异乎寻常的自我设置议程的主动性,并真正地影响到了公众舆论,进而促进了公众议程的形成和不断转化。公众通过网络等新媒体自我设置议程,也影响到了传统媒体的议题设置,通过权威主流媒体的报道,进而更加充分地发挥了舆论监督的作用。

二、新媒体环境下公众议题嬗变的原因分析

新媒体环境下,公众能够主动参与公众议题的设置,可见互联网对公共议题的影响巨大。在此,结合“李刚门”,深入分析其公众议题嬗变的原因,主要归纳为以下四点:

(一)日益成熟的网络技术使公众议题的设置成为可能

网络技术的成熟和普及,使突发公共事件能够演变成网络舆论关注的焦点,并形成公共议题。新媒体手段的成熟运用使网民在获取和发布信息上更加方便快捷,并且带来了信息的广泛传播,从而使现实生活中的公共事件能够在互联网上引起关注,甚至形成巨大的舆论热潮。“上访不如上网!

媒体的属性是曝光、公开、传播，这也正是媒体的力量所在……互联网正成为所有公民共同的公共媒体，也正成为最强大的曝光平台，成为大众传播信息、公民自由表达最大平台，也正成为民众监督最强大的武器。公民社会的建设从每个人运用网络传播开始！”。[5]由此，网络舆论的广泛关注，使突发公共事件能够形成“公共议题”。

并且，网络传播的互动性使网民能够积极参与公众议题，互动交流更加频繁。一方面，网民能够通过主动检索和获取信息，积极发表意见，不断地增强公共事件议题的关注力度；另一方面，网络互动性提升了网民在公共舆论中的参与度，甚至带来公众在突发公共事件中话语权的提升。

近年来，在突发公共事件发生后，网民对于当事人及相关信息的搜索、揭露和曝光的现象屡见不鲜。海量的网络信息，也为公众探究事件真相提供了可靠保证。在这种情况之下，公众往往会挑选曝光信息中有价值的关键点进行放大和强化，使它成为公众议论的焦点，影响公共议题，甚至促成对公共议题的设置。

（二）公民网络监督意识增强，参与公共议题的积极性提高

随着社会的发展，我国公民的网络监督意识逐渐增强。马斯洛关于人类需求的五层理论中，最高一层就是“自我实现”，他认为“一般来说，自我实现者都习惯于把注意力集中在自身之外的事情上，即以问题为中心，而不是以我为中心”[6]。在突发公共事件中，公众主动参与公共事件的舆论，进行舆论监督，最终都是想通过事件的合理解决来满足这种“自我实现”的需求。并且，随着社会民主进程的推进，公民的社会责任感不断增强，网络舆论监督作为群众监督的重要组成部分，在公共事件和政府决策中也发挥着越来越重要的作用。

在“李刚门”事件中，公众积极参与了公众舆论并设置公众议题，这一举动在本质上具有双重意义。从网民参与事件的现实目的来看，是想通过自己的力量进行舆论监督、制造舆论压力使得肇事司机得到应有的道德谴责和法律制裁。从网民的心理动机上来看，则是一种自身价值的体现，即通过自己的努力来证实自己对于社会正义、社会秩序的维护。例如，在网络上曝出“李刚豪宅门”时，舆论议题迅速转移到李刚五处豪宅上，网民希望相关部门能够彻查其财产来源，这不仅是对官员的监督、社会责任感的体现，同时

也是自我价值实现的诉求。

公众参与公共议题的积极性逐渐提高，在突发公共事件中往往体现为——网民往往会“自觉”地站到一起，从社会公平和民主的立场出发，利用新媒体武器主动提供、分享和传播信息，让更多的公众了解事情真相。而这种设置公众议程的行为，是通过舆论监督的方式来影响政府议程，从而促进事件的解决。

（三）网络传播中的从众心理促使公众参与议程设置

“从众”是指个体在群体压力下，改变知觉、判断、信仰或行为，使之与群体中的大多数人一致的一种倾向。在日常生活中，参照群体、群体规范与群体压力是广泛存在的，个体在受到群体暗示或提示时，会被引导做出群体要求或期待的行为，或对情景做出一定的反应。[7]

新媒体环境下，从众心理这一因素对于公众参与公共事件的议题设置具有促进作用。“在网络群体性事件中，网民所聚集起来而形成的网中虚拟群体的行为往往具有一致性。这主要是由网民所具有的目标的一致性所造成的，而目标的一致性主要体现在对于同一事件所具有的某种相同的情绪反映”。[8]这种“相同的情绪反映”间接体现了网民的从众心理，从而促使了他们对公众议程的设置。例如，在“李刚门”中，起初是一小部分网友参与讨论，对“我爸是李刚”这句话进行诗词和歌曲的改写，这个看似娱乐的行为表现了公众对官员公权私用的调侃和批判。随后，更多的网友纷纷附和这部分人的意见，参与到该事件的舆论当中，形成了网络上的造句狂潮。并且，“从众心理”会带来公众在事件发展中跟随议题转化不断巩固新的议题。例如，“李刚门”的一系列议题转化都或多或少地体现着网民的从众心理。对于网络上相继曝光的“校长抄袭门”和“李刚豪宅门”，公众都会不自主地追随着多数网友的言论，共同强化着不断转化的舆论议题，并且其刻板印象使议题的转化表现出一种连续性。

此外，由于互联网信息传播的虚拟性和匿名性，网民敢于大胆发言，造成因从众心理带来的行为更加无所顾忌。网络为网民们提供了一道无形的保护墙，使他们在这个虚拟环境中实现了在现实社会中难以完成的情感宣泄。

（四）事件自身的特性和意见领袖的参与推动公共议题转变的实现

突发事件公共议题的设置，往往与事件本身的特性有着密切的关系，这一点在“李刚门”中也得到了体现。

首先，公共事件本身的复杂程度，促进公众的持续关注。网络时代，信息泛滥已经是不争的事实，公众的兴趣点和关注点很难长时间聚焦在一个事件中。而突发公共事件往往能够引起广泛、持续的关注，原因在于它本身会有一定的“噱头”。对于“李刚门”，事件本身的敏感性是吸引网民关注的首要因素，而事件的复杂性则是公众进行持续关注的主导因素，不断的质疑和披露就会演化成不同的舆论议题，持续吸引着公众注意力。其中，官二代肆无忌惮的行为后面隐藏着李刚的身份和权力的谜团，河北大学的“沉默”后面隐藏着校长论文抄袭的谜团，这些议题之间都是有着一定的联系的，随着事件的进程而逐一呈现，成为不同时间段的主要议题。

其次，事件进程中意见领袖的参与，对公共议题的设置具有促成作用。网络意见领袖通过博客、微博等新媒体手段发布的对某一议题的看法，往往能得到多数人的响应，进而带动议题的转化。“李刚门”中，河北大学学生在校园撞人事发第二天就联系《中国经济时报》高级记者、中国揭黑第一人王克勤，向他告知了这一消息。王克勤立即在自己的微博上发布消息，并同死者陈小凤的哥哥和陈家代理律师张凯密切联系。在事件发展、解决的整个过程中，王克勤共在微博上发布及转发了百余条信息，并且在自己博客上发布案件的详细调查，获得网民的广泛关注。在事件最后，媒体报道没有及时跟进的情况下，他的微博及博客甚至成为消息的唯一来源。对于公众舆论的不同议题，王克勤在微博中提出自己的看法和建议，以个人的权威性影响着网民的关注点。

三、政府如何有效引导公众议题

对于突发公共事件，政府始终是督促事件解决和启动问责的主体，也是对公众舆论进行引导的主要机构。在公共舆论议题的转化过程中，政府的有效引导，使公众议程在事件解决的过程中起着积极正面的作用。通过分析“李刚门”，对我国政府在突发公共事件中的公共议题引导提出以下建议：

（一）政府应注重对不实信息的核实，及时辟谣

公众议程往往表现为一种民众自发的议程设置方式，是下情上达的初始阶段，在网络作为主要传播媒介的条件下，由于网民的非理性心理和政府管控力度的相对薄弱等，民众通过网络舆论发挥群众监督作用时，网络上难免会出现一些不真实的信息，这些信息会影响到正常的网络秩序和正确的舆论导向。这种情况下，政府应该适当介入公众议程，对公众自我设置议程进行有效的引导。

在“李刚门”中，网络上也出现了一些不真实的言论，例如伤者张晶晶被河北大学保送研究生，肇事者李启铭被判 3 年且监外执行等。虽然这些言论都体现着网民试图通过网络舆论来促使事件公正、民主解决的愿望，但是，这些失实的信息却导致了舆论导向的偏差。在这种情况下，政府就应该采取适当措施，对这些信息进行有力辟谣，进而将公众舆论引向正确的方向。

（二）借助权威媒体发布信息，形成政府议程、媒介议程和公众议程的良性互动

新媒体环境下，虽然运用新媒体发布和传播信息非常迅速，但在影响事件进展的关键信息中，传统媒体的权威媒体报道在信息质量上有得天独厚的优势，并体现出巨大的影响力。媒体记者可以亲自走进事故现场，采访当事人及相关人员，获取第一手的资料，通过语言和画面等直观真实的方式将事件真相剖析给公众看。所以，人们往往对于权威媒体报道更加信服。

因此，政府在充分运用新媒体的基础上，通过权威媒体发布事件中的重要信息，可以达到主动设置议题、进行议题互动的效果。公众议程与媒体议程、政府议程三者之间既相互区别，又相互作用、相互影响。媒体议程通常是指“传媒的新闻报道和信息传达活动以赋予各种‘议题’不同程度的显著性的方式，影响着人们的对周围世界的‘大事’及重要性的判断。”[9]而政府议程和公众议程的结合共同影响着政府在公共事件中的解决结果和决策的制定。在突发公共事件中，公众议程与媒体议程、政府议程往往会相互作用。政府可以主动通过主流媒体发布可靠信息，促进与公众议程形成良性

的互动，共同推动舆论监督向更加民主、公平的方向发展。

并且，政府在事件和舆论的发展中采取主动态度，积极应对公众舆论，对公众议题作出回应和解释，可以有效地引导公众议程转向。在政府议程、媒介议程和公众议程的良好互动下，公共事件会以更加公平、公正、民主的方式解决。

（三）完善网络把关机制，防止公众议程制造网络暴力

网民通过网络自我设置议程，可以通过舆论压力促进公共事件的解决。网络监督作为群众监督的一种重要形式，在新媒体环境下发挥着越来越重要的作用。但是，由于网络的开放性和匿名性，网民在网络上言论也往往具有很大的自由性，导致网上出现一些与事实不符的具有攻击性、煽动性和侮辱性的言论，造成当事人名誉损害，甚至形成“网络暴力”。

“李刚门”中，不负责任的、恶意的网络言论带来的负面影响十分明显。其中，不乏网友出于激愤而发布出来的假信息，缺乏翔实准确的事实依据。但由于没有官方或者媒体的公开澄清，致使这些消息在网络上愈演愈烈，对当事者以及社会和政府形象造成了恶劣影响。

所以，在公共事件的公众议程设置中，也需要完善网络把关机制，政府部门和网络媒体充当好“把关人”的角色，尽量消减网民的暴力言行，并将议题及时牵引到正确的方向和渠道上来。

本文通过深入分析“李刚门”中公众议题的演化规律，探讨了突发公共事件中公众议题的嬗变，及其对政府引导公众议题的启示。新媒体环境下，公众议程更多地代表着民众的呼声，是人民行使群众监督权利的有效方式，有助于促进公共事件的有效解决。这其中，公众应当更加理性地参与公共议题，政府也应当对公众议题进行适当的引导。由此，公众议题才能向着良性的方向变化，推动整个社会的发展进步。

（作者系华东师范大学传播学院硕士生）

参考文献

［1］ 胡建华. 中国的政策议程分析-以公众议程为视角[J]. 经济与社会发展，2009(1)：69－71.

[2] 李洋、敬从军. 公众议程的媒介建构——以环境问题为例[J]. 青年记者. 2006(6): 20-21.
[3] 中国互联网协会 CNNIC. 第28次中国互联网络发展状况统计报告. 2010-07
[4] 邹伟,郑达威. 从"甘怀德事件"看网络时代的公众自我议程设置[J]. 今传媒,2005(2): 8.
[5] 王克勤. 新浪微博. http://t.sina.com.cn/1700757973/wr0quFgbep
[6] 刘烨译. 马斯洛的智慧[M]. 北京: 中国电影出版社,2005. 165.
[7] 乐国安. 社会心理学[M]. 北京: 中国人民大学出版社,2009. 391.
[8] 黄蜺、郝亚芬. 社会心理学视阈下的网络群体性事件[J]. 电化教育研究. 2010(7): 39-43.
[9] 郭庆光. 传播学教程[M]. 北京: 中国人民大学出版社,1999. 63

对“上海大火”的传播学思考

——兼论“上海大火”与公民精神

王 平

摘要：11.15重大火灾事故除了带给民众沉重的打击及无奈之后，更多的是这场灾难中涌现的公民精神的勃发。本文对这一事件的传播过程、议题流变及政府举措、新媒体的作用等进行了分析，并尝试从公民精神的角度对上海及全国市民在此次大火事件中自发的悼念活动进行了解析。

关键词：上海大火；新媒体；公民精神

Thought on Communication Theory of Shanghai Fire

— And on Shanghai Fire and civil spirit

Wang Ping

Abstract: 11.15 significant fire disaster brought not only the sense of heavy helplessness to the people, but also the blooming of civil spirit. This paper analyzes the process of the communication, issues and government initiatives flow, the new role of the media, and tries to explain the spontaneous memorial activities of the people of Shanghai and the nation in fire incident from the aspect of civil spirit.

Key Words: Shanghai Fire, New Media, Civil Spirit

2010年11月15日14时，上海余姚路胶州路一栋高层教师公寓楼起火。截至11月19日10时20分，大火已导致58人遇难，另有70余人正在接受治疗。事故原因已初步查明，是由无证电焊工违章操作引起的，同时还存在装修工程违法违规、层层多次分包转包的现象；施工作业现场管理混乱，存在明显抢工行为的现象；事故现场违规使用大量尼龙网、聚氨酯泡沫等易燃材料以及有关部门安全监管不力等问题，至11月23日

13 名犯罪嫌疑人已经被公安机关依法刑事拘留。

一、传播过程概述

1. 传播过程

(1) 第一阶段(15 日)：事件曝光。事故发生当日即 15 日当天，网络媒体与传统媒体并举，事件发生的同时即暴露在网络媒体和传统媒体的视野之下，基本实现了对事件的实时性报道及传播。

最早曝光媒体为网络媒体，新浪微博网友“蔡强尼”15 日下午 14:20 分以“隔壁的隔壁失火了！我已经先报警了！”为题在新浪微博上首先将该事件曝光；天涯社区最早可见网民“hardy_tan”14：24 分就上海大火的消息发帖。这两个帖子是所查到的最早的关于“上海大火”事件的消息，均距火灾发生仅几分钟的时间。与此同时，其他网民也纷纷充当公民记者角色，利用各种自媒体，如手机、照相机、摄像机等设备将火灾的整个发生过程上传到网站、论坛及各类博客上。意见领袖韩寒也作为第一目击者，参与了事件的发布，较早曝光了该事故，他首先接受优酷网采访，而后当晚零点连发两条博文介绍现场状况，并获得广泛转发、跟帖关注。

新民网、东方网、中央台各媒体网站记者也于下午 15:30 分左右到达现场，全程跟进报道；第一财经频道在下午 15:30 分许即播出字幕消息，视频连线现场；上海本地的新闻综合频道也于下午 16 时左右在《新闻快报》节目中播报火灾消息，并自 16:38 分起中断正常节目，连线前方记者，推出直播报道。至晚 23:58 分，共发新闻 68 篇，并为各大网站所转载。

(2) 第二阶段(16—17 日)：事件引发广泛关注，舆论初步形成。从 16 日凌晨开始，有关部门开始连夜开展调查工作，核实、救治伤亡者、拨款安置受灾居民。并初步认定此次火灾是一场责任事故。同时 16 日凌晨，青年作家韩寒也以第一目击者的身份发表博文，记录了上海大火事件发展的全过程，并对消防能力、救援时间及事故楼宇工程的必要性提出了质疑。网上舆论开始初步形成，主要质疑点包括救灾消除能力、农民工问责、官商勾结、违法分包等问题。

从百度指数可以看出，16 日用户关注度呈井喷态势，17 日媒体关注度达到最高。上海市政府面临巨大的舆论压力。17 日官方首次就消防能力问题做出回应，并把关注重点主要放在善后处理及全市安全防范等问题上。新华社及本地媒体等报道了大量捐款、看望以及遇难名单等消息，使民众情绪得到一定的缓解。

(3) 第三阶段(18—22 日)：舆论升级形成高潮。传统媒体对火灾的报道力度逐渐减弱，但面对一些尚未透明的疑点，网络媒体仍不肯罢休，政府仍面临巨大舆论压力。

经济观察网于 19 日晚间发表了仇子明的评论，提出黄佩信"还不算是该被问责的第一人"，根据佳艺公司的财务数据，公开质疑"静安区政府有官员在其间有经济利益"。此外，对于"拿电焊工当替罪羊"的指责亦有增无减，事故问责再次被推到风口浪尖。

18 日开始不断有网友号召向遇难者献花寄托哀思，21 日"头七"当天更有多达 10 万市民自发前往。面对网络民意对问责的诘难，上海政府积极响应，于 11 月 18 日依法刑事拘留静安区建设总公司、静安区建筑工程监理有限公司及上海迪姆物业管理有限公司 4 名相关负责人。同时继续关注大火伤员及家属的救治情况，另外在全市开展防火安全生产大检查，整顿消防设备，一定程度上缓解了高楼居民对安全的担忧。

21 日"头七"，上海市政府高层领导亲自到现场祭奠，市长韩正对此次火灾事件道歉，这些经过媒体强势刊播，缓和了"引咎辞职"论给上海高层领导带来的压力。

(4) 第四阶段(23 日至 26 日)：舆情逐渐消退。23 日召开第二次新闻发布会，进一步落实各项善后举措以及事故责任人的认定等问题。其中就较核心的一些问题如房屋赔偿问题达成了一致，解决了受灾群众最关心的问题，此举有力地缓和了大火带给民众的巨大伤害。26 日上海市人民检察院第二分院对在上海 11·15 重大火灾事故中涉嫌重大责任事故罪的原上海市静安区建设总公司法定代表人、总经理董放，原上海佳艺建筑装饰工程公司法定代表人、总经理黄佩信等 13 名犯罪嫌疑人，依法批准逮捕，至此舆情渐回落。

二、议题流变与政府应对能力分析

在"上海大火"事件中官民互动频繁，随着事件的进展以及社会各界对此事的关注，议题不断涌现，针对不同的议题，政府在各阶段采取了一系列措施，较好地做出了回应，使问题得到妥善解决，另外政府还通过主动设置一些议题的方式引导舆论转向，对舆情发展起到了一定的缓解作用。下面对“上海大火”事件中几个凸显的主要议题加以分析：

1. 议题一：事故发生当日即11月15日，议题主要集中于火灾事故的始末

政府举措：上海市政府、中央非常重视，迅速组织各种力量全力救险，相关部门领导亲赴现场组织开展工作，全力抢救伤员、公布受灾程度、成立善后处置小组；对事故原因进行全面调查，并在全市范围内排除安全隐患。

2. 议题二：大火过后的善后工作、对事故的调查及社会各界的关爱

政府举措：11月16日火灾被控制后社会开展各种捐款捐助活动，政府迅速开展事故原因调查工作，国务院成立上海11·15特别重大火灾事故调查组，同时最高人民检察院将派员参加事故调查工作。16日上海市政府就火灾召开第一次专题新闻发布会称，11·15是一起责任事故，事故原因是由无证电焊工违章操作引起的，已相继刑事拘留了8名犯罪嫌疑人。

3. 议题三：质疑消防部门的消防能力、救援及时性及起火原因

政府举措：17日官方首次就灭火问题做出回应，同时将议题转移到专家教授的意见，称高层灭火是国际性难题。对于有民众指证认为工程所用的保温施工材料是导致大火的真正原因的问题，经专家化验后，得知成分系聚氨酯，阻燃性能差，容易导致火势加速蔓延，燃烧时还会产生更多的有毒气体，被国家新标准认定为“有安全隐患”。

4. 议题四：全市安全大盘检、保险赔付等善后工作

政府举措：19日，针对这场大火所所带来的消极影响——高层居民忧心安全，上海市政府展开工程安全大检查，对全市范围内的所有在建工程要求停工2小时进行防灾“体检”，公安部也发出公告，全国各地重点排查整治高层建筑火灾隐患问题。同时20日上海房管局对住宅小区进行地毯式排查。此举很好地缓解了大火过后普通市民的紧张、焦虑心理，也一定程度上将民众注意的焦点从政府本身移开。

5. 议题五：网民质疑承包方，官商勾结、层层违法分包致使安全责任不落实

政府举措：针对民间"官商勾结"的说法、记者对佳艺公司的质疑展开调查，17日上午，首先澄清了网络上疯传的一则谣言"佳艺法人代表黄佩信是静安区区长夫人"，同时调查佳艺公司曾出现在"未按规定开展2008年度安全质量标准化考核企业"公示名单之列，而出事工程"已经过层层转包"，也就在这层层转包之后，终于出现了监管失控、无证焊接工人上岗的结果，这也是导致大火的原因之一。上海市政府18日刑拘了"静安区建设总公司、静安区建筑工程监理有限公司及上海迪姆物业管理有限公司4名相关负责人"，26日逮捕了原上海市静安区建设总公司法定代表人、总经理董放、原上海佳艺建筑装饰工程公司法定代表人、总经理黄佩信等13名犯罪嫌疑人。

6. 议题六："头七"当日社会各界开展悼念活动

政府举措：11月20日开始，民众涌到火灾事发地前来祭拜，写歌献花哀悼遇难者。11月21日"头七"当日，包括俞正声、韩正在内的上海市高层领导亲自到火灾现场悼念，22日韩正市长称对火灾负有不可推卸的责任，并深感内疚和自责，呼吁市民"从精神上走出伤痛"，大火无情人有情，只要人在，就有希望，并将11月15日设为"城市公共安全日"，这种高度负责的态度在全国也并不多见，此举一定程度上很好地缓解了网民中普遍认为的政府不负责任的态度。

7. 议题七：火灾遇难者获赔，反思建筑行业安全问题

政府举措：23日以后舆情趋于平缓，事故进入收尾工作，24日静安区长称要对火灾事件负责，每名遇难者获赔96万元，非上海籍人员标准相同，房屋按市场价全额赔偿原则进行。同时针对城市建筑隐患，上海市下令出台措施严治建筑市场，加强监管，严厉打击违法分包转包。

从以上举措可以看出，政府在应对此次火灾事件中是比较成功的，从现实问题的处理能力来看，政府部门从上至下高度重视，应对及时。火灾发生后，上海公安、消防、卫生、应急办等部门闻警而动。25个消防中队的百余辆消防车参与扑救，当日18时30分，现场大火已基本扑灭，消防官兵英勇救人的精神得到了很大程度上的肯定。

从总体上看，对于这次火灾的应对是及时、有效、成功的。救援及时，善

后措施到位、有效，注重对灾后人心的安抚，并在全市范围内加大力度进行防火安全检查，一定程度上消解了市民的紧张、恐慌状态。且政府高度负责，火灾引起了上海市高层乃至中央的极大关注，国务院派专家组协查此事，正是这些十分有效的措施使得上海火灾的舆情很快趋于消退，但同时上海市政府在事故处理上略有处置失当之处，主要体现在以下方面：

首先，从问责来看，事故发生原因系电焊工违规操作所致，因此政府首先控制了涉案电焊工，但此举却引来网民的诘难，事后政府马上问责了应该为大火负责的承包工程的公司负责人，民意才有所消减。由此可以看出，草率地问责不但未起到好的作用，反而会使公众会怀疑问责不透明，存在官商包庇的情况，尤其是对弱势群体的问责更需谨慎，稍有疏忽则可能引发网民诘难的狂潮。

其次，政府在火灾后采取了一系列措施防范火灾隐患，在全市范围内进行了地毯式排查，且房管局称不留任何隐患，此项举措毋庸置疑起到了很大的社会安定作用，确实可以安抚民众不安的情绪，同时也消除了许多安全隐患，然而宣传力度有些微不当。政府把自己置于这样一种"大政府"的角色下，如此"浓墨重彩"的宣传，若稍有过失之处，很容易陷入"重责政府"的境地。

三、新媒体在"上海大火"事件中起到重要作用

1. 新媒体网络动员功能强大，网民参与度提升

从网民参与广度来看，有媒体报道称有10万网民关注上海大火事件，并在网上开展各种形式的悼念活动。豆瓣网发起"特大火灾手牵手传递爱自发祭奠活动"；新浪微博中，"为胶州路火灾遇难者祈福"的网络祭奠活动有近千人参加。事故过后，一首名叫《上海一家人》的歌曲在网络上被广为转发。

从网民参与的程度来看，由网上召集悼念活动，扩展到线下组织悼念活动，新媒体显示了强大的网络动员功能，网民群体体现了一种很强的主动精神。网友"凡人阿政"在灾后第二天就去了现场，他代表"上海同城会"去献花。那时，遇难者家人还没来得及布置遗像和花圈。网友夏商和王小塞于20日中午12:34分和下午发表博文，召集网友"头七"到现场献花，并为外

地朋友代送鲜花，两人的行动得到广泛拥护，该博文分别被转发 10435 次和 1950 次，评论分别为 6046 和 999 条之多。可见，新媒体不再仅仅是一个民众表达的平台，它还是一个有力的网络动员平台，尤其是微博以其低准入门槛、发布简单快捷、媒介融合性以及名人微博的强大助推效应，在此次大火事件的网络动员中发挥了非常重要的作用。

2. 微博让普通民众掌握了一定的发言权，激活了民众的公民记者意识

公民记者的概念最早见于 1990 年代的美国，它是伴随公民新闻概念的传播而诞生的。1998 年，美国人德拉吉的个人网站先于所有传统媒介曝光克林顿性丑闻事件，这使得德拉吉获得全球第一个“公民记者”称号。国内学者赵志立认为，公民记者就是“通过大众媒体、个人通讯工具，向社会发布自己在特殊时空中得到或掌握的新近发生的特殊的、重要的信息的公民”。作为“公民记者”其身份首先应有别于专业的新闻传播者，是一般的普通民众，另外，公民记者需要在新闻事件中发挥记者的功能，即得具备发现线索、记录事件和传播信息三个条件。在“上海大火”事件中，涌现出了许多公民记者，他们很好地践行了公民记者的角色。11·15 大火作为一起重大的社会安全事故，引发了广泛的关注，据称近 10 万网友发帖关注此事。其中涌现了许多平民意见领袖，他们的帖子或博文获得了广泛关注，如网友“澄澈媚扬”几乎第一时间曝光了事件，并时时以图片的形式展现了事件的全过程。还有事故受害者“一滴冰冷的汗”在微博中呼吁，要求还原事故真相，要独立的媒体报道，要公正的赔偿等。这些在大火事件中脱颖而出的平民意见领袖在网上频频发声，从事件的曝光、进展，寻人搜救，再到事故原因的调查，都起到了非常大的作用，履行了作为一名公民记者的职责。由此可以看出，借助于微博，公民记者精神得以发扬，每个公民都可以作为事件的“第一发言人”。

可见，上海这起空前的火灾引起了全社会的广泛关注和重视，无论是作为普通的市民个人还是有巨大影响力的公众人物，通过微博等新媒体都积极参与到了这场全民性的社会公共事件当中，这一方面可以看出上海大火事件中涌现出来的强烈的公民意识，另一方面也是对政府执政能力的一个巨大的考验。

四、"上海大火"事件与上海公民精神

"上海大火"事件中数万民众自发涌向事故现场为死难者敬献鲜花，虽然"头七"祭奠这种方式在中国并非首次出现，但以往多由政府在其中充当主导性角色，如在汶川地震、玉树地震、舟曲泥石流等一系列突发性公共安全事故中，而此次完全由群众主导、公民自觉主动参与、且参与人员数量之大在中国都开创了先例。这种首创的公民运动形式见证了上海公民精神的成长。公民精神是指公民对于自身享有的法定权利和义务的自觉意识[1]。其核心理念包括权利意识、义务意识、法制观念、平等意识等，它是现代民主、法治社会建设的内驱力，是公民社会的意识铺垫和精神基石[2]。章秀英、戴春林曾对公民的意识结构进行过量化研究，通过探索性分析得出了对公民意识影响较大的五个因子，分别为参与意识、公共责任意识、法律意识、政治效能意识以及权利意识，其中贡献率最大的是参与意识，可见，公民积极参与一直是现代公民观念和公民资格最典型的标志。

在上海大火事件中，无论是在网络空间中还是在现实世界中，公民都显示了很强的参与意识，尤其借助于新媒体的力量，起到了一种积极的放大效应，使得这种公民参与意识及责任意识在更广泛的社会范围内产生影响，从关注火灾现场到灾后援助募捐、从网络上组织动员到现场免费发放鲜花、组织乐队，这些行为都显示了上海以及全国市民很强的公共责任意识，体现了公民对公共事务的关注和公共利益的维护与追求。"头七"当日，更有数十万群众自发组织悼念活动，到事故发生现场祭奠亡灵，且行为理性，没有特定的诉求、没有失控的发泄，整个过程庄严、肃穆、井然有序，没有出现任何非理性失控行为，这种无声的全民运动在中国尚属首次。之所以发生在上海，既与事件的性质有关，也与这座城市的发展及公民意识发展程度有关，具体原因有：

首先，从事件性质来看，此次空前的火灾事故集合了所有重大灾难事故的所有特点，伤亡惨重、事发突然、涉及范围广，影响范围大，且受害群体为受人尊重、社会地位较高的知识分子教师阶层，所有这些特点都是能够汇聚人类普遍同情心的特质，因此它最大强度地激起了每个人感情的共鸣，这种感情上的共通性是连接公民的公共情感纽带，因此才使得数十万群众一起自发举行悼念活动，同时这种公共的情感也是形成市民公共精神的基础。

其次，从事件类型来看，有关火灾、房价等公共安全问题，属于国家与社会之间的公领域问题，它牵涉到每个人的切身利益，容易刺激民众的敏感神经。这种共同性不仅是指相对于外部而言的内部利益，相对于整体而言的部分利益，也指更加普遍和广泛意义上的连带感和相互扶助意识，以及支撑这些意识的、包括公开性的公共性[3]。因此这类问题更易使不同的社会群体联合起来，互相扶助，形成一种开放的共同意识，达成某种一致的行动。

第三，群体心理与社会情境的交互作用。正如勒庞所言，群体有时候是缺失理性的、狂乱的，但有时群体也能铸就辉煌的历史。当一种感情基调在群体中传播之后，很容易引起群体的共鸣，情绪极易感染给每一个身在群体中的个体，在这种群体情境下，更加容易受到从众和暗示的作用，形成某种共同的精神。在这场大火事故中，这种情境是多层面的，既有现实中人与人的互动，也有网络空间中网民之间的互动，因而它的影响更为广泛、彻底。从“头七”当天近10万人的集体悼念活动就可以看出，群体心理在多种社会情境的互动下，引发了集体悼念行为。

第四，上海的城市文化及群体人格。19世纪中叶，随着中国国门的被动开放，上海就成为西方殖民者觊觎的目标。70余年的开埠历史，上海成了最早被欧美同化的中国城市。经过无数次的文化碰撞之后，上海形成了中国传统文明与西方近代文明相融合的历史格局。海派文化由此而生。由于“海派文化”善于吸取西方现代文明，因而在大火事故“头七”的悼念活动中，看不到中国传统丧葬习俗的热闹场面，而是每个人静穆、庄重、从容、秩序井然地献上自己的一束鲜花表达哀思[4]。

同时上海群体的职员型人格也决定了人们倾向于采取集体悼念这种理性的诉求方式。职员型人格在上海有着深厚的历史、文化渊源。正如有的学者所指出的：“在旧上海社会，职员阶层承担着可以承上启下的海派人格中稳定性的基础品质，如敬业、勤勉、精明、谨慎、求稳等等。”同时上海人法律意识强，凡事按规则办事，因此火灾过后，上海市民倾向于选择通过花祭、乐队表演等形式寄托哀思，而不像一些不发达地区那样，动辄因某一件涉及利益较小的事件而衍变成群体骚乱的恶性事件，如贵州瓮安事件、马鞍山局长打人事件等。

“上海大火”事件中公民自发开展的各种悼念活动，很好地实现了个人与社会、与国家的互动，保证了社会的公平和正义，维护社会秩序与和谐。

同时这种参与也很好地诠释了公民精神的基本内涵，即全民积极参与公共事务，维护共同体的利益，坚持公平、正义，遵纪守法，实现由单纯的“市民”到“市民兼公民”，从“臣民”到公民的嬗变。上海这场大火所涌现的公民精神，既是上海公民精神发展的集中体现，也是中国公民社会觉醒的体现，对中国社会公民精神及公民社会的发展具有里程碑式的意义。

（作者系上海交通大学人文艺术研究院博士生）

参考文献

[1] 戴益民. 网络舆论与公民意识的培育[J]. 传媒观察，2008(2)：39

[2] 秀英，戴春林. 公民意识结构研究[J]. 心理科学，2009，32(3)：729

[3] 小浜正子著，葛涛译. 近代上海的公共性与国家[M]. 上海古籍出版社，P5

[4] 陈卫平. 上海城市精神海派文化人格形象[J]. 探索与争鸣，2003(7)：40

韩峰“日记门”事件的舆情分析

吕　晴

摘要：作为2010年最受关注的舆论事件之一，韩峰“日记门”事件引发了公众对官员桃色事件、贪污腐败、网络监督的多重思考，并且在舆情信息的传播过程中也呈现出一些特点。本文以韩峰“日记门”事件为立足点，在梳理事件发展过程的基础上，从中归纳出其舆情特点，包括内容上重“色情”轻“腐败”、色情信息被夸大化、当事人被“人肉搜索”等。并且，本文着重分析了该事件信息传播过程中议题流变的规律。

关键词：韩峰“日记门”；网络舆情；议题流变；色情

The Public Opinion Analysis of Han Feng's Diary

Lv Qing

Abstract: As one of the top public opinion events in 2010, Han Feng's diary let people pay more attention to the official's peach events, corruption and network monitoring. In the course of communication, it also shows some features of the public opinion. In this paper, based on the incident of Han Feng's Diary, we first collect the information of the event. Then, we sum up the characteristics of public opinion from the information, including the content is more concerned about pornography than corruption, pornography is exaggerated, the related people are searched and so on. What's more, this paper analyzes the law of the subject changing in the process of information dissemination.

Key Words: Gate of Han Feng's Diary, Network Public Opinion, Subject Change, Pornography

韩峰局长的“香艳日记”作为2010年影响巨大的网络舆情事件，不仅在视觉上给公众眼球带来了强烈冲击，更因其当事人身份的特殊性，还给政府官员带来了一次不小的信任危机。韩峰“日记门”事件中，舆情的传播较之其他突发公共事件呈现出不同的特点，本文将对该事件的舆情进行分析，探索其中的特点与规律。

一、韩峰“日记门”事件概况

韩峰“日记门”事件因涉及官员的性丑闻信息，而具有一些特殊的意义。这起历时长达约一年之久的重大舆论事件，在2010年12月14日尘埃落定。整个事件过程复杂，在此分为爆发、升温、高潮、消退四个阶段，对事件发展过程进行梳理。

（一）第一阶段：事件爆发——香艳日记初现网络，韩峰被停职调查

韩峰“香艳日记”最早是由网友在2009年11月通过百度博客披露出来的，但随后该消息被删除。到了2010年2月初，韩峰的“香艳日记”在网络上小范围内传播。2月22日上午，广西自治区烟草专卖局工作人员在上网时浏览到这篇日记，立即汇报给局领导。局党组立即召开会议，对其进行停职检查，并由纪检监察部门进行了初查。至此，是事件发展的第一阶段，香艳日记初现网络，韩峰被停职调查。

（二）第二阶段：事件升温——日记再现网络，引起各方热议

2010年2月27日15时14分，一个名为“含仙子”的网友在天涯论坛发帖，公布了韩峰利用职务之便，与多名女性发生关系，并公布了韩峰的部分个人日记。2月28日上午10时整，“含仙子”再度现身天涯论坛，发表了名为《老婆，韩局长叫你去开房》的网帖。网帖中称，他的妻子也与这位局长有染。截至2月28日晚8时，该帖已在人民网等国内知名网站被大量转发，并引来无数网友的热议，单在天涯论坛，点击率已近2万次。并且，韩峰“日记门”不仅引起了公众的热议，还引发了“两会”代表的讨论。由于事发后，日记女主角的照片、姓名等被网友通过“人肉搜索”公布在网上，于是在“两会”上，有代表提议采取网络实名制治理人肉搜索现象。这是事件的第二阶段——升温阶段，日记再现网络，引起各方热议，此时公众的关注焦点集中于日记本身和韩峰及女主角的个人信息等。

（三）第三阶段：事件高潮——韩寒发博文，各方观点更加多元化

随着事件的发展，各方观点也呈现出多元化。韩峰认为自己的隐私被人故意泄露，日记的部分内容被人恶意篡改过，因此向警方报案，要求追究泄密者的法律责任。韩寒于 3 月 4 日发表博文《韩峰是个好干部》，列举九大理由来论证“韩峰是个好干部”，看似在“扬韩峰”，实则是在“抑政府官员”，文章以反讽的口吻对当今的官场乱象和官员作风进行了冷嘲热讽。由此，引发大众舆论出现明显变化，陆续有韩峰同事接受采访，表示韩峰工作能力很强、对家庭很有责任、官场的吃喝也是一种无奈。事件发展到第三个阶段，公众已经不再停留在对“香艳日记”的围观，而开始客观、理性地思考。

（四）第四阶段：事件消退——深入调查，公众舆论趋于平静和消退

3 月 9 日，韩峰案由广西烟草系统纪检部门移交南宁市检察院正式进行司法立案调查。随着事件进入深入调查的最后阶段，公众舆论也渐渐平息。3 月 13 日，南宁市检察院根据初步调查结果，报请广西壮族自治区检察院审查对韩批捕。6 月 7 日，南宁市检察院向法院提起公诉。9 月 2 日，广西南宁市中级人民法院开庭，指控其涉嫌受贿提起刑事诉讼。庭审中，认为判定韩峰受贿“理由不充分”。庭审直至下午 5 时许结束，并未当庭宣判。12 月 14 日，南宁市中级人民法院依法对被告人韩峰受贿一案作出一审判决，以受贿罪判处被告人韩峰有期徒刑 13 年，并处没收个人财产 10 万元，韩峰也首次直面媒体说日记里面记录的事情都是真实的。

二、韩峰“日记门”舆情传播中的问题

韩峰“日记门”因为其当事人的多重身份，使整个舆情呈现出复杂的特点，既涉及公职官员的贪污腐败，又涉及个人隐私与公众知情权，因此，该事件在传播过程中也呈现出与众多突发舆情危机事件不同的特点和问题。

(一) 舆情内容上,“香艳”信息较多,“腐败”信息较少

纵观不少大众媒体对韩峰事件的报道,其报道重点大致可以分为以下两大类:① 事实层面的报道,主要是对韩峰“日记门”及其涉及相关人物、事件情况的报道;② 价值层面的讨论,主要是对韩峰个人的评价,以及对社会的警示等。但是,在事实层面的报道上,“香艳”信息较多,“腐败”信息较少。其中,由于事发到相关部门介入进行深入调查,期间有一段很长的“空档期”,在没有更新的事件发展信息的情况下,媒体的关注重点围绕“日记有多黄”,“日记从何而来”,“日记中描写的女主角”等几个方面。并且,媒体不仅对其进行了长篇累牍的追踪报道,报道中还有绘声绘色的性爱文字,对香艳日记进行了细致入微的描写和报道,为了显示新闻报道的“真实、客观”,有些报道甚至“有图有真相”,或者索性将“香艳日记”原文贴出,或是将日记“女主角”的照片大肆散播,极大满足了公众的窥探他人隐私的欲望。与此相对应的是,韩峰作为一位政府官员,其“贪”的信息较少。

目前,我国已经从一个生产型社会进入到一个消费社会,不少人对他人事件的关注,往往消费的是它所蕴含的娱乐性和从中获得的刺激性快感。正如鲍德里亚所说:“我们从大众交流中获得的不是现实,而是对现实所产生的眩晕。”[1] 人们对于韩峰等官员性丑闻的高度关注,不是仅仅是因为他贪污腐败,更多是出于对他的性爱日记或视频等的“好奇心”。因此,该事件中色情信息对社会造成的负面影响,也在大众对官员们的“情色日记”和“性爱视频”的集体狂欢中被漠视了。

(二) 传播带有倾向性,色情内容被渲染和夸大化

公众对韩峰“香艳日记”的好奇心使得他和他的“情妇们”从成千上万的网络突发事件中轻易“脱颖而出”,他们满足了人们对娱乐性和快感的消费追求,同时也造成了公众群体的整体“眩晕”,尤其是被媒体在报道中渲染和夸大的色情内容,使得人们部分丧失了对事件本身的理性判断。本文选取了韩峰“日记门”中对色情内容渲染夸大化,并且体现传播倾向性的报道,如表 1 所示。

表 1　韩峰"日记门"中色情内容被渲染和夸大化的部分媒体报道

报道来源[2]	报道标题
国际金融报	"香艳局长"遭停职审查
手机南都网	性爱日记
中国山东网	韩峰局长日记门 "性爱日记"很黄很详细
Telegragh	Sex, drink and mobile phones: the secret life of a Chinese official
世界能源金融网	韩峰日记惊动高层：丑闻揭不胜揭(图)
搜房网	韩峰局长日记完整版曝光 女下属家居照外传(图)
Spn 睿商在线	烟草局长韩峰"淫乱日记"疑似女主角曝光
荆楚网—楚天金报	烟草局长韩峰"香艳日记"踢爆其贪污受贿玩女人
生活新报	韩峰局长"香艳日记"摘录（图）
猫扑新闻中心	广西来宾市烟草局局长韩峰"性爱日记"曝光
华声国际传媒网	烟草局长韩峰香艳日记曝光 淫秽程度远胜兽兽门
IT 商业新闻网	韩峰局长"性爱日记"遭曝光 内容很黄很暴力
spn 睿商在线	"性爱日记"堪比"艳照门" 韩峰一样"很傻很天真"
法律界	韩峰的日常工作和性福生活——广西来宾市烟草专卖局局长
spn 睿商在线	韩峰"日记门"堪比克林顿"拉链门"

从上表中列举的部分相关媒体报道可以看出，媒体报道的标题都带有很明显的色情倾向，纷纷以"性爱日记"、"香艳"、"淫乱"、"很黄"、"堪比艳照门"、"远胜兽兽门"等带有鲜明情色味道的暧昧词语来吸引公众眼球。

韩峰的腐败贪污的数额并不高，该事件之所以会闹得这么大，是因为他的"香艳日记"。媒体对"香艳"、"性爱"、"淫乱"的大肆渲染，实质上直接影响了公众的关注点。公众在看完充斥着色情信息的"性爱日记"之后，更会变得群情激愤，放大他们对官员形象的偏见。加之意见领袖韩寒等人的舆论引导，往往容易形成对官员形象的偏见、对政府公信力的质疑和不信任等。

(三) 事件当事人被"人肉搜索",暴露个人隐私

值得一提的是,在韩峰"日记门"中,出现的"人肉搜索"现象。在人肉搜索的影响下,网民在网络上的评判往往会延伸到现实生活中,给当事人带来现实的困扰。为此,本文列举了含有女主角姓名的部分媒体报道,如表 2 所示。这些报道都将"日记门"女主角的姓名直接写在新闻标题中,以醒目字眼吸引公众的注意力。从最早的"含仙子"将女主角们的真实身份、姓名等个人隐私在网上"裸晒"开始,网民随后纷纷将她们的照片公布于众,其中还不乏有被误当作"日记门"女主角的无辜女大学生——吴美俞。吴美俞坦言,因为自己的照片被网友错误当做韩峰的情妇放到网上,导致她出门都戴着口罩,怕被人认出,因为有些同学幸灾乐祸地嘲笑,让她压力很大。这种行为带来的网络暴力,使当事人甚至与事件无关的人在现实生活中承受着来自虚拟网络社会的精神压力。

表 2 "韩峰日记门"中曝光当事人个人隐私的媒体报道

报道来源	报 道 标 题
中国山东网	烟草局长香艳日记曝光 韩峰谭善芳杨淑红遭人肉
江苏都市网	网友曝光韩峰局长"香艳日记"女主角谭善芳遭人肉
江苏都市网	韩峰局长和情人谭善芳性爱日记全文
现代快报	韩峰日记"很黄很腐败"盘姗姗谭善芳杨淑红遭人肉
齐鲁网	韩峰香艳日记门完整版:女主角盘姗姗谭善芳杨淑红照片
经网	谭善芳照片 韩峰局长日记完整版[组图]

三、韩峰"日记门"的议题流变分析

议程设置的基本思想最早是由李普曼在《舆论学》一书中提到的:"新闻媒介影响'我们头脑中的图像'。"1963 年,美国政治学家科恩在谈到报纸作用时说:"报纸或许不能直接告诉读者怎样去想(what to think),却可以告诉读者想些什么(what to think about)。"这句话言简意赅地概括了议程设置理论的内涵。1972 年,美国传播学家麦库姆斯和肖在《舆论季刊》上发表

了《大众传播的议程设置功能》，最早明确提出了议程设置的理论。他们认为，大众传播具有一种为公众设置“议事日程”的功能，媒体的新闻报道和信息传达活动以赋予各种“议程”不同程度的显著性的方式，影响着人们对周围世界的“大事”及其重要性的判断。[3]因此，分析重大舆论事件的议题及其流变，对于探索舆情传播的规律具有重要的意义。

在韩峰“日记门”整个事件中，主要有以下六个议题：① 香艳日记，② 涉事人的个人信息，③ 事件的进展，④ 对韩峰个人的评价，⑤ 法理角度的探讨，⑥ 对社会的警示。依次详述如下：

1. 议题一：对香艳日记的关注(持续时间：事件爆发和升温阶段)

对“香艳日记”的关注主要体现在三方面：对日记中性爱内容的猎奇和围观；对日记的戏谑和调侃；以及对日记来源的讨论。从议题持续时间来看，这一议题主要集中于事件爆发和升温阶段。

在事件最开始，公众和媒体都不约而同地对“香艳日记”的性爱内容给予了高度关注，如《韩峰局长日记门“性爱日记”很黄很详细》、《韩峰局长“性爱日记”遭曝光 内容很黄很暴力》、《广西来宾市烟草局局长韩峰“性爱日记”曝光》等，其报道的议题都是围绕日记的“香艳”展开。除了对日记“性爱”的关注，还有对日记的调侃，如《韩峰比其他作家更有资格获得诺贝尔文学奖》、《韩峰局长性爱日记颇得鲁迅和蒋介石的真传》。除此之外，还有不少人质疑日记的来源和日记的真实性。关于日记的来源莫衷一是，有情人老公报复说，还有黑客入侵说等。

2. 议题二：涉事人韩峰和日记女主角的个人信息

日记内容的暴露和情色在事发后迅速捕获了公众的眼球，随后，随着日记一同曝光的日记女主角和韩峰也开始遭到“人肉搜索”。韩峰的各种个人信息如家庭情况、工作经历、照片等，都被公布于众；另外，日记女主角的姓名、家庭住址和照片等也被网友人肉搜索后发到网上。不少媒体在报道中也将涉事人的个人信息曝光，如《烟草局长香艳日记曝光 韩峰谭善芳杨淑红遭人肉》、《局长香艳日记门韩峰情妇谭善芳照片浮出网络》等。从议题持续时间来看，这一议题主要集中于事件爆发和升温阶段。

3. 议题三：韩峰“日记门”事件的后续进展

韩峰事件不但引发了人们的热议，各方组织机构也纷纷介入进行调查。因此，随着事件调查的深入，事件也不断有了新的进展，如广西烟草局得知该消息后，将韩峰停职检查；“含仙子”二度发帖，使得“香艳日记”在网络上进一步发酵；随后，韩峰报警，称个人隐私被侵犯等等，事件进展成为了媒体报道的第三个议题。从议题持续时间来看，这一议题主要集中于事件升温到事件消退阶段。

4. 议题四：对韩峰的个人评价

在日记初现网络的时候，人们对于韩峰的个人评价，大多认为他是“色贪”，或者“官场禽兽”。到了事件的高潮期，对韩峰的个人评价才大规模出现，人们对韩峰的看法也更加多样化，更加客观地从个人、社会多种原因来看问题。期间，还有不少人替韩峰“喊冤”，认为韩峰的腐败数额并不多，而且他的日常生活对于众多官员来说，也都习以为常了，在外吃喝很多时候都是无奈之举。韩寒更是列举了九大理由“力挺”韩峰是个好干部。在舆论发展后期，公众对韩峰的个人评价大多都集中在“力挺”韩峰这个议题上，从侧面反映了公众对当今官员的嘲讽，以及对政府公信力的不信任。从议题持续时间来看，这一议题主要集中于事件爆发到事件高潮阶段。

5. 议题五：从法理角度对官员隐私和公众知情等进行的探讨

该议题主要是围绕隐私权与公众知情权的讨论，从议题持续时间来看，这一议题主要集中于事件高潮和事件消退阶段。首先是官员隐私与公众知情权，有人认为“含仙子”恶意曝光韩峰的私人日记，是侵犯韩峰个人隐私的行为，不能因为韩峰的日记中有其违法乱纪的证据，将韩峰绳之以法却任始作俑者逍遥法外；同样，也有人认为，韩峰身为政府官员，肩负着人们赋予的权力和责任，其隐私权应享有更低的保护。

其次，是关于普通人的隐私与公众知情。在该事件中，日记女主角的个人隐私被纷纷曝光，人肉搜索给她们的现实生活也带来了不少困扰。她们身为韩峰的情妇，其行为道德不容；但是她们同样也是普通公民，享有公民应有的隐私权，而且她们被“人肉”的过程中，也不乏无辜者的个人信息被误当做日记女主角被曝光。所以，她们的隐私权到底是否该受到保护，也引起了社会的争议。

6. 议题六：韩峰事件对社会带来的警示

经历了对日记和当事人个人信息的围观，随着事件的进一步发展，人们的情绪也逐渐冷却，思考也更趋冷静和理性，如对官场生态的思考，对反腐制度的反思，对公民通过曝光他人隐私而让其获罪这一现象的看法等等，人们思考的角度更加多元化，观点和意见也更加客观。从议题持续时间来看，这一议题主要集中于事件高潮和事件消退阶段。

在分析以上六个议题及其流变过程的基础上，本文得出议题流变过程中体现的几个特点：

一是议题焦点从事实层面逐渐转向价值层面的——在事件的爆发和升温期，舆情焦点主要集中在议题一（对香艳日记的关注）、议题二（涉事人韩峰和日记女主角的个人信息）。当日记在网络上曝光之后，日记本身的"情色内容"和涉事人的相关信息首当其冲是最具有爆点的，人们出于猎奇和娱乐的心理，会首先关注到"性"和"女人"的内容。随着事件有了新的进展，议题三（韩峰事件的后续发展）从事件升温阶段开始开始成为媒体报道的又一议题，而且一直贯穿到事件消退期。在事件发展的前期，人们对事件的关注焦点更多集中在事实层面，为了了解更多的事实信息。到了事件发展的后期——事件高潮期和事件消退期，舆情焦点开始向议题四（对韩峰的个人评价）、议题五（从法理角度对官员隐私和公众知情等进行的探讨）和议题六（韩峰事件对社会带来的警示）转移，人们在经历了初期和中期的猎奇娱乐阶段之后，开始回归冷静，客观地对事件进行思考，事件后期，人们的观点和意见也体现得更加多元。

二是意见领袖在议题流变中体现了重要的作用。在韩峰事件的发展过程中，韩寒作为意见领袖公开发表言论，其言论能够使媒介的报道着重关注众多议题中的某些议题，甚至影响公众舆论的整体走向。在韩寒发表博文《韩峰是个好干部》之后，这种意见在网络上被放大了，更多的网友开始支持这种观点，媒体也对此进行了铺天盖地的报道；另外，韩峰的同事也开始接受采访，对此事进行正面回应，客观肯定了韩峰的工作能力。因此，意见领袖韩寒的言论提升了某一个议题的显著性，从而推动了公众对某一个议题的关注。

（作者系上海交通大学人文艺术研究院硕士生）

注释

[1] 【法】鲍德里亚. 消费社会[M]. 南京大学出版社，2000(10)：12

［2］ 此处例举的报道来自网络，由于有些网站会注明报道的传统媒体出处，但是有些网站并不会注明，而网站没有新闻采访权，不是严格意义上的媒体，因此这里统称为“报道来源”。表2同。

［3］ 郭庆光：《传播学教程》［M］，中国人民大学出版社，1999年版，第214页

参考文献

［1］ 新京报. 烟草局长性爱日记，网友曝光是否侵犯官员隐私权？［N］http://nf.nfdaily.cn/spqy/content/2010-03/03/content_9692384.htm

［2］ 陆遐. 新闻失范原因分析初探［J］. 昌吉学院学报，2010，(3)：76

［3］ 邵培仁. 大众传播中的信息污染及其治理［J］. 新闻与写作，2007(3)：22

［4］ 【法】鲍德里亚. 消费社会［M］. 南京大学出版社，2000(10)：12

［5］ 郝雨，王祎. 媒介暴力的正负效应及社会控制［J］. 南通大学学报？社会科学版第25卷第5期，2009(9)

［6］ 百度百科. 网络暴力［EB-OL］. http：//baike. baidu. com /view/979872. htm?l wtp=tt

［7］ 对“网络舆论暴力”说“不”！［N］. 人民日报. 2007-8-12

［8］ 罗春. 新闻报道中隐私权和知情权的对立统一［J］. 新闻界，2005(4)：53

［9］ 顾理平. 新闻侵权与法律责任［M］. 中国广播电视出版社，2001. 225，232

［10］ 王志安. 香艳日记事件中的“下水道正义”［N］. 青年记者，2010.4(上)：87

［11］ 李兴达，张永萍. 美女“跻身新闻高频词现象之成因与反思［J］. 东南传播，2006(6)：36

［12］ 人民网.(访谈记录)范以锦、竹立家：官员隐私权与益［EB-OL］. 2010-3-18. http：//yq. people. com. cn/Forum/postDetail. aspx? ID=000017187

［13］ 郭卫华. 新闻侵权热点问题研究［M］. 人民法院出版社，2000年版

［14］ 吴雅兰. 当“不为人知”与“广而告之”狭路相逢——浅谈公众知情权、明星隐私权与媒体报道权的博弈［J］. 新闻知识，2006(10)，P16

企业舆情

互联网时代企业危机公关的思考

——以腾讯在“腾讯 360 商战”中的危机应对为例

王　蕾

摘要： 2010 年，中国互联网行业爆发了一场前所未有的商战——腾讯 QQ 和奇虎 360 作为国内最大的两个客户端软件，利用互联网平台进行了一场争夺用户的公关大战，对整个互联网行业产生了巨大的影响。本文将以腾讯与奇虎 360 这场商战为例，通过深入分析其中腾讯危机应对的情况，归纳其不足之处，包括危机策略忽视用户感受、危机应对的针对性差、与用户沟通有待改善等方面。由此，本文将从重视与用户及与公众的沟通、提高危机应对的针对性、合理运用权威机构等方面，探讨互联网时代企业如何更好地进行危机公关。

关键词： 腾讯 QQ；企业；危机公关；危机管理

Thought of Enterprise Crisis Public Relations in the Internet Era

—— Taking “Tencent QQ and Qihoo 360’s Commercial War” for Example

Wang Lei

Abstract: In 2010, there was an unprecedented commercial war of China’s Internet industry: as the two largest internet client software, Tencent QQ and Qihoo 360 broke out a public relation war for users of resources with the internet platform. This commercial war has a huge impact on the entire internet industry. Through in-depth analysis of Tencent’s crisis response, this article summarizes Tencent’s inadequate crisis public relations actions which include ignoring the users’ feel, lack of targeted response and communication skills of users. Based on this analysis, the article gives some exploratory suggestions about how to make better crisis public relations in the internet era, such as attaching importance to users communication, improving the capacity of targeted response and rational use of authority, and so on.

Key Words: Tencent QQ, Enterprise, Crisis Public Relations, Crisis Management

在当今复杂的商业环境中,市场竞争的日益加剧,现代企业在发展过程中面临着各种危机。而随着信息技术和新媒体的发展,企业爆发危机的可能性日益增加。互联网时代,企业如何有效地进行危机公关,减少危机带来的损害,甚至转危为机,已经成为不容忽视的重要问题。

随着信息时代的来临,互联网为企业提供了更为广阔的公关平台,但同时也为企业的危机管理带来了新的挑战。一方面,作为一个全新的传播平台,互联网以其开放性、互动性、即时性,使企业面对危机公关的自主性增强,搜集和反馈危机信息更加方便,应对速度也得到提升。另一方面,信息传播加速使企业反应时间缩短,网络传播的匿名性增加了负面信息出现的可能,网络信息的聚集效应使危机的负面效果被放大。

腾讯 QQ 与奇虎 360,作为中国当前客户端占据量最大的两家互联网厂商,从最初不动声色的暗战,到后来公然的“生死对决”,既是双方利用互联网平台争取舆论支持、争夺用户的商业竞争,又是一场双方应对企业危机的重大公关事件。并且,整个商战以其轰动性、持续性和复杂性,成为众多网民、互联网专家及媒体关注的焦点,并引发了广泛的社会争议。本文将对腾讯在“腾讯 360 商战”中的危机应对进行深入分析,进而探讨该事件带来的启示——互联网时代企业如何更好地进行危机公关。

一、“腾讯 360 商战”事件回顾

腾讯 QQ 和奇虎 360 是目前国内最大的两个客户端软件,双方均拥有庞大的用户群。腾讯公司成立于 1998 年 11 月,是目前中国最大的互联网综合服务提供商之一,是 QQ 的服务提供商。QQ 作为中国目前使用人数最多的即时通讯软件,注册用户超过 10 亿,活跃用户超过 2 亿。[1]奇虎 360 于 2006 年 7 月 17 日推出 360 安全卫士,受到网民和互联网服务商的极大欢迎。据艾瑞统计,360 安全卫士是中国最受欢迎的杀木马、防盗号安全软件,拥有 71%的市场份额和 2.5 亿互联网用户。[2]然而,双方为了维护各自的利益,抢占更多的市场份额,在 2010 年展开了激烈的竞争。

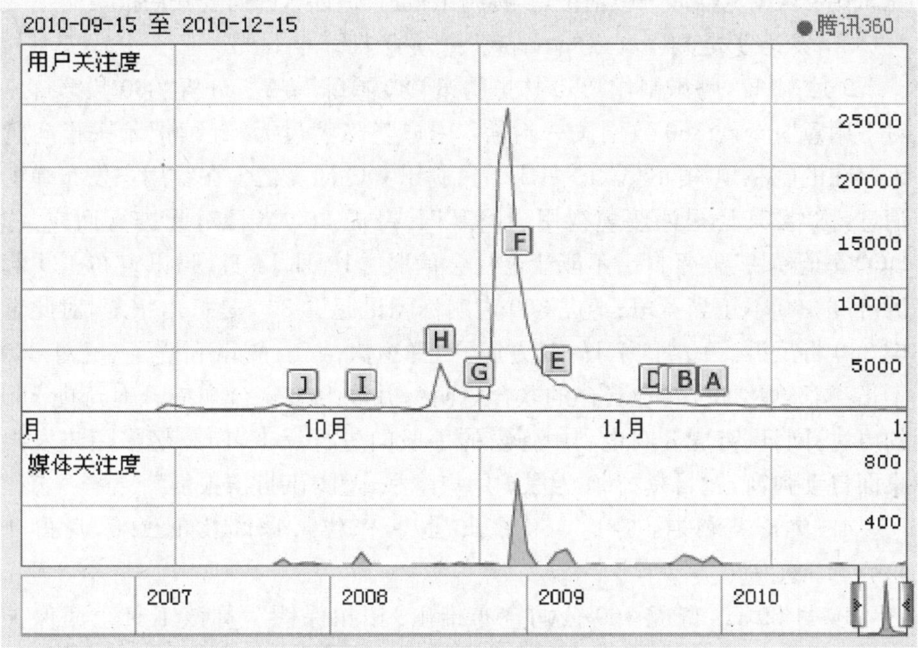

图 1　腾讯 360 商战的百度指数

从舆论传播的过程来划分，这场商战大致可分为五个阶段：舆论潜伏期，舆论爆发期，舆论蔓延期，舆论高潮期，舆论平息期。

1. 舆论潜伏期：腾讯抢占网络安全市场成为事件导火索。

2010 年春节后，腾讯在一些二三线城市推出"QQ 医生"安全软件，开始涉足网络安全领域。但随着奇虎 360 的快速反应，用户纷纷卸载 QQ 医生，腾讯的这次尝试并未成功。5 月 31 日，腾讯将"QQ 医生"升级，并更名为"QQ 电脑管家"。软件中增加了云查杀木马、清理插件等功能，涵盖了 360 所有主要功能，用户体验也与 360 极其类似，令 360 措手不及。

2. 舆论爆发期：360 发布"隐私保护器"向腾讯开战。

9 月 27 日，360 推出"隐私保护器"专门曝光窥私软件，目标直接瞄准 QQ 软件，通过"隐私保护器"可以看到 QQ 程序对用户的硬盘不断进行扫描，而扫描的内容甚至涉及用户的隐私性资料。对此，腾讯回应称，腾讯 QQ 软件绝对没有窥探用户隐私的行为，也绝不涉及任何用户隐私的泄露。9 月 28 日，腾讯网在显著位置发文《360 浏览器涉嫌借色情网站推广遭公安立案调查》；奇虎 360 否认浏览器涉嫌色情报道，称腾讯报道“造谣”，已向公安局报案。

3. 舆论蔓延期：双方“口水战”愈演愈烈。

9 月 30 日，腾讯制作“360 抹黑腾讯 QQ 追踪”专题，分析“360 频繁打压对手用意”；奇虎 360 致网民一封信：用户隐私大过天，继续把矛头指向腾讯存在的隐私窥探问题。10 月 12 日，腾讯 QQ 向 1 亿多在线用户发布弹窗消息，称“被某公司诬蔑窥视用户隐私”。奇虎 360 当日对此进行回应，称 QQ“安全模块”监督自己不能让全社会信服。10 月 14 日，腾讯宣布正式起诉奇虎 360 不正当竞争；奇虎 360 声明称腾讯起诉 360 是打击报复，对此奇虎 360 将反诉。10 月 27 日，双方展开“弹窗大战”。腾讯刊登了《反对 360 不正当竞争及加强行业自律的联合声明》，并联合多家公司展开对奇虎 360 的声讨；同日，奇虎 360 也利用弹窗的手段向进行反击，向 3 亿多用户发出桌面自动弹窗，题目是“360 为保护用户隐私，遭腾讯打击报复”。

4. 舆论高潮期：奇虎 360 推出“扣扣保镖”，腾讯激烈应对，提出让用户“二选一”。

10 月 29 日，奇虎 360 公司宣布推出“扣扣保镖”，称该工具全面保护 QQ 用户的安全，包括防止隐私泄漏、防止木马盗取 QQ 账号以及给 QQ 加速等功能，可过滤 QQ 广告；腾讯称扣扣保镖为恶意外挂软件，将追究奇虎 360 的法律责任。11 月 3 日傍晚 18 点，腾讯发布《致广大 QQ 用户的一封信》，宣称将在装有 360 软件的电脑上停止运行 QQ 软件；晚上 21 点左右，奇虎 360 公司对此发表回应“保证 360 和 QQ 同时运行”；晚 23 点 30 分，腾讯公布了三项和解条件。11 月 4 日，奇虎 360 公司发出弹窗公告宣布召回“扣扣保镖”，请求用户卸载；中午时分，奇虎 360 通过公开信表示决定搁置争执，让网络恢复平静。同日，腾讯举行发布会，公关部总经理刘畅泣不成声，声称已是最低的抗争，为给用户造成的不便表示歉意。腾讯发布致用户的第二封信《难以承受之痛的背后》。

5. 舆论平息期：双方和解并向用户致歉。

11 月 5 日，政府部门介入此次腾讯与奇虎 360 的商战，用行政命令的方式要求双方不再纷争，互联网协会也倡议奇虎 360 和腾讯回归理性竞争。11 月 6 日，双方董事出面对各自公司所做决策进行申辩；奇虎 360 董事长周鸿祎发表名为“不得不说的话”的公开信，表示腾讯此前抄袭 360 安全卫士并强制推广的行为，是欲置奇虎 360 于死地；腾讯董事会主席兼首席执行官马化腾称奇虎 360 凶猛，腾讯被迫自救。11 月 8 日，腾讯、奇虎 360 同时撤下首页负面宣传，并恢复了兼容。此后，双方陆续发布公告，对用户表示歉意。11 月 10 日，奇虎 360 官方网站发布名为《QQ 和 360 已经恢复兼容感谢有您！》的公告。11 月 21 日，腾讯发布《致广大用户道歉信：和你在一起》。至此，此轮腾讯 QQ 和奇虎 360 的这场商战基本得到平息。

随着中国互联网用户的不断增多，未来中国互联网市场的竞争必定会日益激烈。然而，互联网产业光鲜的背后也面临诸多的挑战，此次腾讯和奇虎 360 的商战只是互联网行业企业危机一个缩影。整个事件的发展过程中，作为主要当事方的腾讯公司是如何应对这场危机的？其危机公关上又有哪些不足之处？从中能够得出哪些启示？对于我们探讨互联网时代的企业危机公关，具有重要的意义。

二、"腾讯 360 商战"中腾讯的危机应对分析

从整个"腾讯 360 商战"的过程来看，该事件呈现出持续性、复杂性的特点。虽然双方最终在政府的干预下实现了兼容，双方的矛盾也得到了暂时性的化解，但在事件进展过程中的应对举措却体现出一定的问题。为了便于分析腾讯在"腾讯 360 商战"中的危机应对情况，本文根据"腾讯 360 商战"的五个阶段划分，对双方在这次危机事件中的应对进行了比较分析（见表 1）。总体看来，双方的对比显示，虽然双方都希望争取用户和公众的支持与认同，然而由于过于强调自已的立场，而忽略了用户的感受，反而未能达到预期的效果。

表 1　腾讯 360 商战的阶段性应对解析

阶段	双方主要策略		双方应对解析
	奇虎 360	腾讯	
舆论潜伏期		主动出击抢占网络安全市场	事件的导火索就是商家的利益之争，为了在网络安全市场分得一杯羹，腾讯沿用了惯用的"借鉴"手法，推出与 360 功能类似的安全软件。此举令奇虎 360 措手不及，也为日后双方间爆发的激战埋下了祸因。

（续　表）

阶段	双方主要策略		双方应对解析
	奇虎360	腾讯	
舆论爆发期	奇虎360发布“隐私保护器”，直指腾讯QQ窥探用户隐私	腾讯迅速进行否认；并随后转移话题，称360浏览器涉嫌色情报道	奇虎360经过几个月的酝酿，为了维护自身的市场份额，推出“隐私保护器”。奇虎360选择了一个能引起用户极大反感的话题——腾讯对用户隐私的窥探问题。 腾讯对奇虎360抛出的隐私问题，并未及时给出让人信服的解释和回应，也并未消除用户的疑虑和对腾讯QQ的反感情绪。此外，腾讯试图用奇虎360涉黄的报道转移话题，但此举并不成功，且被多数人看作是对奇虎360的恶意污蔑。
舆论蔓延期	继续瞄准腾讯存在的隐私问题	联合多家企业，共同反对奇虎360不正当竞争行为	双方愈演愈烈的口水战中，腾讯仍缺乏对隐私问题的有力回应。但在此阶段，腾讯联合多家公司共同抵制奇虎360的策略是其本次商战中的一个亮点。同时，舆论也开始对奇虎360过往不良历史进行了大揭底；公众对腾讯的抵制情绪稍有消减，部分舆论开始转为对奇虎360的不正当竞争的谴责。
舆论高潮期	奇虎360宣布推出“扣扣保镖”软件；在腾讯实施“二选一”策略后又宣布召回该软件	腾讯向用户宣布“二选一”策略，在装有360软件的电脑上停止运行QQ软件	奇虎360推出的“扣扣保镖”屏蔽了腾讯的多项功能，这让腾讯公司恼羞成怒，做出既不专业也不理智的决定——让用户“二选一”。此举是腾讯在整场商战中最大的败笔，腾讯如此强硬的做法激起了用户的强烈不满，舆论再次呈现一边倒向奇虎360的状况。
舆论平息期	董事长周鸿祎发布公开信，谴责腾讯对其软件的抄袭；随后在政府的干预下恢复兼容	董事会主席兼首席执行官马化腾称腾讯被迫自救；随后在政府干预下恢复兼容	此阶段，双方最高领导人出面进行隔空辩驳，分别就其公司为何采取相应举措进行了回应。但仍站在各自的商业立场，仍缺乏对用户感受的考量。 之后，在政府主动干预的情况下，双方恢复了兼容。双方随后终于向用户表示了歉意。这种在被迫的状况下才实现的兼容，难以在短时间内消除用户心中的不满。需要此后长时间的企业形象修复来真正挽回用户的信任。

其中，腾讯公司在商战中全力应对危机，但在危机应对上存在一些不足。虽然，腾讯努力做出了很多重要的举措，例如有效利用第三方的力量(联合多家企业共同发布声明，抵制奇虎 360 公司)为自己赢得舆论支持。但是，从腾讯公司应对危机的效果来看，其危机应对能力却不尽如人意——不仅损害了企业的名誉和形象，也在一定程度上损失了长久以来所积累的用户支持。腾讯在危机应对上的不足主要体现在以下四个方面：

(一) 危机公关策略忽视用户感受

纵观整个商战过程，腾讯公司对用户感受的忽视主要体现在强制推行“在装有 360 软件的电脑上停止运行 QQ 软件”的公关决策上。

2010 年 11 月 3 日晚，在奇虎 360 公司推出“扣扣保镖”之后，腾讯公司宣布在装有 360 软件的电脑上停止运行 QQ 软件。“当您看到这封信的时候，我们刚刚作出了一个非常艰难的决定。在奇虎 360 公司停止对 QQ 进行外挂侵犯和恶意诋毁之前，我们决定将在装有 360 软件的电脑上停止运行 QQ 软件。”[3]腾讯利用“二选一”的方式，在对奇虎 360 进行压制和反击的同时，也让亿万用户不得不在 QQ 和 360 之间艰难选择。

这一忽视用户感受的行为，给腾讯造成了巨大的负面影响。首先，舆论呈现了一边倒的态势，大量的媒体和用户表现出对腾讯此举的不满，指责腾讯公司的傲慢自大，称其为“网络霸权者”，甚至使不少原本持中立态度的网友也倒戈相向。并且，这种负面影响在整个事件随后的进展中依然持续。此举之后，腾讯公司随即发布了第二封信件向用户致歉，腾讯公关部总经理在发布会现场一度泣不成声，却依然声称“不兼容 360 软件已是最低的抗争方式”。中国社会科学院信息化研究中心秘书长姜奇平表示“腾讯宣布 QQ 与 360 软件不兼容，是在滥用自己的市场支配地位”。这种滥用自身优势，不考虑用户切身感受的做法，不仅使腾讯公司丧失了舆论和用户的支持，更影响了其企业自身的形象。相较腾讯，奇虎 360 在整个大战过程中大打“用户牌”，为自己争得了不少支持的声音。

腾讯忽视用户感受的决策，不仅没有达到预期的效果，反而让自己吃了哑巴亏，并且在公众中留下了滥用自身优势、绑架用户的负面形象。而企业形象一旦受损，修复起来并非易事。

（二）应对危机的针对性差，未能消除用户疑虑

腾讯在整场公关战中，应对危机的针对性差，始终缺乏对关键问题的有效回应，从而未能消除用户疑虑。从奇虎 360 开始推出“隐私保护器”对腾讯进行挑衅，其针对的核心话题就是“用户隐私”。然而，腾讯面对窥探用户隐私的质疑，从头至尾未针对这一质疑进行有说服力的回应，导致了自己在舆论中的被动局面。

在被奇虎 360 指出窥探用户隐私的初期，腾讯回应称“隐私扫描是对 QQ 安全功能的误解，腾讯 QQ 软件绝对没有窥探用户隐私的行为，也绝不涉及任何用户隐私的泄露”。但对于这种回应，显然缺乏事实上的依据，也不能让用户彻底放心，因为涉及的是用户们极为担心的问题——个人隐私的泄露。10 月 11 日，隐私问题被提出来的十五天之后，腾讯才向用户公布了 QQ 安全检查原理、机制和效果，试图从事实层面向用户澄清并未窥探用户隐私。随后，奇虎 360 回应称 QQ 涉嫌扫描用户隐私是长期存在的历史问题，称 QQ“安全模块”监督自己不能让全社会信服，用户才最有权力监督。腾讯此后并未针对奇虎 360 抛出的问题进行很好的回应，而是继续着与奇虎 360 之间相互诋毁的“口水战”，这当然不能消除用户的担心，也让奇虎 360 在日后有机会推出用于保护用户隐私的“扣扣保镖”。随着事态逐渐愈演愈烈，腾讯依然对用户隐私窥探的质疑采取了回避措施，而继续选择对奇虎 360 进行强硬的打压、指责，这不仅不能釜底抽薪地解决问题，也让自己始终摆脱不了偷窥的嫌疑。

面对此次危机，腾讯从一早就弄错了问题的主体——客户的隐私，而是把矛头转向了奇虎 360 公司本身。原本的一场技术较量，由于腾讯的应对不力，演变成了相互间的口水大战，也让自己在双方之间的信任较量中落败。

（三）注重与其他企业的沟通，但与用户的沟通能力有待加强

在此次商战中，腾讯公司在沟通方面虽有其可圈可点之处，但也同时存在一定的问题。

在此商战中，腾讯主动与其他互联网企业进行沟通能力，并获得其支持，是此次事件中危机公关的一个亮点。通过与多家企业的有效沟通，腾讯

与百度、金山、傲游、可牛等厂商联合发表《反对360不正当竞争联合声明》，共同对奇虎360的不正当竞争方式进行声讨，曾一度为自己挽回了一些舆论支持。

然而，由于缺乏与用户的有效沟通，其强制推行“在装有360软件的电脑上停止运行QQ软件”的决策并没有考虑到用户的感受和需求，最终引起了用户的不满，并把自身推到了舆论的风口浪尖。网络传播的互动性和开放性，使得危机爆发后，企业可以直接在网络上搜集用户的反馈意见，用户的声音给企业进行有效的危机应对提供了线索和较为明确的方向，从而使企业可以在其指引下采取更能被用户接受的公关策略。腾讯作为网络平台供应商之一，不仅没有很好地利用自身的优势，反而置用户的声音于不顾，最终把自己推向了用户的对立面。因此，企业在危机公关过程中应主动、坦诚地进行沟通，这不仅有助于企业做出合理、有效的危机应对策略，更能帮助企业在危机中赢得舆论的支持和各方的帮助。

（四）运用自我辩解的澄清方式，缺乏说服力

在腾讯360商战中，对于奇虎360公司提出的质疑——“用户隐私泄露”问题，腾讯公司始终采取的是自我辩解的方式进行澄清，而缺乏相关权威机构的鉴定。然而，身处危机中的企业进行自我澄清往往缺乏一定的说服力，难以得到广大用户的信任，这也是让腾讯公司一直处于舆论被动局面的主要原因之一。如果腾讯公司在隐私问题出现的早期就对症下药，及时采用公众易懂的方式进行解释，并主动借助权威机构或者是独立的第三方对其软件进行检查，奇虎360就无法一直揪住腾讯的隐私问题不放，也就避免了后来的那场让腾讯丧失民心的恶战。在危机公关中，如果能合理启用权威机构的力量，往往能帮助企业在短时间内建立公众的信任度，并达到事半功倍的舆论引导效果。

三、对企业危机公关的启示

互联网时代的来临，激烈的市场竞争，使得企业发生危机的可能性增加、危机的破坏性增强。然而，对企业而言，真正的灭顶之灾并非“危机”本身。危机一旦爆发，必然会对企业造成程度不同的负面影响，然而如果企业

能在危机中制定出高效、科学的危机公关策略，并及时对危机所暴露出的企业问题进行改善，不仅能成功地转危为安，更有机会获取更好的发展空间。因此，如何在互联网时代做好企业的危机公关，是所有企业所面临的一个极为重要且紧迫的问题。

如上文所述，通过对“腾讯 360 商战”进行梳理，尤其是腾讯在“腾讯 360 商战”中危机应对的深入分析，寻找其中的不足之处，为企业危机公关带来了以下四点启示——

（一）危机公关需重视用户感受

在行业竞争白热化的信息时代，企业只有本着“用户至上”的原则，始终把用户的利益发在第一位，才是面临危机时最有效的应对策略。企业在面临重大决策时，需要首先考虑用户的感受。如果忽视用户的情感与意愿，就容易把自己推向用户的对立面，并进而给企业造成致命的伤害。反之，如果应对得当，做出更能体现广大用户意愿的危机决策，反而有可能转“危”为“机”，赢取更为广泛的支持和认同。

“危机公关的核心在于理顺民意，赢取民心，而不是开脱企业的责任。”[4]“当危机发生之后，消费者更希望看到的不是企业对危机发生原因的解释，而是企业处理危机的策略与补救措施，如何补偿消费者，如何抚慰消费者的感情。”[4]在这场腾讯 360 商战中，忽视用户的感受就是腾讯在危机公关中犯下的较为严重的错误，也成为腾讯公司处于被广泛声讨的被动局面的主要原因。应当说，奇虎 360 推出“扣扣保镖”进行挑衅在先，腾讯公司完全不需要采取如此强硬的做法，而应站在用户立场，动之以情，晓之以理，博得用户对其艰难处境的同情，从而获得舆论的主动权。

（二）危机公关需有针对性，把握核心问题

在互联网时代，注重危机公关的针对性，把握核心问题，显得尤为重要。与传统的传播模式相比，互联网平台的不断延伸无疑缩短了企业应对危机、进行危机公关的反应时间，也对企业危机公关提出了更快、更准的要求。互联网即时性使得企业一旦发生危机，危机信息往往会在一夜之间便人尽皆知，并迅速产生对企业不利的舆论导向。如果企业不能在一开始就抓住危机的症结点所在，而是一味地推卸责任，就会让用户产生无限的遐想空间，

并在短时间内失去用户的信任。

因此，企业处理危机事件，首先要弄清楚危机的主体是什么、事件的根本问题是什么，并及时采取对症下药的措施进行应对。例如，此次腾讯 360 商战中，腾讯就对用户最为关注的隐私问题闪烁其词，即没能提出用户可接纳的方案来证实 QQ 并未窥探用户隐私，也没有对用户在意的隐私泄露问题提出任何的改善方案，所以一直未能消除用户的疑虑，最终使得企业自身处于越发被动的局面。面对危机，企业如果能够做出有针对性的危机公关决策，则有可能化被动为主动，为自己挣得舆论的主导权，并最终顺利走出危机。

（三）加强与公众的沟通，勇于承担责任

企业陷入危机，往往需要面临复杂的舆论压力及诸多利益相关群体，沟通能力显得尤为重要。良好沟通可以使得企业应对危机时得到多方的支持和谅解，并最终保证危机的顺利化解。“面对危机，企业应主动与政府、媒体、公众、供应商甚至内部员工进行深入的沟通，正确阐明企业的立场以及对事件的态度，让各关系团体理解企业意图，支持企业所采取的措施，这也是决定企业是否能快速化解危机的关键。”[4]企业可以通过及时有效的多方沟通，尽可能地获得更多的支持，也有利于企业自身获取舆论的主动权。互联网时代的来临，给企业的危机沟通提供了更多样化、更便捷、更快速的平台，如果能够合理利用网络资源，则会达到事半功倍的效果。反之，如果忽视了各方的声音，则有可能给企业带来灭顶之灾。

企业面临危机最明智的做法是正视问题，以诚相待，并采取积极主动的姿态去公开真相、解决问题，勇于承担责任，以争取赢得公众的谅解和同情。“企业应该明白，在危机时刻，公众对企业的反应高度敏感，任何敷衍、傲慢、推卸责任的言行都可能激起公众的愤慨之情，使事态进一步恶化，一个被消费者憎恶抛弃的品牌其实一文不值。几乎所有的危机处理失败的案例，都存在着企业态度上的失误。”[5]企业只有对用户和公众负责任，才有可能赢得舆论的支持，进而帮助企业走出危机。

（四）合理借助权威力量

当企业发生危机时，社会公众从心理认知上一般都倾向于企业自身存

在过错;尤其是当危机涉及到用户的直接利益时,公众的心理天秤就会更加偏向于对企业的不满和不信任。此时,如果企业据理力争地为自己开脱责任,很容易走到公众的对立面,反而得不到好的效果。许多企业发生危机后,往往都想尽快进行自我澄清。然而,正如运动员兼职裁判员缺乏说服力一样,企业自我辩解往往难以得到公众的信任,甚至有可能越描越黑。

“无数的危机公关案例证明,真正能澄清事实的,不是当事企业自己的百般辩护,也不是企业与媒体的口水仗,而是权威机构的声音。权威机构以其自身的威信以及第三方的身份,足以消除公众的所有疑惑,可以说,权威机构的一句话胜过企业的一万句。”[5] 当企业需要澄清事实时,可以积极向权威部门反映情况,要求其进行调查、产品的检验,给出权威、科学的鉴定结果,并给用户和社会公众一个合理的解释。

随着中国经济的持续、高速发展,企业之间竞争越来越白热化。互联网的发展和普及,使企业危机公关的挑战与机遇并存。腾讯和奇虎 360 的这场商战作为中国企业危机应对的一个缩影,充分暴露出中国企业危机公关能力的薄弱,公关意识欠缺。同时,也为现代企业危机应对提供了前车之鉴——危机公关需要重视用户感受,重视沟通能力,危机应对应增强在针对性,并合理借助权威机构的力量。中国企业需要不断提高应对危机的能力,合理利用互联网给企业危机公关带来的优势,扬长避短,才能成功地化解危机,维持企业长期稳定的发展。

(作者系上海交通大学人文艺术研究院硕士生)

参考文献

[1] 资料来源于腾讯官方网站:http://www.tencent.com/zh-cn/index.shtml

[2] 资料来源于奇虎 360 官方网站:http://www.qihoo.com/wenda/about/index.html

[3] 腾讯公司.至广大 QQ 用户的一封信.[EB-OL],2010-11-03

[4] 陈建东.企业危机应对的基本原则[J],企业改革与管理,2009(9)

[5] 杨兴国.危机公关:企业的转“危”为“机”之道[J],《福建质量信息论坛》,2008(8)

从"N连跳"事件看富士康的危机应对

吕 倩

摘要：2010年上半年，富士康的"N连跳"事件成为各方关注的焦点。从1月份的第一跳一直到5月份的第13跳，跳楼事件一而再再而三的发生，社会舆论如潮水般地冲击着富士康。本文对这一经典案例进行梳理回顾，从危机防范阶段，危机处理阶段的媒体沟通、对内的沟通、与利益相关方的沟通、对政府的沟通以及危机恢复阶段所采取的一系列行动进行得失分析，并在此基础上提出现代企业应当如何进行危机应对的建议。

关键词：富士康"N连跳"；危机应对；危机管理

Foxconn's Countermeasures Against "N jump" Crisis

Lv Qian

Abstract: In the first half year of 2010, Foxconn "N jump" crisis became the focus of attention. From the first jump in January to the thirteenth jump in May, jumping events occurred again and again, The impact of public opinion such as the sweep, condemned the Foxconn. In this paper, we try to review the classical case, and take a series of analysis from the crisis prevention stage, crisis management phase of media communication, internal communication, and stakeholder communication, government communication and the crisis restores stage. On the basis of that this paper gives advice of how the modern enterprise responses to conduct crisis response.

Key Words: Foxconn "N jump" Crisis Crisis Countermeasures, Crisis Management

现代企业的生存环境竞争非常激烈，危机无处不在。据有关资料表明，在中国，45.2%的企业处于一般危机状态，40.4%的企业处于中度危机状态，14.4%的企业处于高度危机状态。[1]企业为了预防、摆脱、转化危机会采取一系列维护企业生产经营的正常运行、使企业脱离逆境、避免或减少企业财产损失、将危机化解为转机的措施，[2]这些积极主动的行为都属于危机应对。能否有效应对危机，对于现代企业发展具有重要的意义。一旦危机处理不好，轻则损伤企业的声誉、品牌形象，重则导致消费者严重的不信任、甚至倒闭，例如，从早期的恒生电脑公司到三株口服液，还有近期的三鹿集团都是如此。反之，如果危机处理得当，则可能成为企业进一步发展的契机。

2010 年上半年，富士康科技集团的"N 连跳"事件吸引了公众的眼球。富士康科技集团是全球计算机、通讯、消费性电子产品代工领域成长最快、规模最大国际集团，同时也是过去五年唯一持续名列美国商业周刊科技百强前十名的公司。[3]"N 连跳"事件中，一个个员工跳楼自杀，从第五跳、第六跳甚至第十三跳，频繁的自杀事件引发了公众对富士康大规模的关注和议论，并将其作为"血汗工厂"进行谴责。然而，作为著名 500 强企业的富士康在面临危机时，却在危机应对上有所欠缺。本文试图对这一经典案例进行梳理回顾，并提出企业应当如何有效地进行危机应对。

一、富士康"N 连跳"事件回顾

本文将富士康"N 连跳"事件的发展经过，与互联网用户关注的舆情变化结合起来进行分析：一方面，本文综合"N 连跳"事件中的新闻报道，以每一"跳"为关键点，梳理出该事件的发展脉络，如表 1. 所示；另一方面，辅以"富士康"的百度指数(数据收录时间为 2010 年 9 月 21 日)，对事件的舆情发展进行描述，如表 1 所示。由此，详细的分析如下：

2010 年 1 月 23 日，19 岁的员工马向前在富士康华南培训处的宿舍死亡，此事经过家属猛追不舍及媒体持续曝光，目前二次尸检结论为"高坠致死"，警方决定不予立案。3 月 11 日发生第 2 跳，3 月 17 日第 3 跳，3 月 29 日第 4 跳，4 月 6 日第 5 跳，4 月 7 日第 6 跳，从百度指数的趋势图中可以看出，这一阶段关注的人不多，而且前 6 跳时间跨距四个月，第 6 跳与第 7 跳中间有一个月的时间距离。直到 5 月 10 日第 7 跳之后网络才开始有较大规模的关注，此前几乎没有全国性影响，究其原因主要是 5 月 11 日央视《新闻 1+1》节目播出了《深圳—富士康："七连跳"谜团—职工卢新跳楼》等节目,富士康"N连跳"事件由地方性媒体议题开始转移为全国议题。从第7跳、第8跳、第9跳关注度明显增加,这三跳的时间距仅九天,跳楼频率大为缩短,危机濒临全面爆发的边缘,而且从第7跳开始,所有的跳楼事件都集中在5月份,短时间内一连串的冲击必然会引发大规模的关注。从图1中看出,5月21日第10跳关注度达到第一个小高潮,5月25日第11跳后达到第二个小高潮,在5月27日第13跳关注度达到顶点,这三跳前后间距一个星期,跳楼的频率更为集中,公众和媒体的关注剧增,各种报道和说法铺天盖地。之后关注度逐渐下降,到6月14日左右关注基本消退。

表1 "N连跳"事件发展表

	时间	事件经过
第1跳	1月23日	19岁的员工马向富士康华南培训处的宿舍死亡,警方尸检结论为"高坠致死亡"。
第2跳	3月11日晚9时30分	富士康龙华基地一名23岁的李姓男工在生活区C2宿舍楼5楼坠亡。
第3跳	3月17日上午8时	富士康龙华园区一名田姓女子从宿舍楼跳下摔伤,其本人表示跳楼原因为"活着太累"。
第4跳	3月29日凌晨3时	富士康龙华园区一名从湘潭大学毕业的23岁湖南籍男工,被发现死在宿舍楼J1楼一楼过道,后被警方认定为"生前高坠死亡"。
第5跳	4月6日下午3时许	富士康观澜工厂C8栋宿舍一名未满19岁的江西籍饶姓女工从宿舍楼7楼坠楼,该员工进厂才28天,是公司的一线作业员。
第6跳	4月7日下午5时30分许	富士康观澜工厂一名18岁云南籍宁姓女工从厂外宿舍楼坠亡。
第7跳	5月6日凌晨4时30分	一名年仅24岁入职不到一年的男性员工从富士康龙华总部招待所6楼房间跳楼自杀。
第8跳	5月11日晚上7时许	富士康一线员工祝某晚7时许,从深圳宝安区龙华街道水斗富豪新村11巷某栋住宅楼楼顶跳下。
第9跳	5月14日	富士康龙华厂区北大门附近的福华宿舍,一名21岁的梁姓员工坠楼身亡。

（续 表）

	时 间	事 件 经 过
第10跳	5月21日4时50分	富士康龙华园区一名21岁的南姓员工坠楼，被送到龙华医院后不治身亡。
第11跳	5月25日凌晨	富士康观澜园区华南培训中心一名员工坠楼死亡。
第12跳	5月26日23时27分	富士康科技园C2宿舍楼26日晚发生第12起跳楼自杀。
第13跳	5月27日凌晨	富士康龙华宿舍E楼1名约20岁男性职工凌晨4时左右，在富士康鸿泰职工宿舍区，用割腕方式自杀。

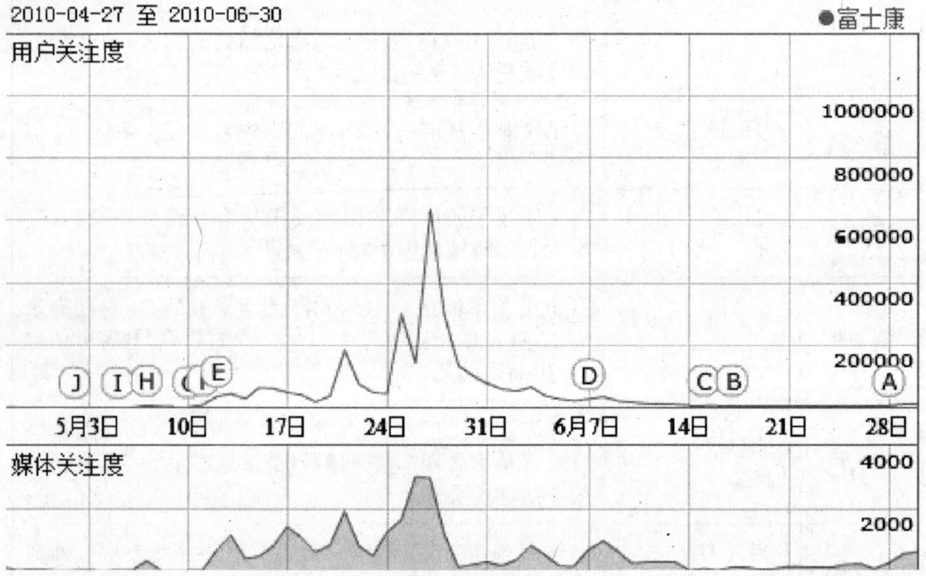

（源自百度指数：以富士康为关键词搜索，2010年9月21日）

图1 富士康“N连跳”事件用户关注度变化

富士康“N连跳”事件在社会上引起了极大的反响，给富士康带来了巨大的负面影响。6个月内员工自杀事件频发，网友给富士康戴上了一顶“跳楼公司”的帽子。全国大大小小的媒体对此事多有报道，很多媒体甚至用大篇幅的版面对自杀行为进行细致、耸动或者片面的报道，很多媒体都选择了

"N连跳"作为标题和说法,来吸引读者眼球。从消费者到专家,从报纸杂志到论坛博客,从门户网站到电视新闻,富士康跳楼事件都是讨论的热点。由于员工跳楼第十例的发生,在百度指数的统计中,富士康的媒体关注度在5月24日到31日一周内上升了1279%,用户关注度上升了780%。而在一个季度内,对"富士康跳楼"事件的关注度上升了7300%。[4]

在整个危机的发展过程中,富士康集团顶着各种压力进行危机公关。但是,在几个月的危机过程中,它只是疲于应对,头疼医头脚疼医脚。跳楼事件一而再再而三的发生,社会舆论如潮水般地冲击、谴责着富士康,直至最后,似乎是富士康在政府沟通方面的努力产生效果,各层高官纷纷表态令事情终告一段落。但是,富士康"血汗工厂"的标签一直没有被撕开,企业并未能在媒体高度关注的情况下恢复品牌美誉度、提升企业形象。2010年10月份又爆出一份由内地及港台20所高校60多名师生共同完成的《富士康调研总报告》,报告称"富士康滥用学生工,工厂像监狱,有严苛的规训与惩罚、涨薪明升暗降"[5]。

二、"N连跳"事件危机应对分析

企业危机应对首先就是充分意识到在危机状态下"危"中存"机"。危机的产生、演变、处理具有自身的规律性,不同的研究者对于企业危机应对阶段有着不同的划分,有学者认为可划分为危机预防、危机处理两阶段;芬克(Fink)借用医学上的名称将危机划分为潜伏期、爆发期、持续期及解决期四个阶段;危机管理专家米卓夫(Mitrolf)将危机管理分成五个阶段等。我们倾向于采用较为通行的三阶段论,即危机防范阶段、危机处理阶段和危机恢复阶段。下面我们从这三个阶段来一一分析富士康应对的得失。

(一)危机防范阶段

从某种程度上来说,绝大多数的危机都是可以预防的,将危机扼杀于萌芽阶段是效率最高、成本最低的方式,体现了企业的预见性和主动性。由此可见,企业监控各种信息、寻找潜在危机、提高自身免疫力的重要性。

1. 负面形象由来已久,为企业危机埋下伏笔

在危机防范阶段,尤其需要注意的是保持正面的企业形象,维持企业与

媒体良好的沟通关系。媒体是企业与消费者沟通的重要渠道，对危机事件有强大的传播和扩散作用。在此次危机之前，富士康已经出现了媒体上的负面形象，并与媒体沟通出现了一些问题。

其中，最典型的例子是2006年轰动一时的“天价索赔记者”案。当年《第一财经日报》头条发表《富士康员工：机器罚你站12小时》一文，以一名普通员工的口述实录形式，指出富士康工厂存在“一般操作工必须连续工作12小时，不得说话”、“三个女工因经常加班而在生产线上晕倒”等非法用工现象。富士康以名誉侵权纠纷为由，向《第一财经日报》编委翁宝索赔人民币1000万元、记者王佑索赔人民币2000万元，并依据民事诉讼的财产保全措施通过法院将两位被告的个人财产分别查封、冻结。8月30日，事件突然峰回路转，富士康公司发表公告，表示将向深圳中院申请解除对《第一财经日报》记者财产的冻结，同时将该报社并列为被告，并将诉讼标的由3000万元改为1元象征性赔偿。9月3日晚，事件再度出现戏剧性的转折，《第一财经日报》与富士康联合发表声明，双方在互相尊重的前提下，本着“和谐发展，善意解决”的精神，富士康撤销对《第一财经日报》及其记者的相关诉讼案，双方互表歉意。至此闹得沸沸扬扬的富士康“天价索赔记者案”终告段落。在天价索赔记者事件中，富士康戏剧性、跌宕起伏的处理《第一财经日报》报道的策略显得毫无章法，给公众留下了负面印象。在2006年有关“天价索赔记者“的争论中，多家媒体老总纷纷“表明立场”，《财经时报》总编钮文新质问，“企业黑箱操作谁管？”《环球企业家》执行总编杨福呼吁，“企业应重视社会责任”；《21世纪经济报道》主编刘洲伟愤慨“富士康在挑战公众知情权”；《IT经理世界》副总编张鹏更是疾呼“反对霸权主义！”[6]富士康将自己摆放到了与媒体完全对立的位置。

反观富士康“N连跳”事件，自杀事件本身包含着极强的新闻价值，媒体对此类事件也会比较关心，但是在“N连跳“中，一些媒体用大篇幅的版面对事件进行细致、耸动或者片面的报道，不少媒体都把矛头指向富士康将自杀原因简单归因，指责富士康是血汗工厂，让一线工人们承受着巨大的工作压力；还有一些报道指责富士康的管理毫无人性，员工之间缺乏人与人之间的交流和关爱，使他们在心理防线处于崩溃的边缘。这些举动，很可能与富士康负面形象由来已久有关系。并且，在危机防范阶段若不能与媒体保持良好的关系，危机爆发时就很难再获得媒体的支持。

2006年的富士康索赔《第一财经日报》记者，这不仅是目前为止全国索赔金额最大的名誉侵权案，同时也首开了大型企业查封记者个人私有财产的先例。虽然事件表面上平息，但2007年香港大学生发布内地“血汗工厂”报告更是加重了富士康在公众中已经形成的负面刻板印象，后来的“N连跳”事件更是深化公众的认识，危机一次比一次严重。由此可见，富士康负面形象由来已久，“N连跳”事件中，媒体把矛头指向富士康，指责它是血汗工厂，并非偶然。

2. 对于企业危机的研判能力不足

一个网络事件从开始被人们关注、再到中间激烈的讨论、最后到事件的最终解决、议题的最终消亡，可能要经历一个漫长的过程，在这个过程中，有很多因素都可以影响议题的走向与趋势，例如企业干预、知情人士的爆料、事件主角的应对等等。发现舆情之后如何研判、采取什么样的措施是一门考验企业危机应对的艺术。

富士康在“N连跳”事件的危机应对中，体现出研判能力明显不足的特点。具体体现为：从第一起跳楼事件发生到5月份真正引起公众和媒体广泛关注，中间有长达四个月的时间，然而，面对如此明显的危机信号，富士康却未能及时有效地处理危机。

以第一跳为例，在2010年1月23日，第1跳出现两天后，一篇名为《又一具打工者的尸体从富士康深圳工厂生产线上被拖出》的帖子在天涯上出现。帖子称年仅19岁的富士康员工马向前23日凌晨死在深圳富士康观澜分厂华南培训部员工宿舍楼的楼下，身上伤痕累累，但死亡原因却被定为猝死，而且富士康厂方当时还阻挠家属去现场看尸体，短短几个小时内点击率已经高达23万，被各大论坛网站转载。[7]在此事出现后，富士康连夜召开新闻发布会，但陈述事件过程中却有意回避死者曾遭到非法搜查拘禁和殴打，郭台铭更是公开回应，他认为富士康是在500强里面最守规范的工厂之一，这一举动未能化解危机。

后来，2月到4月上旬，又有3名员工先后跳楼自杀，此时富士康选择了一种低调处理的政策，没有积极通报和解释原因。这引起媒体与大众的不满和猜疑，更有《南方周末》记者卧底到富士康公司进行暗访和调查。信息封闭使得富士康处于更为被动的局面，报纸和网络不断出现大量负面报道，指责声一片。[8]

(二) 危机处理阶段

危机的共同特征是带来传播系统失衡，从而使组织与利益相关者的契约系统遭到不同程度的异化，这是危机应对所需解决的核心问题。[9]我们从传播的角度来看危机应对，强调与各方的有效沟通以恢复企业系统的平衡与正常运转。

1. 与媒体沟通反应迟缓，疲于应对

在“N连跳”事件中，第一跳出现后5天富士康才迟迟报案，此时网络上已经出现相关帖子并被各大网络论坛转载，错失良机。2月到4月上旬，再有3名员工先后跳楼自杀，富士康选择了一种低调处理的策略。直到2010年4月10日，这一全球500强企业才打破沉默，接受羊城晚报独家专访《深陷“跳楼门”，富士康首度检讨》，此新闻在百度新闻转载量达到162条。

虽然每一跳出现之后都有公司高层负责解决，但是核心人物郭台铭直到第十跳出现后才站出来回应外界质疑。作为明星企业家，郭台铭代表着公司的立场和形象，在公众眼中只有他出现表态才彰显足够的诚意。

由于反应不及时，富士康几乎是顶着各界压力才开始正式进行危机公关，在舆论中处于非常被动的局面。事发后，富士康展开了一系列补救措施，主动面对媒体，积极地配合媒体及政府主管部门，并拿出具体的整改措施。但富士康所采取的这些措施都非常被动，属于“兵来将挡，水来土掩”式的短期行为，有人跳楼就通过各种媒介对事件进行表态，铺设数万平方米防护网；公众质疑员工心理异常就让千名心理咨询师进富士康；宿舍难管就交政府管……始终停留在就事论事的层面，全方位形象宣传不够，公众所能看到的只是事件的不断恶化，接收不到富士康任何其他信息。富士康的疲于应对，使富士康品牌形象大打折扣。

2. 与公众沟通重事实层面，轻价值层面

所有关乎人的危机皆是事实危机与价值危机的聚合体，在任何一次危机中，事实层面的冲突、矛盾主要表现为利益关系的断裂和对抗；价值层面的冲突、矛盾主要表现为信念、道德、情感关系的破碎和冲撞。[11]因此，危机应对除了要在事实层面进行利益的补偿和恢复，更要在价值层面进行修复，如此才能做好与公众的沟通。富士康“N连跳”事件涉及众多年轻生命，公众面对此悲愤交加、不理性，所以价值层面上体现对于逝者的尊重和人文关怀更为重要，但富士康与公众的沟通却是重事实层面、轻价值层面。

富士康集团相关负责人在接受中央人民广播电台和凤凰卫视等权威媒体采访时，承认管理上的缺失，郭台铭向全社会、富士康所有员工和死者及家属表示道歉，富士康高层积极协调对受害者的补偿措施，但这些就事论事的道歉却未能得到公众的认可。在对于自杀原因的分析时，郭台铭一边鞠躬道歉表示，富士康在深圳约有45万名员工，全大陆有78万名，应该要科学地看待自杀问题，要从大陆整体来比较相关数字。他称，自己曾经询问有关专家，富士康员工的死亡率在正常线以下。[12]他还申明，员工自杀抚恤金高会带来鼓励效应，富士康是一家企业，而不是政府机构，有着企业的经营管理职能但没有社会职能。因此，诸如《环球时报》等媒体在报道郭台铭第11跳道歉的消息时以较大篇幅报道了郭台铭的这些观点，而其道歉的信息完全淹没在这些消息之中。此外，在被记者追问"富士康是不是血汗工厂"时，郭台铭竟然与记者开玩笑说"你们(新闻媒体)是'血汗行业'嘛"，此语等于在变相承认自己是"血汗工厂"，而且在自杀事件频发、社会气氛十分压抑的环境下，不恰当的幽默只会激起媒体和公众的反感，招惹更为猛烈的抨击。在该事件中，群众过于悲愤时需要的不是理性对待，而是感情上的宣泄，是对于生命的尊重。

3. *改善管理，与企业内部及受害者沟通有一定效果*

在富士康事件中，受害者是员工本身，只有员工的境遇得到改善，现身说法，才具有说服力。并且，自杀事件具有传染性，一个员工的悲剧将会对周围同事造成最为直接的心理影响。所以，内部沟通非常重要，好的内部沟通有助于企业在短时间内整合资源，形成企业向心力。

在跳楼事件出现后，为缓解员工心理压力和解决员工实际困难，富士康在4月成立了员工关爱中心，开通了78585(谐音：请帮我帮我)热线，展开员工关爱措施，增加对员工的心理辅导；并且大幅度涨薪，6月1日，富士康集团对作业员、线长、组长薪资进行调整，员工整体薪资水平提升30%，6月7日，进一步调升深圳地区生产线员工的薪酬，10月1日起将经考核合格的一线员工的基本薪酬由1200元调升至每月2000元，升幅达66%；还制定若干激励措施，6月8日，鸿海集团股东大会提出，大陆员工只要工作满5年，未来将可申请创业贷款人民币20万元，回老家创业，并向鸿海进货。

富士康一系列对内沟通策略达到一定成效，有受害者家属就向媒体表示“富士康把我们照顾得很好，可能处理那么多次也有经验了，来了就有地方住，还专门安排了厂里的护工陪着梁超的爸妈，有专门的人跟我们谈善后的事”，[13]这无疑会对改进富士康形象加分。

4. 与政府积极沟通，迅速平息事件

富士康面对“N连跳”事件中，最值得赞许也最为有效的措施就是积极寻求政府支持，在危机处理上与政府相关部门紧密配合。

在跳楼事件发生后，富士康就迅速向相关部门汇报情况，积极配合公安机关和深圳市总工会对事件展开调查。5月19日，深圳市副市长、公安局长李铭来到深圳富士康科技集团，就富士康近期连续发生员工跳楼事件进行调查，并与该集团高层商讨防范措施。5月22日晚间，深圳市政府新闻办表示，该市已组成市区两级联合工作组，协助富士康科技集团改善企业内部管理。5月26日下午，深圳市委书记王荣率该市有关部门负责人来到富士康科技集团，调研该公司连日发生员工跳楼事件。针对富士康员工跳楼自杀事件，深圳市政府发言人李平在会上表示，员工连续坠楼事件涉及员工、企业和社会多个方面的因素，情况比较复杂。同一天，国务院台办发言人杨毅在例行新闻发布会上说，大陆各级政府对接连发生的富士康员工坠楼事件高度重视，当地政府、有关部门已组成工作组进入富士康，督促、协助企业查找原因，采取切实有效的措施，做好善后和预防工作。国台办将密切配合当地政府和有关部门，认真做好相关工作。5月27日，中央部委联合调查组紧急启程前往深圳，该调查组成员由人力资源和社会保障部、全国总工会、公安部组成，人保部部长尹蔚民亲自带队。调查组将至少在深圳调查一周。5月30日，广东省委书记汪洋和中央部委联合调查组视察富士康深圳园区，董事长郭台铭乘飞机从台湾赶来，积极配合、共同探讨解决问题的方法。

为了缓解媒体压力，富士康通过政府呼吁媒体淡化对富士康跳楼事件的报道，争取内地和台湾地区两岸官方的支持。正是因为与政府沟通的有效，5月份后，出现媒体对富士康的报道从强烈批判转为中立报道的态度。

（三）危机恢复阶段：未能利用媒体恢复声誉和形象

在危机管理的恢复期，重心应该要由遏制危机事件本身转移到对危机根本问题的解决上来，此阶段要充分利用媒体恢复声誉和形象。如果不注意此阶段的处理，一旦遇到适宜的机会，危机诱因便可能再次发生或升级。

“N连跳”事件后，从企业本身的运营来看，富士康招工仍然络绎不绝，合作方也并未取消合同，企业运转良好。“N连跳”事件后，也未能影响其代工生产的苹果、戴尔等品牌的合作关系。地方政府为了当地GDP考虑仍然十分欢迎纳税大户富士康，2010年7月，河南、昆山、重庆等都在争夺这个巨型企业落户当地。但是，富士康在消费者心目中的形象损伤却难以恢复，如果不加以重视，类似的危机事件很可能卷土重来。

其实，有许多关于富士康的正面信息，并不为公众所熟知。例如，与同类的绝大多数厂家相比，富士康并不算真正的血汗工厂——富士康包员工吃住，还有保险，富士康也在努力完善包括带薪休假、患病亲属慰问、员工宣泄室等一系列员工关怀措施。汶川地震中捐款6000万，玉树地震中捐款3000万，其数额远远超过许多高利润甚至获取垄断利润的企业，这对于利润率极低的富士康来说已算是难能可贵。[14]但是，这些事例却未能被公众了解和肯定，没有为企业正面形象的树立发挥出有效的积极作用，这与富士康在媒体策略处理上出现问题也不无关系。

三、现代企业危机应对建议

在对企业危机应对进行分析时我们采用了三阶段论，所以作者仍然从这三个阶段来提出在面对危机时企业应当如何应对。

（一）未雨绸缪的危机防范

1. 树立危机忧患意识，制定出详细可靠的危机应对计划

从某种角度上“防患于未然”是危机应对处理的最重要的原则，也是最主要的部分，然而许多成功的中国企业、企业家并不习惯面对危机。在危机防范阶段，企业领导要有充分的危机意识忧患意识，将预防危机作为日常工作的一部分，寻找企业的弱点，从而带动主要管理者乃至普通职工“居安思危”。譬如微软总裁比尔·盖茨总是告诫员工：我们的公司离破产永远只差12个月，他就非常善于用危机理念来激发员工的忧患意识和奋斗精神，不断改革和创新，追求更高的目标。

并且，企业仅有危机意识还不够，还应当制定出周密可靠的应急计划，

才能有针对性地对企业员工进行危机知识培训和模拟演习，以便危机真的来临时能够从容面对。

2. 保持良好的媒体关系

在此阶段，尤其要重视与媒体保持良好的关系。企业要经常和媒体进行沟通，及时了解媒体需求和动态，将与媒体的沟通常态化，不断地向媒体发布一些企业正面信息。只有在危机防范阶段与媒体保持长期良好的关系，才能在危机时获得媒体舆论上的支持，这样也能在突发事件发生时畅通、有效地传递出自己的声音。在太子奶事件中，《南方周末》以整版篇幅刊发题为《太子奶缘何擦改生产日期》的文章，披露了太子奶公司将已过期和即将到期的奶制品擦改生产日期后再返销给消费者。事件发生后，太子奶并没有大张旗鼓地去向《南方周末》发律师函，而是私下和《南方周末》达成了和解。同时和各媒体逐一沟通，要求不要再炒作，并要求各网站将相关新闻及评论文章删除。结果很快媒体都保持了沉默，没有再跟进深挖，而几天之后，在ＧＯＯＧＬＥ上面已经找不到一条太子奶的负面新闻了。[15]

（二）跨越困境、由危转机的危机处理

1. 以最快的速度启动危机应对程序

在危机处理阶段，可以借一些危机管理理论，比如由英国危机公关专家里杰斯特（M. Regester. Michael）在 Crisis Management 一书提出的 3T 原则，强调危机处理时把握信息发布的重要性；被誉为“危机公关第一人”的游昌乔先生倡导提出的 5S 原则，具体包括承担责任原则（SHOULDER THE MATTER）、真诚沟通原则（SINCERITY）、速度第一原则（SPEED）、系统运行原则（SYSTEM）和权威证实原则（STANDARD）等。这些危机管理原则具有一个共同的特点——都非常强调问题处理的速度。危机是一个从量变到质变的演变过程，在危机出现最初的几个小时内，公众迫切地想了解真相，所有消息会像病毒一样以裂变方式高速传播，但此时，可靠的消息往往不多，公司的一举一动、处理问题的做法和立场等往往都会立刻见于传媒报道。如果企业不能以自己为第一消息发布源发布消息的话，就难以再在以后的危机处理中掌握主动权，鸵鸟政策只会让让不可靠的谣言与猜测充斥社会、愈演愈烈。

所以，危机应对要果断，以最快的速度直面危机，分析危机产生的原因

及其影响程度，调用可以调用的人力资源和物力资源进行优化配置。同时通过媒体等各种渠道向公众发出自己的声音，告知真相，防止事态恶化。

2. 重视与各方的沟通

企业需要重视与媒体、公众、员工等的沟通，将危机损失降到最低。

与媒体的沟通上，应当注重采取积极有效的沟通方式。一般危机发生之后，公众容易对企业进行“有罪推定”，对于媒体的信任度远高于对企业的信任度。因此，企业在媒体面前要表现诚实，使自己成为危机信息的权威信息源头，要以坦诚的、解决问题的态度来直面公众，以我为信源发布口径一致、不容置疑的信息。例如，在正广和“汽水瓶老鼠案”中，有消费者投诉汽水瓶中有死老鼠。对此，厂家采取了低调而冷静的做法：既没有大呼冤枉，也没有严厉指责消费者恶意欺诈，而是很平静地邀请新闻媒体来工厂参观。厂方向记者们介绍了产品所采用的第四代美国杜邦公司反渗透水处理的高技术，还参观了洗瓶流水线和灌装线。在事实面前，记者们都相信，老鼠只能是有人恶意打开瓶子后放进去的。随后，各报纸均报道了记者们在汽水厂的所见所闻。一场风波从此烟消云散。[16]

在与公众的沟通上，可以采取以情动人的方式，注重对价值层面的引导。公众对企业的态度决定着公司的品牌形象，如果处理不当，不仅仅会损失潜在顾客，核心顾客也可能因为周遭舆论压力而流失。在沟通过程中，企业要能够告知真相，凿凿可据的事实和开诚布公的姿态总是能够以理服人的。此外，“动之以情”也是非常有效的处置方式。正如前文中分析的一样，危机是事实危机和价值危机的集合体，绝对理性在公众非常情绪化时是行不通的，顺应“民意”，以情动人反而更加有效。在 2007 年的娃哈哈—达能并购风波中，娃哈哈董事长宗庆后为了化解这场危机，就利用民众对国际并购本土公司不满的民族情绪，使用带有浓厚个人色彩的公关手段，并为其赢得了无数公众的情感支持，虽然一系列的“悲情牌”并没能让对手——达能退却，但无疑为公司的胜算增加了筹码。

在与员工的沟通上，应当注重赢得员工的信任与支持。当危机来临时，员工会担心企业效益下降、裁员乃至破产，他们会怀着公心加私心敏感地关注着危机发生的是是非非，而且他们还会成为一些媒体、机构挖掘信息的目标。[17]所以，应当真正把员工当做企业一份子，要尽可能告诉员工更全面的信息，使员工感觉自己是被信任的，企业才有共患难的凝聚力。例如，中美史克在康泰克危机发生后，很快宣布不裁员，许多员工被感动得流了泪，表示一定要与企业共渡难关。

(三)“亡羊补牢”的危机恢复

在危机恢复阶段，往往留下的是利益的减少，设备的损坏，损坏赔偿的支付，人才的耗损，企业声誉和良好形象恶化等损失。[18]从富士康来看，要改变公众对其“血汗工厂”的负面认知，一方面富士康应当对外披露企业如何落实劳动者权益保障法律法规的举措，由富士康自己的员工现身说法所展现的自豪感和归属感，往往是最真实、最有说服力的。[19]

现代企业危机过后，一方面要能够及时总结经验教训、利弊得失，尤其是管理者要深刻反思，危机应对是否达到目标，与各方沟通是否有效等，做好危机总结进一步提高企业的危机管理意识，以免再次出现同样的情况。另一方面还要通过各种措施来重塑企业形象，借助公益等活动来展现企业的社会责任感，并利用各种渠道加以宣传，提升品牌形象。

危机对企业的影响是巨大的，尤其是在信息如此发达的现代社会，高度发达的传播技术对于危机有强大的传播、加速、放大的作用。企业在危机防范阶段企业要未雨绸缪，将危机扼杀于无形；在危机处理阶段积极系统的处理问题，迅速跨越困境，由危转机；在危机恢复阶段能亡羊补牢，通过总结经验教训，恢复各项工作到正常状态，并通过后续措施增加外界对企业的了解，重塑企业良好形象。

（作者系上海交通大学人文艺术研究院硕士生）

参考文献

[1] 刘炳芳，匡美玲. 企业危机管理策略探讨[J]. 黑龙江八一农垦大学学报，2006(10)

[2] 何苏湘. 对企业危机管理的理论界定[J]. 商业经济研究，1998 (5)

[3] 张婷. 富士康事件原因探究[J]. 才智，2010(22)

[4] “血的教训”折射富士康的“人性化”缺失[EB-OL]，中国公关网，http://www.chinapr.com.cn/News/zhuanti/55453.shtml

[5] 两岸三地报告称富士康滥用学生工 工厂像监狱[EB-OL]，http://sc.sina.com.

cn/finance/listedfirm/2010 - 10 - 08/153320660. html
[6] 佘锦，曾妮. 新华社报道"富士康案"三方各亮观点 [N]. 南方日报 2006 - 08 - 30
[7] 李伟，龙锟. 头部发现明显伤痕[N]. 广州日报 2010 - 01 - 27
[8] 《"血的教训"折射富士康的"人性化"缺失》，中国公关网，http://www. chinapr. com. cn/News/zhuanti/55453. shtml
[9] 胡百精. 危机传播管理——流派、范式与路径[M]北京：人民大学出版社，2009：34
[10] 马跃. 危机公关与媒体沟通[J]. 今传媒，2005 (5)
[11] 胡百精. 危机传播管理——流派、范式与路径[M]北京：人民大学出版社，2009：112
[12] 郭台铭亲赴深圳富士康 对"11 连跳"三鞠躬道歉[EB - OL]，http://news. sina. com. cn/o/2010 - 05 - 26/181820352068. shtml
[13] 富士康第九跳死者家属：希望补偿越多越好[N]. 南方都市报 2010 - 05 - 19
[14] 张恒. "九连跳"警示富士康公关之失[EB - OL]. 中国公关网，http://www. chinapr. com. cn/News/Talk/51590. shtml
[15] 马跃. 危机公关与媒体沟通[J]. 今传媒，2005(5)
[16] 马跃. 危机公关与媒体沟通[J]. 今传媒，2005(5)
[17] 刘芙蓉，竹邻. 企业危机管理[J]. 企业管理，2003(8)
[18] 谭恒. 企业危机公关的媒介策略选择[J]. 商场现代化，2005(26)
[19] 如果我是富士康 我会怎么做公关[EB - OL]. 中国公关网，http://www. chinapr. com. cn/Share/skill/51609. shtml